디지털 마케팅 용어 도감 256

일러스트로 이해하는 필수 키워드

다케우치 테츠야 지음 | 김모세 옮김

정보문화사

들어가며

이 책을 구입해 주셔서 감사합니다. 독자 여러분이 디지털 마케팅에 흥미를 갖게 된 계기는 무엇인가요?

디지털 마케팅Digital Marketing을 혼자 공부하거나, 디지털 마케팅 부서에 소속되어 있지만 자주 사용되는 용어를 곧바로 이해하지 못해 초보자를 위한 용어집을 찾는 분들이 있을 것입니다. **디지털 마케팅 관련 용어를 이해하지 못하거나 잘 기억하지 못하는 이유는 크게 두 가지라고 생각합니다.**

첫째로 약어, 즉 줄임말이 많다는 점입니다. 특히 DSP, SSP처럼 알파벳 세 글자로 표기되는 것이 많습니다. 줄이기 이전의 원래 용어를 확실히 이해하지 못하면 상대방이 무엇을 말하고 있는지 머리에 정확하게 들어오지 않습니다.

둘째로 디지털 마케팅은 대상 영역이 매우 넓고 항상 새로운 버즈워드Buzzword가 등장하기 때문에, 전체적인 이미지를 그리기 어렵다는 점입니다. 예를 들어 디지털 광고에 관한 영역은 이해할 수 있지만 데이터 분석이나 기술 관련 용어가 나오면 잘 모르게 되는 것입니다.

폭넓은 주제를 일러스트와 함께, 누구나 이해할 수 있도록!

이 책은 각 용어를 누구나 쉽게 이해할 수 있도록 하는 것을 목표로 했습니다. **머릿속에 이미지를 그리기 어려운 용어도, 평소에 쉽게 접할 수 있는 대상을 표현한 일러스트로 설명**하므로 신입 사원을 위한 입문서는 물론, 후배나 클라이언트에게 전문 용어를 사용하지 않고 설명하고 싶을 때 많은 도움이 될 것입니다.

또한, 최근 리스킬링Reskilling 관점에서 마케터뿐만 아니라 모든 직원의 디지털 스킬을 향상시키고자 하는 움직임이 있습니다. 이 책은 가능한 한 넓은 범위의 영역에서 용어를 선정했기 때문에, 자신의 전문 영역 이외의 용어를 학습하고자 하는 분들에게도 도움이 될 것입니다.

예를 들면 디지털 광고나 그에 수반되는 크리에이티브에 관해서는 잘 알고 있지만 데이터 분석이나 기술에 관해서는 잘 모르는 광고 운영 담당자, 온라인 미디어를 중심으로 하는 SEO나 콘텐츠 마케팅에 관해서는 잘 알고 있지만 디지털 광고는 다루어 보지 못한 웹 제작 디렉터, 기술이나 시스템 개발에 관해서는 잘 알고 있지만 마케팅 영역은 잘 알지 못하는 시스템 엔지니어 및 프로그래머 등의 분들입니다.

용어에 관한 이해를 높이는 것 역시 훌륭한 리스킬링이 되므로, 많은 분들이 이 책을 통해 도움을 얻으셨으면 하는 바람입니다.

디지털 마케팅 용어를 사전식으로 짧은 기간에 습득!

이 책은 총 7장으로 구성되어 있습니다. 1장에는 마케터는 물론 비즈니스 담당자도 꼭 알아 두어야 할 디지털 마케팅 기본 용어를 모았습니다. 2장부터 4장에는 광고 관련 업계 담당자가 자주 사용하는 전문 용어를 정리했습니다. 5장과 6장에는 디지털 마케터가 향후 갖춰야 할 지식을 고려해, 데이터나 기술 용어는 물론 경영 및 웹 3.0에 관련된 최신 용어까지 함께 수록했습니다. 7장에는 디지털 마케팅에 영향을 주는 유명 인사들을 소개했습니다.

256개의 기본 용어에 더불어 관련 용어도 3개씩 제시했으며, 총 1,000개 이상의 용어를 담았습니다. 짧은 기간에 원활하게 용어를 학습하기 위해서는 먼저 기본 용어를 이해하고, 그것을 발판삼아 관련 용어를 이해하는 것이 좋습니다.

차례

책 활용 방법 12

01 디지털 마케팅 기본 용어
키워드 001~043

- 001 DX | 디지털 기술을 활용해 기업과 사업을 변혁 14
- 002 STP | 시장을 분류하여 최적의 대상자에게 가치 전달 15
- 003 마케팅 퍼널 | 인지에서 구매까지의 프로세스 정리 16
- 004 데이터 주도 마케팅 | 데이터를 활용해 마케팅 수행 17
- 005 브랜딩 | 소비자에게 사랑받는 브랜드 만들기 18
- 006 페르소나 | 예상되는 고객의 구체적인 이미지 19
- 007 트리플 미디어 | 기업과 소비자를 연결하는 세 종류의 미디어 20
- 008 커스터머 저니 | 고객이 제품을 구매해 사용 및 지속하기까지의 여정 21
- 009 ○○채널 | 고객과 기업의 접점이 되는 곳 22
- 010 4P와 4C | 마케팅 전략을 정리하기 위한 축 23
- 011 구매 행동 모델 | 고객의 쇼핑 방법을 패턴화 24
- 012 CX(고객 경험) | 사용 또는 정서적 만족도 등, 고객이 느끼는 가치 25
- 013 콘텐츠 마케팅 | 콘텐츠를 사용해 고객을 끌어들이기 26
- 014 지표 관리 | 마케팅 정책에서 사용하는 다양한 성과 지표 관리 27
- 015 KGI와 KPI | 도달하고자 하는 목표와 중간 지표를 수치로 관리 28
- 016 ROAS와 ROI | (마케팅에 대한) 투자 대비 이익 29
- 017 플랫포머 | 미디어나 IT 서비스 등을 제공하는 사업자 30
- 018 디지털 광고 | 인터넷을 통해 전달되는 광고 31
- 019 미디어 바잉 | 광고 프레임을 미디어 기업으로부터 구입 32
- 020 매스 광고 | TV, 신문 등을 활용한 광고 방법 33
- 021 애드 테크놀로지와 마케팅 테크놀로지 | 광고, 마케팅 관련 기술 34
- 022 리테일 미디어 | 소매점을 광고 매체로 활용 35
- 023 검색 엔진과 SEO | 검색 시스템 및 검색 결과의 상위에 표시되도록 하는 기술 ... 36
- 024 CRM | 기업과 고객 사이의 관계를 강화하는 방법 37
- 025 인게이지먼트 | 기업과 고객 사이의 양질의 관계 38
- 026 빅데이터와 데이터 주도 | 대량의 데이터와 그 데이터의 활용 방법 39
- 027 개인정보보호 | 개인이 가진 데이터 지키기 40
- 028 CCPA와 GDPR | 새로운 개인정보보호법 제정 41
- 029 머신러닝과 AI | 대량의 데이터를 해석, 학습하는 기술 42
- 030 OMO | 온라인과 오프라인의 융합 43
- 031 라이브 커머스 | 실시간 동영상 서비스로 상품 판매 44

| 032 | 리드 제너레이션 | 신규 유입 고객 찾아내기 | 45
| 033 | 리드 너처링과 리드 퀄리피케이션 | 잠재 고객과의 관계성 높이기 | 46
| 034 | MA | 잠재 고객 관리 도구 | 47
| 035 | SFA | 기존 고객 관리 도구 | 48
| 036 | 시스템 인티그레이터와 클라우드 인티그레이터 | 시스템 개발 사업자 분류 | 49
| 037 | ○○애즈 어 서비스(XaaS) | 서비스로서 ○○을 제공 | 50
| 038 | 웹 3.0 | 분산형, 투명성, 개인정보보호 수준이 높은 인터넷 | 51
| 039 | 블록체인 | 디지털 자산의 소유를 증명하는 기술 | 52
| 040 | NFT | 콘텐츠와 묶여 있는 보증서 데이터 | 53
| 041 | CMO, CDO, CIO | 마케팅, IT 부문을 총괄하는 책임자 | 54
| 042 | 엔터프라이즈 아키텍트와 비즈니스 아키텍트 | DX를 추진하는 전문 인재 | 55
| 043 | 데이터 사이언티스트 | 데이터를 분석, 해석하는 전문가 | 56

02 타깃에게 도달하는 광고와 SEO 용어

키워드 044~085

| 044 | 검색 광고 | 검색 엔진의 결과와 연관된 광고 | 60
| 045 | 디스플레이 광고 | 사이트나 애플리케이션에 표시되는 광고 | 61
| 046 | 제휴 마케팅 | 제품이 팔렸을 때 리워드를 받는 광고 방법 | 62
| 047 | 콘텐츠 연동형 광고 | 사이트나 애플리케이션 내부의 기사와 연동한 광고 | 63
| 048 | 동영상 광고 | 동영상을 활용한 광고 | 64
| 049 | SNS 광고 | 소셜 미디어를 활용한 광고 | 65
| 050 | 인 피드 광고 | 피드와 피드 사이에 표시되는 광고 | 66
| 051 | 리타깃팅 | 디지털 광고를 다시 표시하는 마케팅 방법 | 67
| 052 | 프리퀀시 컨트롤 | 광고 표시 횟수 조정 | 68
| 053 | DSP와 SSP | 광고 송출과 광고 영역을 판매하는 구조 | 69
| 054 | 3PAS | 제3자 송출 서버를 활용한 광고 송출 일괄 관리 | 70
| 055 | RTB | 광고 자동 입찰 방식 | 71
| 056 | 인벤토리 | 미디어사가 제공할 수 있는 광고 영역 | 72
| 057 | 임프레션 | 광고가 표시된 횟수를 나타내는 지표 | 73
| 058 | 뷰어빌리티 | 사용자가 열람할 수 있는 상태에 있는 임프레션 | 74
| 059 | 광고 사기 | 부정한 광고 클릭 및 표시 | 75
| 060 | 광고 검증 | 광고 부정을 검증하는 구조 | 76
| 061 | 애드 네트워크와 애드 익스체인지 | 광고 영역을 송출하고 관리하는 구조 | 77
| 062 | 트레이딩 데스크 | 디지털 광고를 운용하는 대행 서비스 | 78
| 063 | 자체 운용 | 자사 안에서 디지털 광고를 운용 | 79

| 064 | 데이터 클린 룸 | 플랫포머 관리하의 데이터 통합과 분석 | 80
| 065 | 월드 가든 | 독자 네트워크에서 폐쇄적으로 사업을 전개하는 사업자 | 81
| 066 | 커넥티드 TV | 인터넷에 연결할 수 있는 TV | 82
| 067 | 큐레이션 미디어 | 다양한 소셜 정보를 편집, 송출하는 미디어 | 83
| 068 | 검색 쿼리 | 검색 엔진에 입력된 단어나 구문 | 84
| 069 | 오가닉 검색 | 자연스러운 순위에 따라 표시된 검색 결과 | 85
| 070 | 테크니컬 SEO와 콘텐츠 SEO | 웹사이트를 검색 엔진에 최적화하는 기술 | 86
| 071 | 인덱스 | 웹사이트의 정보를 수집, 보관하는 데이터베이스 | 87
| 072 | CRO | 전환율을 최적화하는 방법 | 88
| 073 | EFO | 폼 입력이나 송신율을 향상하는 방법 | 89
| 074 | CPA | (고객이나 제품 구입 등의) 획득에 소요된 비용 | 90
| 075 | CTR | 클릭 수를 광고 표시 횟수로 나눈 비율 | 91
| 076 | CVR | 전체 대비 구입, 신청 등의 비율 | 92
| 077 | CPM | 광고 1,000번 표시 단가를 나타내는 지표 | 93
| 078 | CPC | 클릭 단가를 나타내는 지표 | 94
| 079 | CPI | 애플리케이션 설치 단가를 나타내는 지표 | 95
| 080 | GRP | 특정 기간 중 TV 광고에 대한 시청률 합계 | 96
| 081 | 리치 | 인터넷 광고의 사용자 도달률 | 97
| 082 | OKR | 목표와 그 달성에 필요한 결과를 명확하게 하는 방법 | 98
| 083 | CAGR | 여러 해에 걸친 평균 성장률 | 99
| 084 | ARPU | 1인당 평균 수익액을 나타내는 지표 | 100
| 085 | 가입 해지율(이탈률) | 일정 기간 동안 서비스 계약을 해지한 고객 비율 | 101

03 정보 송출을 돕는 자사 소유 미디어·SNS 관련 용어

키워드 086~127

| 086 | LP와 LPO | 광고 등을 통해 도달하는 웹페이지와 최적화 방법 | 104
| 087 | 와이어프레임 | 웹사이트나 애플리케이션 디자인의 구성안 | 105
| 088 | 빵 부스러기 리스트 | 웹사이트에서 현재 위치를 나타내는 것 | 106
| 089 | 글로벌 내비게이션 | 웹사이트 전체의 메인 메뉴 | 107
| 090 | CMS | 콘텐츠를 효율적으로 관리하기 위한 시스템 | 108
| 091 | HTML | 웹사이트 구조를 기술하는 마크업 언어 | 109
| 092 | CSS | 웹사이트의 시각적 스타일을 꾸미는 언어 | 110
| 093 | JavaScript(JS) | 웹사이트의 동적인 동작을 제어하는 스크립트 언어 | 111
| 094 | PHP | 서버 사이드에서 동작하는 스크립트 언어 | 112
| 095 | 쿠키 | 웹사이트가 클라이언트 측에 저장하는 정보 | 113

096	Unified ID 2.0	온라인상의 사용자 식별 방법 중 하나	114
097	전환 페이지	폼 전송 후 표시되는 완료 페이지	115
098	디렉터리 맵	웹사이트의 페이지 구성도	116
099	챗봇	AI 등을 활용한 자동 응답 대화 시스템	117
100	A/B 테스트	무작위로 두 버전을 비교 검증	118
101	히트맵	페이지 내부 사용자의 움직임 시각화	119
102	옵트인과 옵트아웃	개인정보 활용 본인 동의	120
103	크롤링	웹사이트의 정보를 자동으로 수집하는 것	121
104	UI와 UX	사용자가 조작하는 화면과 사용자 경험	122
105	사용성	웹사이트상의 사용 편의성과 친숙함	123
106	휴리스틱 평가	전문가에 의한 사용자 경험 문제점 추출	124
107	도메인	웹사이트 주소와 같은 것	125
108	코어 웹 바이탈	웹사이트 UX 평가 지표	126
109	PV 수	웹사이트 페이지가 조회된 횟수	127
110	UU 수	특정 기간 동안 웹사이트에 방문한 사용자 수	128
111	세션	사이트 접근 시작부터 종료까지의 일련의 통신	129
112	○○율(사이트 내 측정 지표)	웹사이트 내부 사용자 행동 측정 지표	130
113	MAU, WAU, DAU	월간, 주간, 일간 활동 사용자 수	131
114	접근 로그	웹서버에 대한 접근 기록	132
115	트래킹	물건이나 정보 등의 흐름을 기록하고 추적하는 것	133
116	태그 관리	웹사이트 안의 태그 설치 및 관리	134
117	UGC	사용자 주도 콘텐츠 생성	135
118	SNS 계정 운용	SNS상의 기업 또는 개인 계정 운용	136
119	캐러셀	콘텐츠를 슬라이드 쇼 형태로 표시하는 UI	137
120	타임라인	SNS의 게시물이 시간순으로 나열된 화면	138
121	태그 지정	피드에서 게시한 정보와 관련된 계정을 연결하는 방법	139
122	해시태그	'#'로 시작하는 특정 주제를 나타내는 키워드	140
123	바이럴 미디어	입소문 형태로 급속히 확산되는 미디어	141
124	소셜 리스닝	SNS에서의 트렌드 및 반응 분석	142
125	소셜 그래프	사람과 사람 사이의 관계를 나타내는 지도	143
126	스토리	짧은 시간 안에 사라지는 사진과 동영상을 공유하는 기능	144
127	평판 리스크	기업이나 개인의 평판에 손상을 줄 수 있는 리스크	145

04 깊은 연계가 필요한 크리에이티브·판촉·영업 용어

키워드 128~169

128	**크리에이티브 브리프** ǀ 크리에이티브한 제작물 작성 지시 문서	148
129	**썸네일** ǀ 콘텐츠 상단에 표시되는 미리보기 이미지	149
130	**키 비주얼** ǀ 특히 중요하게 여겨지는 메인 비주얼 표현	150
131	**디자인 컴프** ǀ 디자인의 완성 이미지(견본)	151
132	**프로토타입** ǀ 실제 기능이나 디자인을 반영한 초기 단계 모델	152
133	**AR(증강현실)** ǀ 현실 공간에 가상 정보를 겹쳐 보여주는 기술	153
134	**VR(가상현실)** ǀ 완전 가상 공간을 재현하는 기술	154
135	**반응형 디자인** ǀ 화면 크기에 맞춰 자동으로 레이아웃 변경	155
136	**접근성** ǀ 상품이나 서비스의 사용 용이성	156
137	**퍼스트 뷰** ǀ 웹사이트를 열었을 때 처음 보이는 영역	157
138	**모바일 퍼스트** ǀ 모바일 화면 표시를 우선하는 웹디자인	158
139	**트랜잭션** ǀ 온라인 쇼핑몰에서의 상품 또는 서비스 구매 거래	159
140	**교차 사용률** ǀ 오프라인과 온라인 쇼핑몰 양쪽에서 구매하는 비율	160
141	**D2C** ǀ 제조사가 소비자에게 직접 판매하는 모델	161
142	**웹루밍** ǀ 온라인에서 조사하고 오프라인에서 구매하는 소비 행위	162
143	**유니파이드 커머스** ǀ 오프라인과 온라인을 통합한 구매 경험	163
144	**다크 스토어** ǀ 온라인 쇼핑몰 전용 물류 거점으로 운영되는 매장	164
145	**온라인 쇼핑몰 지원 도구** ǀ 온라인 쇼핑몰 운영을 위한 소프트웨어 및 플랫폼	165
146	**충성 고객** ǀ 충성도와 구매력이 높은 우수 고객	166
147	**LTV** ǀ 한 명의 고객이 평생 동안 기업에 가져다주는 가치	167
148	**스텝 메일** ǀ 시나리오에 따라 자동 발송되는 여러 개의 이메일	168
149	**NPS** ǀ 고객 만족도를 나타내는 지표	169
150	**ABM** ǀ 핵심 고객을 집중 공략하는 마케팅 방식	170
151	**인바운드 마케팅** ǀ 고객이 먼저 관심을 갖고 찾아오는 마케팅	171
152	**BANT** ǀ 예산, 결정권, 필요성, 도입 시기의 네 가지 핵심 조건	172
153	**디맨드 제너레이션** ǀ 수요를 창출하기 위한 마케팅 활동	173
154	**인바운드와 아웃바운드** ǀ 고객 접근 방식의 차이	174
155	**콜드 콜** ǀ 접점이 없는 고객에게 전화를 거는 것	175
156	**신규 프로스펙트** ǀ 향후 수주 가능성이 있는 잠재 고객	176
157	**리드 매니지먼트** ǀ 잠재 고객 수집, 분류, 육성, 관리 방법	177
158	**화이트 페이퍼** ǀ 상품 소개나 보고서 등의 유익한 정보 제공	178
159	**CTA** ǀ 웹사이트에 방문한 사용자의 행동 촉진	179
160	**MQL과 SQL** ǀ 잠재 고객의 품질과 상태	180
161	**시나리오 설계** ǀ 사용자 행동에 맞춘 콘텐츠 설계	181

162	스코어링	잠재 고객의 유망한 정도를 평가하는 방법	182
163	리텐션	고객과의 관계를 정착시키고 유지하는 것	183
164	파이프라인 관리	미팅부터 수주까지의 영업 요구사항 관리 방법	184
165	크로스 셀과 업 셀	추가 제품 제안과 수주 단가 향상 제안	185
166	인사이드 세일즈	잠재 고객에 대한 비대면 영업 활동	186
167	커스터머 석세스	고객이 능동적으로 움직이게 해 성공 경험으로 연결하는 활동	187
168	온보딩	사용자가 사용법에 익숙해지도록 지원하는 프로세스	188
169	세일즈 이네이블먼트	영업 효율화와 성과 향상을 위한 구조 만들기	189

05 정책과 사내 시스템을 개선하기 위한 분석·개발 용어

키워드 170~215

170	○○파티 데이터	다양한 종류의 데이터	192
171	실제 데이터	추정값이 아닌 실제 데이터	193
172	학습 데이터	문제와 정답을 정보로 추가한 데이터	194
173	데이터 파이프라인	데이터 수집에서 저장, 가공, 분석, 시각화까지의 흐름	195
174	LTV 분석	고객 수명 가치를 분석하는 방법	196
175	RFM 분석	고객의 구매 경향을 분석하는 방법	197
176	파레토 분석	큰 비율을 차지하는 것을 특정하는 분석 방법	198
177	클러스터 분석	서로 비슷한 것을 모아 그룹화하는 분석 방법	199
178	기여도 분석	성과에 대한 기여도를 분석하는 방법	200
179	결정 트리 분석	트리 구조를 활용해 분석하는 방법	201
180	다중 회귀 분석	여러 설명 변수로부터 목적 변수를 예측하는 분석 방법	202
181	코호트 분석	공통된 속성을 가진 고객 집단 분석 방법	203
182	MMM	마케팅 정책 효과 측정 분석 방법	204
183	컨조인트 분석	최적의 조합을 찾아내는 방법	205
184	알고리즘	문제를 해결하기 위한 순서나 계산 방법	206
185	예측 모델	과거의 데이터로부터 미래의 이벤트를 예측하는 모델	207
186	생성형 AI	입력 데이터로부터 새로운 정보를 생성하는 AI	208
187	특이점	AI가 인류의 지능을 뛰어넘는 기술적 특이점	209
188	딥러닝	뉴럴 네트워크를 사용한 머신러닝 방법	210
189	데이터 클렌징	데이터 결함을 수정해 활용할 수 있는 상태로 정리	211
190	SQL	가장 널리 보급되어 있는 데이터베이스 언어	212
191	Python	인터프리터형 범용 프로그래밍 언어	213
192	AutoML	머신러닝 모델의 설계와 구축 자동화	214
193	SaaS	소프트웨어를 서비스로 제공	215

194	클라우드 컴퓨팅	인터넷을 경유해 컴퓨터 자원을 활용	216
195	온프레미스	자사에서 시스템을 직접 구축하여 보유 및 관리하는 것	217
196	데이터 사일로화	부서 단위로 정보가 분단되고 공유, 연동할 수 없는 상태	218
197	프론트엔드와 백엔드	사용자 측면에서 보이는 기능과 보이지 않는 기능	219
198	ERP	기업 핵심 업무 관련 통합 시스템	220
199	RPA	반복적인 작업을 로봇으로 자동화	221
200	IoT	다양한 사물이 인터넷에 연결	222
201	SES	시스템 개발, 유지보수, 운용을 위탁하는 서비스	223
202	서드 파티 도구	API 등을 활용해 외부 사업자가 개발한 도구	224
203	API	애플리케이션 사이를 연결하는 인터페이스	225
204	BI 도구	다양한 데이터를 분석하고 시각화하는 도구	226
205	CDP	고객 데이터를 관리하기 위한 플랫폼	227
206	DMP	다양한 데이터를 관리하기 위한 플랫폼	228
207	ETL	데이터를 연계, 변환, 정형화하기 위한 도구	229
208	데이터 레이크	대량의 데이터를 보관하는 장소	230
209	데이터 웨어하우스	통합 분석용 데이터베이스	231
210	데이터 마트(DM)	특정 분야용 데이터 웨어하우스	232
211	RDB	테이블 형식으로 데이터를 관리하는 데이터베이스	233
212	애자일 개발과 폭포수 개발	소프트웨어 및 시스템 개발 방법	234
213	오프쇼어와 니어쇼어	해외 및 근·원격지에 업무 위탁	235
214	데이터 센터	서버나 네트워크 기기를 보관하는 전용 시설	236
215	TCP/IP	인터넷 통신을 위한 프로토콜(통신 순서)	237

06 활동 중인 디지털 마케터가 알아야 하는 경영·경제 용어

키워드 216~238

216	5 포스 분석	업계 내부 경쟁 환경을 분석하는 방법	240
217	PEST 분석	네 개의 관점에서 비즈니스 시장 환경을 분석	241
218	혁신 확산 이론	새로운 제품 등의 시장에서의 보급률을 나타내는 사고방식	242
219	사업 경제성	사업을 비용 관점에서 분석하는 사고방식	243
220	네트워크 외부성	사용자가 증가하면 서비스 편의성과 효용이 증가	244
221	수확 체증의 법칙	생산 요소를 추가함에 따라 이익이 계속해서 증가하는 현상	245
222	밸류 프로포지션	제품과 서비스 제공 가치 명확화	246
223	프레임워크	전략이나 계획을 만들기 위한 기본적인 프레임 또는 모델	247
224	As is와 To be	현상과 이상의 명확화	248
225	PMF	제품 또는 서비스가 고객의 필요와 일치하는 상태	249

226	암호 경제	가상화폐와 블록체인에 기반한 경제 시스템	250
227	가상화폐	블록체인 기술을 사용한 새로운 전자화폐	251
228	스마트 컨트랙트	변조 없이 확실하게 실행되는 프로그램	252
229	DeFi(분산형 금융)	분산형으로 금융 거래 수행	253
230	토큰	블록체인 기술을 사용한 디지털 데이터	254
231	Dapps(분산형 애플리케이션)	블록체인을 활용한 차세대형 애플리케이션	255
232	레이어 구조	웹 3.0 생태계를 성립시키는 기술적 계층	256
233	메타버스	인터넷상에 구축된 3차원의 가상 공간	257
234	DAO	중앙 관리자가 없는 분산형 자립 조직	258
235	BaaS	은행 기능과 서비스를 클라우드로 제공	259
236	공유 경제	개인간 사물이나 위치 등을 거래하는 서비스	260
237	핀테크	금융과 기술의 융합	261
238	○○Pay	다양한 전자 결제 서비스	262

07 디지털 마케팅 업계의 중요 인물

키워드 239~256

239	필립 코틀러	근대 마케팅의 기초를 닦은 권위자	266
240	제프리 무어	캐즘 이론의 창시자, 미국의 유명 컨설턴트	267
241	이고르 안소프	안소프 매트릭스 창시자, 전략적 경영의 아버지	268
242	돈 슐츠	통합 마케팅 커뮤니케이션 이론의 창시자	269
243	데이비드 아커	브랜드(모던 브랜딩) 이론의 창시자	270
244	레스터 원더먼	다이렉트 마케팅 창시자	271
245	시어도어 레빗	근시안적 마케팅 제창, 하버드 대학 교수	272
246	클레이턴 크리스텐슨	혁신의 딜레마와 작업 이론의 창시자	273
247	에버렛 M. 로저스	혁신 확산 이론의 창시자	274
248	마이클 포터	밸류 체인과 5 포스를 창시한 경영학자	275
249	고든 무어	무어의 법칙을 제창한, 인텔 공통 창립자 중 한 명	276
250	앨런 케이	PC의 원형을 만든 개인용 컴퓨터의 아버지	277
251	테드 넬슨	하이퍼텍스트 고안자	278
252	빈턴 서프	TCP/IP 프로토콜을 고안한 컴퓨터과학자	279
253	팀 버너스리	월드 와이드 웹을 고안한 컴퓨터과학자	280
254	마크 앤드리슨	Mosaic 브라우저를 개발한 엔지니어	281
255	잭 도시	X(구 Twitter)와 Square를 창업한 연쇄 창업가	282
256	사토시 나카모토	비트코인을 고안했다고 알려진 인물	283

책 활용 방법

❶ 음차 표기　　　　　　모든 용어의 음차 표기를 기재합니다.
❷ 줄임말의 원래 표기　　용어명이 알파벳 표기의 줄임말인 경우, 원래 표기를 용어명 위에 표기합니다. 본문 속 줄임말의 원래 표기는 각주나 아래첨자로 표기합니다. 그리고 ❸의 이해를 높이기 위해 약어 이외의 영자도 표기합니다.
❸ 용어명　　　　　　　해당 페이지에서 설명하는 용어입니다.
❹ 개요　　　　　　　　용어의 의미를 간결하게 나타냅니다.
❺ 용어 설명　　　　　　용어의 의미와 특징, 착각하기 쉬운 용어와의 사용 구분 등에 관해 자세히 설명합니다.
❻ 일러스트　　　　　　용어를 생활에서 가까이 느낄 수 있도록 일러스트로 표현했습니다. 대략적인 의미를 파악하는 데 도움이 됩니다.
❼ 용어와 관련된 이야기　용어를 다른 각도에서 이해하는 데 도움이 되도록 관련된 이야기를 소개합니다.
❽ 용어의 사용 예　　　　용어의 사용 방법을 알 수 있는 예문입니다.
❾ 관련 용어　　　　　　해당 페이지에서 설명하고 있는 용어와 함께 알아두면 좋은 용어를 확인할 수 있습니다.

01

디지털 마케팅
기본 용어

키워드 001~043

디지털 트랜스포메이션

키워드 **001**

Digital Transformation

DX

디지털 기술을 활용해 기업과 사업을 변혁

다양한 디지털 기술을 사용해 기업과의 비즈니스 방법을 바꾸거나, 기업과 고객 사이의 관계를 개선하는 것이다. 전사 수준에서 DX를 추진할 수 있다면 타사에 대한 자사의 경쟁 우위성이 높아지고, 이는 자연스레 수익성 개선으로 연결된다. 다만 비즈니스 영역 확대에 맞춰, 직원의 리스킬링(재학습)도 함께 수행해야 한다.

 용어와 관련된 이야기

CX와 BX
디지털 기술에 한정하지 않고 기업 자체를 변혁해 나가는 CX*와 사업 포트폴리오를 수정해 신사업을 창출하는 BX**라는 개념도 있다.

마케팅 DX
마케팅 분야에 한정한 DX를 의미한다. 산발적으로 추진되기 쉬운 마케팅 전략을 전사 방침에 따라 조직 전체에서 추진하는 것을 목표로 한다.

리스킬링(재학습)
재학습하는 것을 말한다. DX 추진에 요구되는 디지털 관련 지식과 스킬을 습득하기 위해, 인사부 주도로 인재 육성을 강화하는 움직임이 있다.

용어의 사용 예 그 기업은 DX를 추진해 V자 회복을 달성했다.

관련 용어 → 사업 경제성…P243

14 *Corporate Transformation **Business Transformation

▶ 세그멘테이션 타깃팅 포지셔닝

키워드 **002**

Segmentation Targeting Positioning

STP

시장을 분류하여 최적의 대상자에게 가치 전달

세그멘테이션(S)은 시장을 여러 그룹으로 분류한 것이다. 그 안에서 자사의 제품이나 서비스가 가장 공감을 얻을 수 있는 그룹을 선택하는 것이 타깃팅(T)이다. 선택한 그룹에 대해 자사의 제품이나 서비스를 어떻게 위치시킬 것인지 결정하는 것을 포지셔닝(P)이라 부른다. STP는 시장 분석에 유용한 프레임워크다.

📖 용어와 관련된 이야기

세그멘테이션 Segmentation
시장을 다른 그룹으로 분할하고, 각 그룹 안의 고객 수나 시장 규모를 나타낸 지표다. 시장의 매력과 대상 시장에 대한 우선도를 판단할 때 주로 사용한다.

마켓 셰어 Market share
특정한 기업, 제품 및 서비스가 시장 전체에 대해 차지하는 비율(기업 점유율)을 의미한다. 경쟁 기업과 비교해 그 기업이 시장에서 얼마나 성공하고 있는지 파악할 수 있다.

USP Unique Selling Proposition
제품, 서비스 또는 브랜드가 경쟁사와 비교해 고유하게 가진 장점이나 특징을 의미한다. 고객에게 매력이 명확하게 전달되도록 분명하게 표현한다.

용어의 사용 예 새로운 서비스의 STP를 분명하게 해야 한다.

관련 용어 → 밸류 프로포지션 … P246

▶ 마케팅 퍼널　　　　　　　　　　　　　　　　　　키워드 **003**

Marketing Funnel

마케팅 퍼널

인지에서 구매까지의 프로세스 정리

고객이 제품 또는 서비스를 인지한 시점부터 실제로 구입할 때까지의 일련의 흐름을 그림으로 표현한 것이다. 이 모델은 불특정 다수의 고객부터 특정한 행동을 하는 고객까지의 흐름을 추적해 인지, 흥미, 검토, 의향, 평가, 구입의 단계로 나누어 정리한다. 마케팅 전략 수립과 정책 실행에 있어 중요한 개념이다.

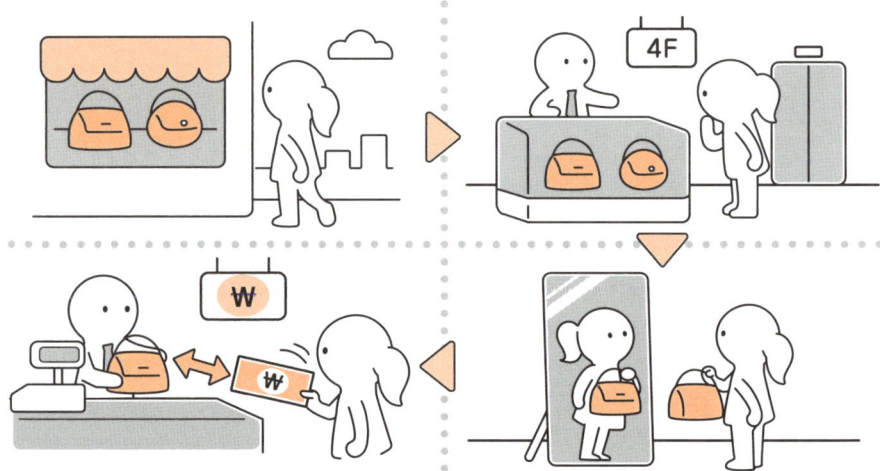

용어와 관련된 이야기

풀 퍼널 Full funnel
다양한 마케팅 커뮤니케이션 방안에 기반해, 기업과 소비자가 관계를 깊이 만들어 가는 것이다. 인지에서 시작해, 제품 구입 후에도 지속적인 관계를 유지한다.

어퍼 퍼널 Upper funnel
고객이 브랜드나 제품과 처음으로 만나 관심을 갖기 시작하는 단계다. 광고, 프로모션, PR 등의 활동을 통해 고객과 커뮤니케이션을 형성할 필요가 있다.

미들 퍼널 Middle funnel
어퍼 퍼널 다음 단계에 위치하는 퍼널로, 해당 서비스에 대해 고객의 흥미와 관심이 높아지고 구매 의욕을 갖게 하기 위한 마케팅 전략과 방안이 전개된다.

용어의 사용 예　A 제품의 마케팅 퍼널을 설계하자!

관련 용어 → 　커스터머 저니…P21　　구매 행동 모델…P24

▶ 데이터 드리븐 마케팅 키워드 **004**

Data Driven Marketing

데이터 주도 마케팅

데이터를 활용해 마케팅 수행

고객의 행동과 선호, 제품 구입에 이르기까지 사용자의 소비 행동 등의 데이터를 모아 분석하고, 그 결과에 기반해 마케팅 활동을 개선하는 것이다. 빅데이터나 인공 지능(AI), 머신러닝 등 최신 기술을 사용해 많은 데이터를 모아 정리하고, 소비자 심리나 행동 파악, 마케팅 정책 수정 등에 그 데이터를 활용한다.

용어와 관련된 이야기

데이터 기반 구축
고객 ID와 연결된 다양한 데이터를 활용하기 위해서는 CDP, DMP와 같은 데이터 기반(데이터를 저장하기 위한 시스템)을 구축해야 한다.

데이터 추진 체제
데이터 기반 구축과 함께, 데이터를 분석, 해석할 수 있는 데이터 분석 기능과 데이터 사이언티스트를 사내에서 육성해야 한다.

가설과 검증
데이터를 사용해 검증(통계 분석 등의 정책)하는 것에 앞서, 애초에 검증 대상이 무엇인지 가설 설계가 되어 있지 않은 경우가 많다. 우선 가설을 만드는 것이 중요하다.

용어의 사용 예 최근에는 데이터 주도 마케팅이 대세다.

관련 용어 → 빅데이터와 데이터 주도…P39   머신러닝과 AI…P42   데이터 사이언티스트…P56
○○파티 데이터…P192   실제 데이터…P193

▶ 브랜딩   키워드 **005**

Branding
브랜딩

소비자에게 사랑받는 브랜드 만들기

사람들의 마음에 기업, 제품, 서비스에 대한 특별한 이미지와 감정을 심어주기 위한 전략적인 방법 및 순서를 가리키는 말이다. 로고, 디자인, 광고 등을 통해 수행되며 브랜드 지명도와 신뢰성, 가치를 높이는 것을 목표로 한다. 소비자가 제품 또는 서비스를 선택할 때 다른 경쟁 브랜드와 구별하여 선택할 수 있도록 유도한다.

📖 용어와 관련된 이야기

브랜드 리프트
브랜딩을 위한 광고 효과를 검증하는 지표다. 광고를 보기 전과 본 후, 고객의 구매 의욕 인지도가 변화했는지 확인하기 위한 조사 측정에 관한 사고방식이다.

리브랜딩
브랜드 이미지와 브랜드 특성을 바꿔, 새로운 방향성이나 가치를 표현하는 프로세스를 의미한다. 대상이 되는 시장과 경쟁 환경에 대응해 브랜드 성장과 전개를 촉진한다.

목적 경영
기업 브랜드 전략의 일환으로 목적을 재정의하는 기업이 늘어나고 있다. 이를 통해 직원은 회사의 존재 의의와 자신의 업무를 연결할 수 있게 된다.

용어의 사용 예 💬 브랜딩 효과가 높아지고 있다.

관련 용어 ▶ CX(고객 경험)…P25   평판 리스크…P145   LTV…P167

▶ 페르소나

키워드 **006**

Persona

페르소나

예상되는 고객의 구체적인 이미지

마케팅 방안의 일환으로 제품이나 서비스의 타깃 인물상을 자세하게 그리는 방법이다. 나이, 성별, 직업, 취미, 표현, 습관 등의 정보를 조합해 구체적인 인물상을 그린다. 페르소나를 통해 광고나 프로모션을 보다 효과적으로 할 수 있다. 또한, 타깃의 필요에 맞춘 제안으로 매력적인 제품과 서비스를 제공할 수 있다.

용어와 관련된 이야기

타깃과 페르소나
타깃은 대상층을 대략적으로 필터링하는 것에 비해, 페르소나는 구체적인 한 명의 인물로, 대상의 라이프 스타일이나 가치관과 같은 보다 세부적인 특성까지 설정한다.

심층 인터뷰
기존 고객이나 신규 고객과의 대화를 통해 필요, 기호, 과제, 행동 패턴 등을 청취해 파악하는 조사 방법이다. 직접적인 피드백과 심층적인 통찰을 얻을 수 있다.

데이터 유효 활용
자사 고객 데이터를 활용해 페르소나를 설계한 경우, 그 데이터에 기반해 대상이 되는 고객상을 만들고, 마케팅 전략에 활용할 수 있다.

용어의 사용 예 페르소나는 수도권에 거주하는 30대 미혼 남성이다.

관련 용어 → STP···P15 커스터머 저니···P21 실제 데이터···P193 클러스터 분석···P199 코호트 분석···P203

▶ 트리플 미디어   키워드 **007**

Triple Media
트리플 미디어

기업과 소비자를 연결하는 세 종류의 미디어

기업이 자사에서 소유하고 있는, 직접 관리할 수 있는 미디어(웹사이트나 블로그 등)를 자사 소유 미디어, 기업이 광고 영역을 구입해 자사의 제품이나 서비스를 홍보하는 미디어(Naver, Google 등)를 페이드 미디어, 기업이 직접 제어할 수 없는 소셜 미디어나 리뷰 사이트 등을 언드 미디어라고 한다. 이 세 가지 미디어를 통틀어 트리플 미디어라고 부른다.

 용어와 관련된 이야기

자사 소유 미디어 Owned media
기업 정보를 게재하는 회사 사이트나 블로그 등 제품 또는 서비스 관련 정보를 제공하는 마케팅 사이트 등이 해당한다.

페이드 미디어 Paid media
Naver, Google 등의 거대 플랫폼이 제공하는 미디어, 출판사 또는 신문이 발행하는 인쇄 매체를 온라인화한 미디어 등이 있다.

언드 미디어 Earned media
카카오톡, Facebook, Instagram, X(구 Twitter), YouTube 등 소셜 미디어가 제공하는 미디어를 말한다.

용어의 사용 예 트리플 미디어로 제공하는 정보를 연동시키자!

관련 용어 →   리테일 미디어…P35   큐레이션 미디어…P83   UGC…P135   바이럴 미디어…P141

20

▶ 커스터머 저니

키워드 **008**

Customer Journey

커스터머 저니

고객이 제품을 구매해 사용 및 지속하기까지의 여정

고객이 상품이나 서비스를 인지하고, 구입하고, 사용하기까지 일련의 경험이나 소통을 고객의 입장에서 정리하는 사고방식을 의미한다. 구입, 사용 등의 경험에 대한 고객의 행동뿐만 아니라 각 단계에서 고객이 느낀 기분이나 감정도 포함한다. 마케팅 전략 기획이나 고객 경험 개선 시 매우 중요하다.

01 디지털 마케팅 기본 용어

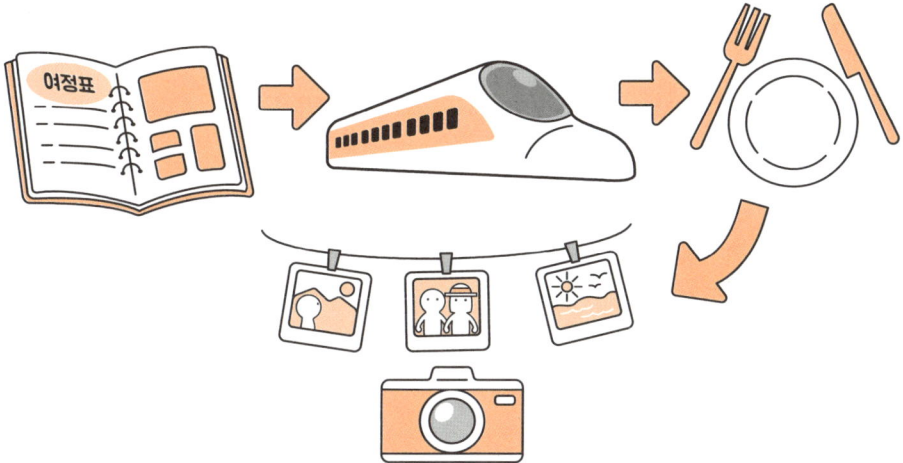

용어와 관련된 이야기

접점 Touch point
고객이 브랜드나 상품을 만나는 다양한 접점이나 채널을 의미한다. 웹사이트, 소셜 미디어, 매장 등도 접점 중 하나다.

저니 맵 Journey map
고객이 상품이나 서비스를 사용하는 과정이나 경험을 시각화한 것이다. 접점, 고객 행동, 감정, 필요 변화 등을 구조적으로 지도 위에 표시한다.

고객 이해도
타깃 세그먼트(가정한 페르소나)별로 커스터머 저니가 다르므로, 각 세그먼트별로 저니 맵을 만들면 고객 이해도가 높아진다.

용어의 사용 예   필요를 파악하기 위한 커스터머 저니를 만들자!

 관련 용어 →   마케팅 퍼널…P16   페르소나…P19   구매 행동 모델…P24

21

▶ ○○채널   키워드 **009**

○○Channel

○○채널

고객과 기업의 접점이 되는 곳

정보나 커뮤니케이션의 흐름 또는 경로를 말하며, 정보 또는 서비스가 전달되는 방식이나 수단이라는 의미로 사용된다. 비즈니스나 마케팅 분야에서 '채널'이란, 상품이나 서비스를 고객에게 제공하기 위한 방법 또는 수단을 의미한다. 예를 들어, 옴니채널이나 멀티채널은 여러 채널을 조합해 서비스를 제공하는 모델이다.

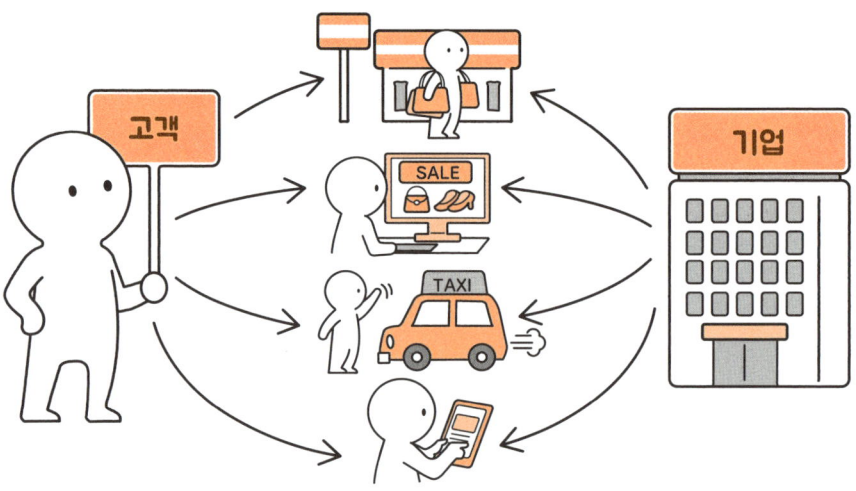

용어와 관련된 이야기

옴니 채널 Omni channel
과거에는 옴니 채널이라는 용어를 많이 사용했지만 최근에는 OMO라는 용어를 주로 사용한다. 기본적으로 온라인과 오프라인 채널을 통합적으로 관리하는 것이다.

고객 기점
온라인과 오프라인 채널을 정비하는 과정에서 기업 관점이 아니라, 고객을 중심에 두고 모든 접점을 재검토하는 것이 필요하다.

클릭&컬렉트 Click&Collect
온라인에서 상품을 주문한 뒤 고객이 실제 매장에서 상품을 수령하는 서비스를 말한다. 고객 편의성과 매끄러운 쇼핑 경험을 제공하기 위해 활용한다.

용어의 사용 예 고객 기점으로 채널이나 접점을 검토하자!

관련 용어 → OMO…P43   D2C…P161   유니파이드 커머스…P163

▶ 4P(프로덕트, 프라이스, 프로모션, 플레이스) / 4C(커스터머 밸류, 커스터머 코스트, 컨비니언스, 커뮤니케이션)   키워드 **010**

4P(Product, Price, Promotion, Place) / 4C(Customer Value, Customer Cost, Convenience, Communication)

4P와 4C

마케팅 전략을 정리하기 위한 축

마케팅 활동을 포괄적으로 정리할 때 사용할 수 있는 편리한 프레임워크다. 기업 관점에서 파악하는 4P, 고객 관점에서 파악하는 4C가 있다. 4P는 마케팅 전략을 기업 관점에서 파악해 제품, 가격, 장소, 프로모션으로 분류한다. 4C는 마케팅 전략을 고객 관점에서 파악해 고객 가치, 가격, 편의성, 커뮤니케이션으로 분류한다.

용어와 관련된 이야기

PLC Product Life Cycle
제품의 시장 도입부터 성숙을 지나 쇠퇴에 이르는 과정을 나타내는 모델로, 제품 라이프사이클을 이해하고 상품 전략을 수립하는 데 활용한다.

프리미엄
가격 전략 중 하나다. 무료로 제공되는 기본적인 상품이나 서비스에 추가 기능 또는 특전을 유료로 제공하는 프리미엄 상품이나 서비스를 조합해 판매하는 모델이다.

7P(4P의 체계화)
4P에 사람(People), 판매 프로세스(Process), 물적 증거(Physical Evidence)를 추가한 사고방식이다. 서비스업에서 중요하게 여겨지는 요소가 추가된 것이다.

용어의 사용 예 ➡ 4P와 4C의 각 관점에서 서비스를 분석하자!

관련 용어 → STP…P15   밸류 프로포지션…P246   프레임워크…P247

▶ 커스터머 비헤이비어 모델

키워드 **011**

Consumer Behavior Models

구매 행동 모델

고객의 쇼핑 방법을 패턴화

상품이나 서비스를 구입할 때 소비자가 취하는 일련의 행동이나 의사결정 패턴을 모은 것이다. 유명한 모델로 AIDMA, AISAS 등이 있다. 최근에는 소셜 미디어를 통한 리뷰나 라이브 커머스 등의 새로운 쇼핑 방법이 확산되고 있으며, 고객의 쇼핑 방법이 크게 변하고 있기 때문에 새로운 구매 행동 모델이 요구되고 있다.

용어와 관련된 이야기

AIDMA*
주의, 관심, 욕구, 기억, 행동을 나열한 고전적인 구매 행동 모델이다. 인터넷이 보급되기 전에는 AIDMA로 설명할 수 있는 사례들이 많았다.

AISAS**
주의, 관심, 검색, 구매, 정보 공유를 나열한 구매 행동 모델이다. AIDMA가 발전된 형태로, 상품을 구입한 뒤 SNS로 정보를 공유(확산)하는 프로세스가 추가되었다.

SIPS***
공감, 확인, 참가, 공유&확산을 나열한 모델이다. 공감에서 시작되어, 소비자와의 접점이 소셜 미디어에서 시작되는 것이 특징이다.

용어의 사용 예 SNS의 등장으로 소비자의 구매 행동 모델이 달라졌다.

관련 용어 → 마케팅 퍼널…P16   커스터머 저니…P21

*Attention, Interest, Desire, Memory, Action   **Attention, Interest, Search, Action, Share
***Sympathize, Identify, Participate, Share&Spread

▶ 커스터머 익스피리언스   키워드 **012**

Customer Experience

CX(고객 경험)

사용 또는 정서적 만족도 등, 고객이 느끼는 가치

고객 경험이라고도 해석된다. 상품이나 서비스 사용 시 사용자가 느끼는 종합적인 인상이나 감정을 의미한다. CX에는 상품 디자인이나 기능성은 물론, 고객과의 대화나 커뮤니케이션, 지원 대응 상황, 브랜드 이미지 등도 포함된다. 상품이나 서비스 자체부터 그 주변 요소나 통합적인 제공 경험 일체를 의미한다.

01 디지털 마케팅 기본 용어

용어와 관련된 이야기

CES*
고객이 서비스를 사용할 때 필요한 노력의 정도를 나타내는 지표다. 서비스 사용에 과도한 노력이 필요하게 되면 어려움이나 스트레스를 느낀다.

CS(고객 만족도)**
일반적으로 '상품이나 서비스 제공 가치가 고객의 기댓값을 뛰어 넘었을 때 고객 만족도가 높아진다'고 알려져 있다. 그 예시로, 고객 만족도와 고객 모집 사이에는 밀접한 관계가 있다.

EX(직원 경험)***
이해관계자 관점에서 CX 이외에, 직원의 EX를 높이는 것도 중요하게 생각하는 기업들이 늘어나고 있다. EX 향상은 이직 방지나 조직 생산성 향상으로 이어진다.

용어의 사용 예 매장과 온라인 쇼핑몰을 일체화한 CX를 제공하자!

관련 용어 ▶ 와이어프레임…P105   UI와 UX…P122   사용성…P123   프로토타입…P152
유니파이드 커머스…P163

*Customer Effort Score   **Customer Satisfaction   ***Employee Experience

▶ 콘텐츠 마케팅

키워드 **013**

Contents Marketing
콘텐츠 마케팅

콘텐츠를 사용해 고객을 끌어들이기

특정 고객이 흥미를 가지게 하거나 참여하게 하기 위해 높은 품질의 읽을 거리(주로 SNS 콘텐츠)를 만들어 제공함으로써, 최종적으로는 고객의 자발적인 행동을 이끌어내는 마케팅 기법이다. 광고 전략에서 사용자와 직접적인 커뮤니케이션을 시도하는 것이 아니라, 콘텐츠를 활용해 사용자와 접점을 만들어 나가는 것이다.

용어와 관련된 이야기

에버그린 Evergreen
오랜 기간에 걸쳐 내용이 변하지 않는 주제성을 갖고 있어 독자들이 계속 필요로 하는(색이 바래지 않는) 콘텐츠를 의미한다. 독자 재방문이나 SEO 정책에 있어 매우 중요하다.

콘텐츠 캘린더 Contents calendar
콘텐츠 작성, 편집, 배포 일정을 관리하기 위한 캘린더다. 기간별로 계획과 세부 사항이 기재되어, 콘텐츠의 일관성과 타이밍을 조율하는 데 사용된다.

ChatGPT
OpenAI가 출시한 AI형 챗봇이다. 적절한 지시를 전달하면 그에 맞는 답변을 문장으로 자동 생성하기 때문에 향후 콘텐츠 제작에 유익할 것으로 예상된다.

용어의 사용 예 💬 블로그 포스팅으로 콘텐츠 마케팅을 강화하고 싶다.

관련 용어 ▶ 검색 엔진과 SEO···P36   검색 쿼리···P84   CTA···P179   생성형 AI···P208

▶ 메트릭스 매니지먼트　　　　　　　　　　　　　　키워드 **014**

Metrics Management

지표 관리

마케팅 정책에서 사용하는 다양한 성과 지표 관리

광고나 캠페인 등 마케팅 정책을 지속적으로 개선하기 위해 사용되는 지표를 관리하는 것이다. 구체적인 마케팅 활동이 목표를 달성하는 데 얼마나 효과가 있는지 수치로 나타내기 위해 다양한 지표를 사용한다. 리드 수, CVR, CTR, CPA 등의 성과 지표를 데이터로 시각화해 PDCA를 수행한다.

01 디지털 마케팅 기본 용어

📖 용어와 관련된 이야기

PDCA* 수행 방법
디지털 정책은 고객 분석이나 방안 실시 후의 효과에 관한 모든 데이터를 취득할 수 있으므로, 가설과 검정을 반복하면서 마케팅 정책을 개선해 나간다.

LTV 중시
풀 퍼널 마케팅이 주류가 되는 가운데 CPA를 개선하는 것은 물론, 중장기적 관점에서 고객의 LTV를 개선하는 것이 중요하게 되었다.

데이터 시각화
Tableau 같은 BI 도구가 보급되어 수치 데이터를 대시보드에 표시해 시각적으로 즉시 파악할 수 있게 되었다.

용어의 사용 예　💬　PDCA를 수행해 철저하게 지표 관리를 하자!

관련 용어 →　　KGI와 KPI … P28　　ROAS와 ROI … P29　　CTR … P91　　CVR … P92

*Plan, Do, Check, Act

▶ 키 골 인디케이터 / 키 퍼포먼스 인디케이터

키워드 **015**

Key Goal Indicator / Key Performance Indicator

KGI와 KPI

도달하고자 하는 목표와 중간 지표를 수치로 관리

KGI는 연간 책정 예산(매출액)이나 신제품 판매 대수 등, 조직이나 프로젝트의 큰 목표 달성을 평가하는 지표다. KPI는 KGI에서 설정한 목표를 세분화한 것이다. 예를 들면 매출액의 경우 '고객 수(신규, 기존)'와 '고객 단가'로 분해하고, 각각 설정한 정량적인 수치 목표의 진척이나 평가를 실시한다.

용어와 관련된 이야기

마케팅 정책의 목표 설정
마케팅 정책의 경우, KGI는 매출이나 총이익 향상을, KPI는 신규 고객 확보, 이탈 방지, 고객 단가 상승을 목표로 각각의 지표를 관리하는 경우가 많다.

목표 관리 제도
조직 경영층과 직원 사이에서의 구체적인 수치 목표(KGI나 KPI)를 설정하고, 이것을 기반으로 업적을 평가 및 관리하는 방법이다. 이 제도는 경영학자인 드러커가 제안했다.

KPI와 달성 수단
KPI를 달성하기 위해서는 그에 적합한 달성 수단(마케팅 정책)을 검토하는 것이 중요하다. 마케팅 정책이 고객에게 지지를 받지 못한다면 KPI를 달성하기 어렵다.

용어의 사용 예 이번 분기의 총매출 달성을 위해 KGI와 KPI를 설정하자!

관련 용어 → 지표 관리⋯P27   ROAS와 ROI⋯P29   OKR⋯P98

▶ 리턴 온 애드버타이징 스펜드 / 리턴 온 인베스트먼트   키워드 **016**

Return on Advertising Spend / Return on Investment

ROAS와 ROI

(마케팅에 대한) 투자 대비 이익

투자 효과를 평가하기 위한 중요한 지표다. ROAS는 광고에 사용한 비용에 대한 매출의 비율을 나타내는 지표다. 매출을 광고비로 나눠서 구한다. ROI는 투자 전체의 이익을 평가하기 위한 지표로, 투자에 대한 이익의 비율이다. 투자를 통한 이익에서 투자 비용을 뺀 값을 투자 비용으로 나눠서 구한다.

01 디지털 마케팅 기본 용어

용어와 관련된 이야기

ROAS 개선
ROAS 개선에는 업 셀이나 크로스 셀 실시, 크리에이티브 최적화, 타깃팅 최적화, 송출 플랫폼 최적화 등이 효과적이다.

리스크와 리턴
리스크와 리턴은 트레이드 오프 관계에 있으므로, 높은 성과(리턴)를 얻으려면 광고 정책 수정 등 적극적인 마케팅 투자(리스크)를 수행해야 한다.

ROE Return on Equity
주주로부터 제공받은 투자금을 기반으로 기업이 얼만큼의 이익을 올렸는지 나타내는 경제 지표다. 자기자본이익률에 해당한다.

용어의 사용 예 ROAS가 높은 광고 캠페인을 전개하자!

관련 용어 → 지표 관리…P27   KGI와 KPI…P28   OKR…P98

▶ 플랫포머

키워드 **017**

Platformer
플랫포머

미디어나 IT 서비스 등을 제공하는 사업자

기술이나 미디어 업계를 이끄는 글로벌 기업을 플랫포머라 부른다. 이 기업들은 각각 다른 분야에서 혁신적인 기술이나 비즈니스 모델을 제공하고, 디지털 경제에서 중요한 역할을 담당하고 있다. 그러나 동시에 개인정보보호 문제나 경쟁법 위반 문제, 탈세 문제 등 다양한 문제에도 직면하고 있다.

 용어와 관련된 이야기

GAFAM
Google, Amazon, Facebook(Meta), Apple, Microsoft의 앞 글자를 따서 만든 용어다. 세계 기술 업계를 지배하는 5개의 미국 대기업들이다.

데이터 보호
플랫포머는 데이터 수집, 이용에 관한 투명성과 사용자 데이터 통제권한 강화를 위한 법적 제한 및 규제 문제에 직면하고 있다.

비즈니스 모델
생성형 AI나 메타버스뿐만 아니라, 자사의 비즈니스 모델을 파괴할지도 모르는 Web 3.0에 대해서도 GAFAM은 적극적으로 투자하고 있다.

용어의 사용 예 거대 플랫포머는 엔지니어 채용에 적극적이다.

관련 용어 → 데이터 클린 룸…P80   월드 가든…P81   네트워크 외부성…P244   수확 체증의 법칙…P245

▶ 디지털 애즈 키워드 018

Digital Ads
디지털 광고

인터넷을 통해 전달되는 광고

인터넷에서 볼 수 있는 광고를 총칭한다. 웹사이트의 배너 광고나 소셜 광고, 검색 광고, 모바일 애플리케이션 안의 광고 등이 포함된다. 디지털 광고는 타깃을 쉽게 필터링하고, 수치로 측정할 수 있으며, 비용 대비 효과가 높기 때문에 많은 기업에서 중요한 마케팅 도구로 사용한다.

용어와 관련된 이야기

디지털 광고 시장
검색 연동형 광고를 시작으로 하는 운영형 광고 등이 늘어나, 인터넷 광고비가 3조엔(일본)을 넘는 시장으로 발전하고 있다. 전체 광고비는 7조엔(일본)을 넘는다.

광고 거래 방법
인터넷 광고비의 내역을 보면 운영형 광고비가 86%를 점유하고, 예약형 광고가 11%, 성과보수형 광고가 4%를 차지하고 있다(2022년 일본 광고비 기준*).

광고 방법 개발
향후 메타버스가 개발되거나, 웹 3.0에서 새로운 분산형 서비스나 애플리케이션이 출시되면 지금까지와 다른 새로운 광고 방법이 생겨날 가능성이 있다.

용어의 사용 예 디지털 광고 분야 시장이 커지고 있다.

관련 용어 → 미디어 바잉…P32 디스플레이 광고…P61 임프레션…P73

*2022 일본 광고비 인터넷 광고 미디어비 상세 분석 https://www.dentsu.co.jp/news/release/2023/0314-010594.html

키워드 **019**

▶ 미디어 바잉

Media Buying

미디어 바잉

광고 프레임을 미디어 기업으로부터 구입

매체의 광고 프레임을 구입하는 것이다. 미디어 선정, 광고 프레임 구입, 관리, 미디어사와 함께 수행하는 광고 프레임 개발이나 가격 협상 등 다양한 업무가 있다. 미디어 바잉을 할 때는 각종 미디어와 고객 비즈니스에 관한 이해가 필요하고, 업계 전체의 최신 정보를 망라해야 한다.

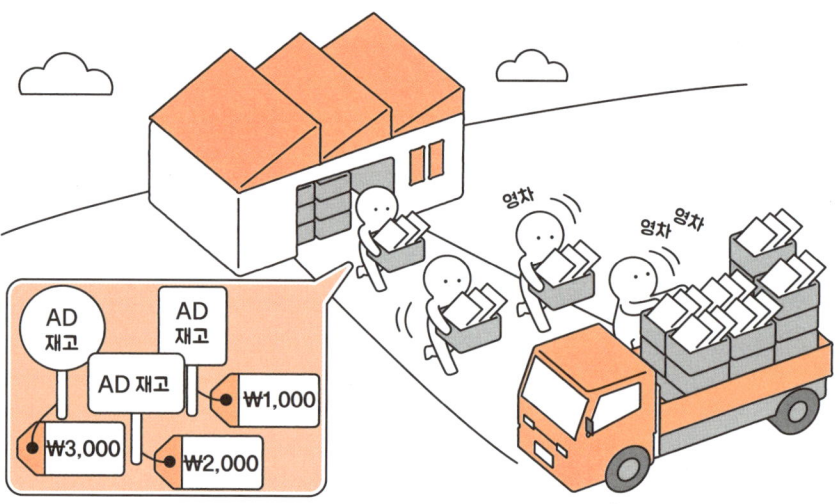

용어와 관련된 이야기

미디어랩
인터넷 광고 거래 중개업자로, 광고 프레임을 구매 및 판매한다. 미디어사가 보유한 광고 프레임을 관리하고 광고 대리점이나 광고주에게 판매한다.

미디어 리크루팅
광고 캠페인이나 마케팅 활동에 활용할 수 있는 미디어를 찾고, 미디어 개발을 하는 프로세스를 의미한다. 애드 서버나 SSP를 도입한다.

프로그래머틱 광고
디지털 광고 구입과 송출을 자동화하는 기술 및 방법을 의미한다. 실시간 데이터와 알고리즘을 활용해 광고 구입, 송출의 효율성과 정확도를 향상시킨다.

용어의 사용 예 ▶ A 미디어에서 미디어 바잉을 해보자!

관련 용어 → 디지털 광고…P31 인벤토리…P72 임프레션…P73 CPM…P93 CPC…P94

▶ 매스 애드버타이징   키워드 **020**

Mass Advertising

매스 광고

TV, 신문 등을 활용한 광고 방법

TV, 라디오, 신문, 잡지 등 대규모 미디어를 활용해 광범위한 시청자나 독자에게 광고를 전개하는 방법이다. 일반적으로 광고주는 광고 프레임을 구입하고, 미디어를 통해 광고를 대량으로 송출한다. 매스 광고는 보통 광범위한 시청자에게 어필하기 위한 방법으로 활용되며 상품 노출이나 브랜드 인지도를 높이는 것을 목적으로 한다.

01 디지털 마케팅 기본 용어

 용어와 관련된 이야기

디지털 매스
TV 광고를 통해 인지도를 높이고, 디지털 광고로 직접 정책을 수행하는 미디어 방안을 말한다. 순수하게 인지도부터 구매 고려까지 매끄럽게 연결해 성과를 만든다.

운용형 TV 광고
기존 광고와 달리, 디지털 광고와 마찬가지로 효과를 검증하면서 운용하는 광고다. 시청 데이터를 기반으로 도구를 사용해 광고의 효과를 분석 및 검증한다.

TV 이탈 현상
젊은 층의 지상파 TV 시청 시간이 줄어들고 있지만, 구독형 영상 스트리밍 서비스나 OTT를 통해 TV 콘텐츠를 시청하는 등, 시청 방식이 변화하고 있다.

용어의 사용 예 매스 광고에서 디지털 광고로 시장이 이동하고 있다.

관련 용어 ▶ 커넥티드 TV…P82   GRP…P96

▶ 애드 테크놀로지 / 마케팅 테크놀로지

키워드 **021**

Ad Technology / Marketing Technology

애드 테크놀로지와 마케팅 테크놀로지

광고, 마케팅 관련 기술

애드 테크놀로지는 디지털 광고를 송출하거나 최적화하기 위한 기술이다. 구체적으로 애드 서버, DSP, SSP, DMP 등이 포함된다. 마케팅 테크놀로지는 마케팅 활동을 지원하기 위한 기술이다. 구체적으로 CRM, 소셜 미디어 관리 도구, CMS, 웹 해석 도구 등이 포함된다.

📖 용어와 관련된 이야기

애드 서버
디지털 광고를 효율적으로 송출, 관리하기 위한 서버 시스템이나 소프트웨어다. 광고 송출, 로테이션과 최적화, 타깃팅 등을 할 수 있다.

툴 벤더
특정 기능이나 목적을 달성하기 위한 소프트웨어나 하드웨어 도구를 제공하는 기업 또는 조직이다. CRM, SFA, 데이터 분석 등 그 장르가 다양하다.

벤더 인정 자격
AWS, Salesforce 등 해외 거대 벤더는 자사 기술을 확산하기 위해 벤더 인정 자격 제도를 마련하고, 자사 경제 범위의 확대(수익 향상)를 위해 노력하고 있다.

용어의 사용 예 애드 테크놀로지와 마케팅 테크놀로지 모두 확산되고 있는 것 같다.

관련 용어 → CRM…P37 　 SFA…P48 　 DSP와 SSP…P69 　 SNS 계정 운용…P136 　 DMP…P228

▶ 리테일 미디어   키워드 **022**

Retail Media
리테일 미디어

소매점을 광고 매체로 활용

소매업자가 자신의 매장이나 온라인상의 장소를 미디어처럼 활용해 광고주에게 광고 프레임을 제공하는 비즈니스 모델이다. 매장 안에 있는 디지털 디스플레이를 사용해 광고주의 정보를 표시하거나 POS 단말기 및 애플리케이션을 조합해 쿠폰 정보를 제공한다. 또는 온라인 스토어 안에 광고 프레임을 설치해 광고주가 광고를 게시할 수 있게 한다.

용어와 관련된 이야기

인스토어 마케팅
In-store Marketing
판매 매장 안에서 수행하는 마케팅(판매 촉진) 활동이다. 매장 내 POP 광고, 진열 방법, 디스플레이(디지털 사이니지) 등을 포함한다.

디지털 사이니지 Digital Signage
액정 디스플레이나 통신 회선 가격이 낮아지면서 매장 안에 사이니지를 설치하고, 광고 등의 정보를 송출하는 소매 기업(편의점 등)이 늘어나고 있다.

피지털 Phygital
'Physical(물리적 접점)'과 'Digital(디지털 기술)'을 합쳐서 만든 용어다. 소매 업계에서는 매장과 디지털의 융합으로 사용된다.

용어의 사용 예 💬 거대 소매사업자는 리테일 미디어에 투자하고 있다.

관련 용어 ▶ ○○채널···P22   OMO···P43   D2C···P161   유니파이드 커머스···P163

▶ 서치 엔진 / 서치 엔진 옵티마이제이션

키워드 **023**

Search Engine / Search Engine Optimization

검색 엔진과 SEO

검색 시스템 및 검색 결과의 상위에 표시되도록 하는 기술

검색 엔진은 인터넷의 정보를 찾아 사용자가 검색한 내용과 관련된 결과를 표시하는 시스템으로, Google이 대표적이다. SEO는 검색 엔진의 웹사이트 순위를 높이기 위한 방법 또는 기술이다. 구체적으로는 웹사이트 구조나 디자인을 최적화하거나, 최적의 키워드를 사용해 검색 상위에 표시되게 한다.

용어와 관련된 이야기

SXO Search Experience Optimization
검색 엔진을 최적화할 뿐만 아니라 사용자 검색 경험 자체를 개선하고 최적화하는 사고방식이다.

생성형 AI를 탑재한 Bing
ChatGPT가 Bing(Microsoft가 제공하는 검색 엔진)에 내장되어, 검색 경험(SXO) 자체가 변화하고 있다.

발견 가능성 Findability
웹사이트나 페이지가 검색 엔진에 의해 얼마나 쉽게 발견되고 인덱싱되는지, 또 검색 사용자가 얼마나 쉽게 찾아낼 수 있는지를 나타내는 개념이다.

용어의 사용 예 ➡ 검색 엔진에서 상위에 표시되는 것을 목표로 SEO 대책을 세우자.

관련 용어 ➡ 검색 쿼리…P84 오가닉 검색…P85 테크니컬 SEO와 콘텐츠 SEO…P86 크롤링…P121

▶ 커스터머 릴레이션십 매니지먼트   키워드 **024**

Customer Relationship Management

CRM

기업과 고객 사이의 관계를 강화하는 방법

기업이 고객과의 관계를 관리하고 강화하기 위한 전략이나 기술이다. 고객의 데이터를 모아 분석하고, 그 결과를 바탕으로 고객과의 커뮤니케이션을 한층 개선하고자 하는 것이다. 이를 위해서는 고객 데이터 관리나 고객과의 커뮤니케이션 개선, 고객 행동 분석, 영업 및 마케팅 활동 지원 등이 중요한 요소가 된다.

01 디지털 마케팅 기본 용어

생일 축하합니다~!

용어와 관련된 이야기

CRM 도구의 기능
고객 정보(이름, 메일 주소 등)를 관리하는 기능과 고객과 커뮤니케이션하는 기능을 가진 것으로 분류할 수 있다. 후자는 주로 메일 발송, 애플리케이션, SNS 등을 관리한다.

BtoB의 CRM
BtoB 영역의 CRM 방안에는 MA 도구를 활용한 리드 너처링이나 리드 퀄리피케이션 등의 B2B 마케팅 정책 등이 포함된다.

SNS 활용 CRM
메일에서 SNS로 접점이 이동하는 과정에서 Instagram, 카카오톡 등의 계정 관리 기능을 활용한 CRM 정책을 추진하는 기업이 늘어나고 있다.

용어의 사용 예   광고 정책뿐만 아니라 CRM 정책에도 집중하자!

관련 용어 →   커스터머 저니…P21   CX(고객 경험)…P25   인게이지먼트…P38   리드 퀄리피케이션…P46
SNS 계정 운용…P136

▶ 인게이지먼트

키워드 **025**

Engagement
인게이지먼트

기업과 고객 사이의 양질의 관계

고객의 관심이나 기여도를 측정하기 위한 중요한 지표다. 기업과 고객의 인게이지먼트가 높아지면 고객은 해당 기업 또는 해당 기업에서 제공하는 상품이나 서비스에 충성도를 갖고, 브랜드에 호감을 갖게 된다. 그 결과 인게이지먼트가 높아짐으로써 오랜 기간에 걸쳐 보다 많은 상품을 구입하게 된다.

 용어와 관련된 이야기

인게이지먼트율
SNS에서 특정 콘텐츠나 캠페인에 대한 관심도 또는 참가율을 나타내는 지표다. 행동(좋아요, 답글, 공유 등)을 한 사용자 수를 기준으로 계산한다.

유저 인게이지먼트
User engagement
제품, 서비스, 브랜드, 콘텐츠와 고객이 어느 정도 상호 작용을 하고, 관련되어 있는지 나타내는 지표다. 디지털 마케팅이나 웹 분석 컨텍스트에서 중요하게 여기는 사고방식이다.

브랜드 인게이지먼트
Brand engagement
고객이나 타깃층과 브랜드 사이의 관계성 또는 상호 작용 정도를 나타내는 개념이다. 고객이 브랜드에 흥미를 갖고 관여하고 공유하며 충성심을 갖는 것을 의미한다.

용어의 사용 예 인게이지먼트를 높이는 마케팅 방안을 강화하자!

관련 용어 → CRM···P37 사용성···P123 NPS···P169

▶ 빅데이터 / 데이터 드리븐

키워드 **026**

Big Data / Data Driven

빅데이터와 데이터 주도

대량의 데이터와 그 데이터의 활용 방법

빅데이터는 막대한 양의 데이터를 의미한다. 인터넷 사용이나 소셜 미디어의 게시물 등에서 수집되며, 일반적인 방법으로는 처리하기 어려울 정도로 그 데이터 양이 막대하다. 데이터 주도는 데이터를 중요한 정보 소스로 활용하는 접근 방식을 의미한다. 데이터를 수집하고 분석해 얻어지는 객관적인 정보나 경향을 기반으로 의사결정을 한다.

용어와 관련된 이야기

Volume(데이터 양)
전통적인 데이터 처리 방법에서는 다루기 어려울 정도로 막대한 양의 데이터가 생성되며 테라바이트, 페타바이트, 엑사바이트 등의 단위로 표현된다.

Velocity(속도)
데이터는 실시간 또는 준 실시간으로 수집, 처리되는 경우가 많다. 예를 들어 센서 데이터, 소셜 미디어 게시물은 단기간에 대량으로 생산된다.

Variety(다양성)
구조화 데이터, 비구조화 데이터(텍스트, 이미지, 음성 등), 반구조화 데이터(XML, JSON 등) 등 다양한 형식이나 종류의 데이터를 포함한다.

용어의 사용 예 빅데이터로 데이터 주도 경영을 추진한다.

관련 용어 ▶ 데이터 주도 마케팅 ··· P17   데이터 사이언티스트 ··· P56

▶ 퍼스널 데이터 프로텍션

키워드 **027**

Personal Data Protection

개인정보보호

개인이 가진 데이터 지키기

개인의 프라이버시를 지키기 위한 법률이나 규칙을 의미한다. 인터넷이나 디지털 기술 보급에 의해 개인정보 수집과 공유가 쉬워지고, 개인정보를 부적절하게 사용하거나 데이터가 유출될 리스크가 늘어나고 있다. 이에 따라 개인정보보호 법률이나 규칙이 점점 중요해지고 있다. 사용자의 개인정보가 안전하게 보호되고 있음을 보증하는 역할을 한다.

용어와 관련된 이야기

쿠키 규제
사용자 동의 획득, 개인정보보호 정책 제시, 서드 파티 쿠키의 명시적인 알림, 쿠키 저장 기간 제한, 관리 도구 제공 등을 준비해야 한다.

CMP Consent Management Platform
웹사이트나 애플리케이션에서 사용자의 동의 및 확인을 수행하기 위한 관리 도구다. 현재 쿠키 설정이 표시되고, 사용자의 동의를 얻는 것이 일반적인 형태다.

DSR Data Subject Request
개인정보보호와 프라이버시 관련 법률 및 규제에 기반해 자신의 개인정보에 관한 정보를 요구 또는 요청(수정, 삭제, 전송 등)하는 것이다.

용어의 사용 예 ➡ 개인정보보호를 다루는 것이 점점 더 중요해지고 있다.

관련 용어 ▶ CCPA와 GDPR ··· P41   쿠키 ··· P113

▶ 캘리포니아 컨슈머 프라이버시 액트 / 제너럴 데이터 프로텍션 레귤레이션 키워드 **028**

California Consumer Privacy Act / General Data Protection Regulation

CCPA와 GDPR

새로운 개인정보보호법 제정

CCPA는 미국 캘리포니아 주에서 2020년에 실시된 법률이다. 개인 프라이버시 권리를 강화하고, 소비자의 개인정보에 대한 제어를 늘리는 법률이다. CDPR은 EU에서 2018년에 실시된 법률이다. 개인의 프라이버시와 데이터 보호를 강화하고, EU 안의 모든 기업이나 EU 시민의 개인 데이터를 보유하는 비 EU 기업에 적용된다.

용어와 관련된 이야기

개정 개인정보보호법
일본의 「개인정보보호법」은 수정 규정에 기반해 3년 단위로 법 개정을 실시한다. 2020년에 처음 시행되어 2022년 4월 1일에 실시되었다.

프라이버시 정책 Privacy policy
조직이나 웹사이트의 개인정보 수집, 처리 방법, 목적을 설명하는 문서다. 사용자에게 투명성과 신뢰성을 제공하고 개인정보보호를 확보하기 위한 지침이 된다.

퍼스트 vs. 제로 First vs. Zero
개인정보보호가 강화되는 가운데 사용자 데이터 취급에 있어 퍼스트 파티 데이터와 제로 파티 데이터의 양극화가 진행되고 있다.

용어의 사용 예 = CCPA와 GDPR의 내용을 확인하자!

관련 용어 →   개인정보보호…P40   쿠키…P113

▶ 머신러닝 / 아티피셜 인텔리전스   키워드 **029**

Machine Learning / Artificial Intelligence

머신러닝과 AI

대량의 데이터를 해석, 학습하는 기술

머신러닝은 컴퓨터가 경험과 학습을 거쳐 업무 태스크를 뛰어나게 수행하는 기술이다. 데이터로부터 패턴을 학습하고 예측과 결정을 수행한다. AI(인공지능)는 컴퓨터가 인간처럼 학습하고 문제를 해결하게 하는 것을 목표로 하는 기술이다. 머신러닝과 AI는 데이터 분석과 예측 모델 작성 등에 널리 사용되며, 자동화나 효율화를 위해 중요한 역할을 담당한다.

📖 용어와 관련된 이야기

지도 학습 Supervised learning
데이터로부터 패턴이나 관계성을 학습하고 예측을 수행하기 위한 강력한 방법이다. 지도 학습 방법에서는 정답 데이터를 사용해 모델을 훈련하고, 미지의 데이터에 대한 예측을 수행한다.

비지도 학습 Unsupervised learning
정답을 제공하지 않고 학습하는 방법이라는 점에서 지도 학습과 다르다. 비지도 학습은 정답이 존재하지 않는 회귀, 분류 문제에는 적용할 수 없다.

강화 학습 Enforcement learning
AI 등의 학습자에게 어떤 선택을 하게 하고, 그 선택에 따라 부여되는 평가(보수)를 통해 평가가 최적의 행동으로 수렴하도록 학습시키는 방법이다.

용어의 사용 예   마케팅 정책에 머신러닝이나 AI를 조합하자!

관련 용어 →   생성형 AI…P208   딥러닝…P210

▶ 온라인 머지스 위드 오프라인

키워드 **030**

Online Merges with Offline

OMO

온라인과 오프라인의 융합

인터넷(온라인)과 실제 매장(오프라인)을 연결하는 노력 중 하나다. 소비자는 인터넷에서 정보를 찾고 상품이나 서비스를 확인한 뒤, 매장에서 실제로 구입하거나 이를 반대로 행한다. 이를 통해 보다 편리하게 뛰어난 쇼핑 경험을 얻을 수 있다. 예를 들면 인터넷에서 상품을 찾고 매장에서 사용해 본 뒤, 다음 날 다시 인터넷에서 주문하는 것을 생각할 수 있다.

01 디지털 마케팅 기본 용어

 용어와 관련된 이야기

클릭&모털 Cick&Mortar
브릭&모털(brick&mortar)이 실제 매장에 초점을 둔 비즈니스 모델인 것에 비해, 클릭&모털은 온라인과 오프라인을 융합시킨 비즈니스 모델이다.

매장 스태프 기점의 OMO
OMO를 하드웨어적 측면만으로 촉진하는 것이 아니라, 매장 스태프를 기점으로 해서 매장에서의 접객 경험과 온라인 쇼핑몰에서의 쇼핑 경험을 연결하는 새로운 판매 방식이 등장하고 있다.

모바일 주문 Mobile order
애플리케이션을 활용해 매장 방문 전에 스마트폰으로 주문한 뒤 매장에서 수령하는 방법이다. 주문 담당자를 거치지 않고 주문과 결제를 할 수 있는 방법 등 모바일 주문 방법이 다양해지고 있다.

용어의 사용 예 ● OMO 전략에 기반한 마케팅 정책을 실행하자!

 관련 용어 → 교차 사용률…P160   D2C…P161   유니파이드 커머스…P163

43

▶ 라이브 커머스

키워드 **031**

Live Commerce

라이브 커머스

실시간 동영상 서비스로 상품 판매

라이브 비디오 스트리밍 기능을 활용해 상품이나 서비스를 판매하는 전자 상거래의 한 형태다. 라이브 커머스에서는 판매자가 상품을 실제로 사용하거나 시연하면서 시청자에게 제품의 특징과 장점을 설명한다. 시청자는 실시간으로 질문하거나 피드백 받을 수 있으며, 상품을 직접 구매할 수도 있다.

용어와 관련된 이야기

소셜 셀링 Social selling
라이브 커머스와 비슷한 용어로, 소셜 미디어를 활용해 상품이나 서비스를 광고하고 판매하는 방법이다.

커머서 Commercer
다양한 인플루언서가 등장하고 있으며, 오랜 기간 동안 라이브 커머스 등 소셜 미디어를 활용해 상품을 판매한 사람을 커머서라 부른다.

후원
인터넷상에서 '후원'은 돈이나 돈으로 교환할 수 있는 아이템을 동영상 송출자나 크리에이터에게 보내는 것을 의미한다. Youtube의 '슈퍼 챗'이 이에 해당한다.

용어의 사용 예 인플루언서를 활용해 라이브 커머스를 실시했다.

관련 용어 → 온라인 쇼핑몰 지원 도구…P165

▶ 리드 제너레이션   키워드 032

Lead Generation
리드 제너레이션
신규 유입 고객 찾아내기

새로운 고객(신규 리드)을 찾아내기 위한 마케팅 활동의 최초 프로세스다. 비즈니스를 성장시키기 위해 흥미를 가진 사람을 찾아내고, 그 정보를 수집해야 한다. 웹 폼 입력, 이벤트 등록 등에서 정보를 수집하고 그것을 활용해 관심을 가진 사람들에게 연락하거나, 상품이나 서비스에 관한 정보를 제공한다.

01
디지털 마케팅 기본 용어

용어와 관련된 이야기

바이어즈 저니 Buyer's journey
구매에 개입하는 담당자의 관점에서 상품이나 서비스를 구입할 때까지의 프로세스 및 단계를 프로세스화 한 것이다. 커스터머 저니의 BtoB 버전으로 사용된다.

웨비나 Webinar
블로그를 통한 정보 송출 강화나 화이트 페이퍼를 충실히 만드는 방법도 있지만, 신규 프로스펙트 획득에 효과적인 방안 중 하나는 (COVID-19 팬데믹 이후 일반화된) 웨비나를 개최하는 것이다.

커스터머 세그멘테이션 Customer segmentation
기업 분석을 위한 법인용 서드 파티 데이터를 활용해 기존 고객을 분석하고, 자사의 수익에 기여하고 있는 타깃 세그먼트를 명확하게 분석해 잠재 고객을 필터링한다.

용어의 사용 예   리드 제너레이션 정책으로 신규 리드를 획득할 수 있었다.

관련 용어 → 리드 너처링과 리드 퀄리피케이션…P46   MA…P47   신규 프로스펙트…P176   MQL과 SQL…P180

▶ 리드 너처링 / 리드 퀄리피케이션　　　　　　　　　　　　　키워드 **033**

Lead Nurturing / Lead Qualification

리드 너처링과 리드 퀄리피케이션

잠재 고객과의 관계성 높이기

리드 제너레이션의 다음 프로세스에 해당하는 마케팅 활동이다. 리드 너처링은 흥미를 보인 잠재 고객과 지속적인 관계를 맺는 것으로, 정보를 제공하고 관심을 유지하게 하면서 구매로 유도한다. 리드 퀄리피케이션은 잠재 고객의 관심도나 구매 의욕을 평가하고, 가장 뛰어난 잠재 고객을 찾아내는 프로세스다.

 용어와 관련된 이야기

메일 발송
리드 너처링의 기본적인 태도는 잠재 고객에게 유익한 정보를 지속적으로 제공하는 것이다. 뉴스 레터, 블로그 정보 전송은 효과적인 방안이다.

오토메이션 전송
특정한 트리거나 행동에 맞춰 자동으로 메일을 보내는 것이다. 예를 들면 사이트 방문, 상품 구입, 서비스 등록 등의 트리거에 기반해 자동으로 메일을 전송한다.

드립 캠페인
미리 정의해 둔 정적 콘텐츠(정형문)를 스케줄링해 송출하는 것이다. 캠페인을 시작한 뒤에는 작성자의 추가 작업이 필요하지 않다.

용어의 사용 예 신규 리드에 대해 너처링 정책을 실행하자!

관련 용어 →　인게이지먼트 ··· P38　　리드 제너레이션 ··· P45　　MA ··· P47　　MQL와 SQL ··· P180

마케팅 오토메이션

키워드 **034**

Marketing Automation

MA

잠재 고객 관리 도구

자동화된 도구나 소프트웨어를 사용해 마케팅 활동을 효율화하는 것이다. 메일 자동 발송이나 태스크 자동화 등이 해당한다. MA를 통해 노력이나 시간을 절약하면서, 고객과의 커뮤니케이션이나 세일즈 프로세스를 원활하게 수행할 수 있게 된다. MA는 비즈니스 영역에서 효율적으로 성과를 올리기 위한 중요한 도구다.

01 디지털 마케팅 기본 용어

 용어와 관련된 이야기

Hubspot 도구
블로그 작성이나 SNS 활동 등 인바운드 마케팅 정책에 최적화되어, 고객 획득부터 유지까지의 프로세스를 일원화할 수 있는 도구다.

Marketo
해외 거대 MA 도구 벤더 중 하나다. 마케팅 캠페인 설계부터 실행, 트래킹, 분석까지 포괄적인 MA 솔루션을 제공한다.

명함 관리 시스템
마케팅 사이트에서 온라인으로 신규 리드를 획득하는 것이 아니라 명함 관리 시스템을 활용해 신규 리드를 MA 도구로 불러올 수 있다.

용어의 사용 예 MA 도구를 도입해 신규 리드 획득을 늘리고 싶다.

관련 용어 → 　인게이지먼트…P38　　리드 제너레이션…P45　　리드 너처링과 리드 퀄리피케이션…P46　　SFA…P48

▶ 세일즈 포스 오토메이션   키워드 **035**

Sales Force Automation

SFA

기존 고객 관리 도구

영업 활동을 지원하기 위한 도구나 소프트웨어를 말한다. 영업 담당자가 고객과의 관계를 관리하고, 태스크를 효율화하기 위해 사용한다. 고객 정보 관리, 스케줄 관리, 견적 및 주문서 작성, 영업 활동 팔로업 등이 포함된다. 영업 담당자는 SFA를 사용함으로써 보다 효과적으로 업무를 수행하고 고객과의 관계를 강화할 수 있다.

 용어와 관련된 이야기

Salesforce
기업명 그대로 원래는 SFA 도구 벤더로 성장했으며, 이후 SFA 주변 영역으로 MA, DMP, BI 도구 등도 제품 라인업으로 추가했다.

도구 간 연동
MA와 SFA 양쪽 도구를 도입하면, 신규 리드 관리부터 기존 고객 관리까지 하나의 파이프라인으로 관리할 수 있게 된다.

예산, 실적 관리
조직이나 프로젝트에서 예산을 설정하고, 실제 결과를 추적해 예산과의 차이를 파악함으로써, 경영이나 프로젝트 관리를 효과적으로 수행하기 위해 필요하다.

용어의 사용 예 💬 SFA를 도입해 경영 관리를 철저하게 하고 싶다.

관련 용어 → MA…P47   ABM…P170   파이프라인 관리…P184   세일즈 이네이블먼트…P189
         BI 도구…P226   DMP…P228

48

▶ 시스템 인티그레이터 / 클라우드 인티그레이터

키워드 **036**

System Integrator / Cloud Integrator

시스템 인티그레이터와 클라우드 인티그레이터

시스템 개발 사업자 분류

시스템 인티그레이터는 시스템 도입을 고려하고 있는 기업에 대해 어떤 시스템이 필요한지 컨설팅하고 기획, 설계, 실제 개발부터 도입 지원, 유지보수 및 운용까지 전체를 처리하는 기업이다. 한편, 클라우드 인티그레이터는 클라우드 기반 서비스와 솔루션 구축부터 운용까지 지원하는 기업이다.

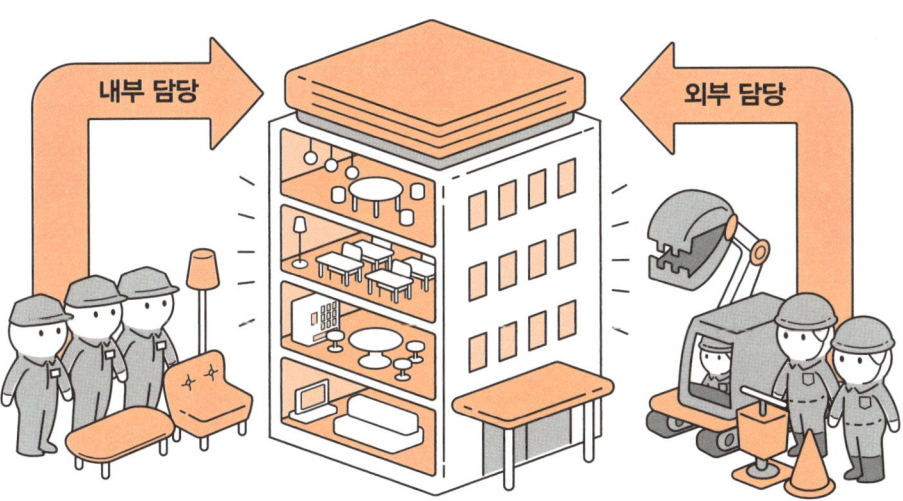

내부 담당 / 외부 담당

 용어와 관련된 이야기

작업량과 인당 작업 보수

작업량(공정 수)은 프로젝트 리소스와 노력을, 인당 작업 보수는 노력과 업무에 대한 보수를 의미한다. 작업량은 프로젝트 관리, 인당 작업 보수는 비용 계산이나 인사 관리에 활용한다.

맨먼스 Man-month

소프트웨어 개발 등의 작업량을 평가할 때 사용되는 지표. 구체적인 지표로, 1명의 개발자가 1달 동안(약 160시간) 일했을 때의 노동량을 말한다.

PMO Product Management Office

조직 안에서 프로젝트 관리 프로세스나 프로젝트 실행을 지원 및 총괄하는 조직 또는 부서를 의미한다. 대규모 프로젝트일수록 PMO가 중요하다.

용어의 사용 예 시스템 인티그레이터에게 시스템 개발을 의뢰하자!

관련 용어 → 클라우드 컴퓨팅…P216 온프레미스…P217 SES…P223

▶ ○○애즈 어 서비스(XaaS)　　　　　　　　　키워드 **037**

○○as a Service(XaaS)
○○애즈 어 서비스(XaaS)

서비스로서 ○○을 제공

클라우드 컴퓨팅 비즈니스 모델 중 하나다. 이 모델에서는 기업이나 조직이 필요한 서비스를 온디맨드로 제공하고, 사용한 만큼만 비용을 과금한다. 제품을 일괄로 구입하던 기존의 방식과 다르게 초기 투자 비용이 들지 않고, 월 사용 금액만큼만 사용할 수 있다. 이에 해당하는 예로 SaaS, PaaS, IaaS, HaaS 등이 있다.

용어와 관련된 이야기

PaaS Platform as a Service
애플리케이션 개발과 운용을 지원하기 위한 플랫폼을 제공하는 서비스다. AWS가 제공하는 Elastic Beanstalk이 유명하다.

IaaS Infrastructure as a Service
서버, 네트워크, 스토리지 등의 인프라스트럭처를 가상화하고 컴퓨팅 리소스를 필요(요청)에 따라 제공하는 서비스다.

HaaS Hardware as a Service
하드웨어 리소스를 가상적으로 제공하고, 사용자가 필요한 리소스에 접근할 수 있게 하는 것이다. HaaS는 물리적인 하드웨어 리소스를 제공한다.

용어의 사용 예 　최근에는 다양한 XaaS가 늘어났다.

관련 용어 →　SaaS…P215　　클라우드 컴퓨팅…P216

 웹 3.0

키워드 **038**

Web 3.0
웹 3.0

분산형, 투명성, 개인정보보호 수준이 높은 인터넷

중앙 집권적 권력이나 기업에 의존하지 않고 개인이 직접 자신의 데이터나 프라이버시를 관리할 수 있게 된 세계를 의미한다. 블록체인을 사용해 신뢰성이나 보안을 높이고, 정보의 위조, 변조나 부정을 막을 수 있으므로 가상 통화, NFT, 분산형 애플리케이션이라는 새로운 경제 시스템이나 서비스가 만들어지고 있다.

용어와 관련된 이야기

팻 프로토콜
웹 3.0에서는 애플리케이션 레이어가 아니라 프로토콜 레이어가 정말 가치가 있다고 생각하는 사고방식이다. 가치 원천을 근본적으로 반전시키고자 하는 사상이 담겨 있다.

웹 1.0
인터넷 초기 단계로, 정보의 단방향 제공과 열람이 주요한 특징이다. 웹사이트는 변화하지 않고 주로 기업이나 조직이 정보를 제공하면 사용자가 그 정보를 열람했다.

웹 2.0
소셜 미디어가 등장하고 대화형 인터페이스를 통한 참가형 환경으로 진화한 단계. 웹 2.0에서는 사용자가 콘텐츠를 만들고, 공유하고, 교류할 수 있게 되었다.

용어의 사용 예 웹 3.0과 관련된 새로운 스타트업이 나타나고 있다.

관련 용어 → 블록체인…P52 NFT…P53 암호 경제…P250 가상화폐…P251 토큰…P254

▶ 블록체인

키워드 **039**

Blockchain
블록체인

디지털 자산의 소유를 증명하는 기술

디지털 정보(데이터)를 블록이라 불리는 작은 덩어리로 나누고, 그 블록들을 서로 연결한 것이다. 각 블록은 과거에서 현재로 연결되고, 트랜잭션(거래) 이력이나 정보를 안전하게 기록할 수 있다. 블록체인은 잠재적인 응용 범위가 넓다. 최근 다양한 산업에서 블록체인 사용을 검토하고 있다.

 용어와 관련된 이야기

퍼블릭형
전세계 누구나 네트워크에 참가할 수 있는 공개된 블록체인이다. 관리자가 존재하지 않고 자유롭게 참가 및 탈퇴할 수 있다. 비트코인, 이더리움이 유명하다.

프라이빗형
참가자가 한정된 블록체인으로, 개별 관리 조직이 존재하고 네트워크에 참가하려면 관리자의 허가를 받아야 한다. 여러 관리자가 있는 컨소시움형도 있다.

가스 요금 Gas fee
블록체인상에서의 거래나 스마트 컨트랙트를 실행하기 위해 지불하는 수수료. 네트워크의 적절한 운용과 보안을 확보하기 위해 필요하다.

용어의 사용 예 블록체인을 활용한 새로운 사업을 시작하자!

관련 용어 ▶   웹 3.0…P51   NFT…P53   암호 경제…P250   가상화폐…P251

▶ 논-펀저블 토큰
키워드 **040**

Non-Fungible Token

NFT

콘텐츠와 묶여 있는 보증서 데이터

비대체성 토큰이라 해석되며, 블록체인상에서 유일한 디지털 자산임을 나타내는 토큰을 말한다. 비대체성이라는 용어에서도 알 수 있듯, NFT는 다른 토큰과 달리 각각이 고유한 특징이나 가치를 가질 수 있다. NFT는 디지털 아트, 컬렉터 아이템, 게임 아이템 등 다양한 디지털 자산을 나타낼 수 있다.

01 디지털 마케팅 기본 용어

용어와 관련된 이야기

CryptoPunks
2017년에 NFT 프로젝트 등을 추진한 기업(Larva Labs)이 발행한 픽셀 아트의 NFT이다. NFT 성공 사례로 유명하다.

NFT 마켓플레이스
해외 NFT 마켓 중 심사 없이 전세계 모두가 NFT를 만들고 판매할 수 있는 곳도 있다. 주요 서비스로는 'Opensea', 'Rarible' 등이 있다.

지갑 Wallet
NFT를 구입하려면 먼저 지갑을 만들어야 한다. 지갑은 자신의 돈을 넣고 뺄 수 있는 역할을 한다.

용어의 사용 예 농구팀의 NFT 트레이딩 카드를 구입했다.

관련 용어 → 웹 3.0…P51 블록체인…P52 암호 경제…P250 토큰…P254

▶ 치프 마케팅 오피서 / 치프 디지털 오피서 / 치프 인포메이션 오피서

키워드 **041**

Chief Marketing Officer / Chief Digital Officer / Chief Information Officer

CMO, CDO, CIO

마케팅, IT 부문을 총괄하는 책임자

기업의 톱 매니지먼트를 구성하는 중요한 임원들이다. CMO는 기업의 마케팅 활동 전체를 총괄하는 직책으로 마케팅 활동 전반을 책임진다. CDO는 기업의 디지털 전략 전체를 총괄하는 직책으로 DX 등의 디지털 영역 전반을 책임진다. CIO는 기업의 정보 기술(IT) 전략 전체를 총괄하는 직책으로 시스템 기반 정비 등을 책임진다.

용어와 관련된 이야기

CxO
조직 안의 특정 영역을 총괄하는 최고 책임자를 의미하는 용어다. 'X'는 특정 직무나 전문 영역을 의미하고, 구체적인 직책에 따라 다른 머리글자를 사용한다.

COO*
조직 안의 중요한 경영 간부 임원 중 한 명으로, 일반적으로 CEO(최고 경영 책임자) 바로 아래 위치하며, 조직의 일상적인 운영과 업무 효율성을 관리 및 감독하는 역할을 담당한다.

CHRO**
조직 안의 인사 부서를 총괄하고, 인사 전략 책정이나 실행을 책임지는 최고 책임자 직책이다. 조직의 성공과 직원의 만족도에 큰 영향을 미치는 중요한 역할이다.

용어의 사용 예 전사에서 DX를 추진하기 위해 상사가 CDO에 임명되었다.

관련 용어 → 엔터프라이즈 아키텍트와 비즈니스 아키텍트…P55   데이터 사이언티스트…P56

54 *Chief Operating Officer **Chief Human Resrouces Officer

▶ 엔터프라이즈 아키텍트 / 비즈니스 아키텍트

키워드 **042**

Enterprise Architect / Business Architect

엔터프라이즈 아키텍트와 비즈니스 아키텍트

DX를 추진하는 전문 인재

엔터프라이즈 아키텍트는 조직의 IT 전략과 비즈니스 목표를 통합하는 역할을 하며, 광범위한 지식과 기술을 지니고 있다. 한편, 비즈니스 아키텍트는 조직의 비즈니스 프로세스나 전략을 설계하고 개선을 수행하는 역할을 한다. 엔터프라이즈 아키텍트는 'IT'에 초점을 두며, 비즈니스 아키텍트는 '비즈니스'에 초점을 둔다.

01

디지털 마케팅 기본 용어

용어와 관련된 이야기

잭맨
전 IBM 직원으로 '잭맨 프레임워크'를 고안했다. 엔터프라이즈 아키텍처를 설계, 구축, 평가하기 위한 가이드라인으로 사용된다.

풀스택 Full-stack
소프트웨어 개발 분야에서 사용되는 용어로, 특정 기술의 조합에 관한 용어다. 풀스택 엔지니어, 풀스택 개발자 같은 형태로 사용된다.

BABOK[*]
국제적인 비즈니스 분석가의 전문 지식과 모범 사례 체계를 모은 가이드라인이다. BABOK는 국제 비즈니스 분석가 협회가 관리한다.

용어의 사용 예 💬 DX를 추진함에 있어 비즈니스 아키텍트는 별 모양 직종이다!

관련 용어 ▶ CMO, CDO, CIO ··· P54   데이터 사이언티스트 ··· P56

[*]A Guide to the Business Analysis Body of Knowledge

▶ 데이터 사이언티스트

키워드 **043**

Data Scientist
데이터 사이언티스트

데이터를 분석, 해석하는 전문가

복잡한 대량의 데이터로부터 중요한 정보를 발견하는 전문가다. 통계학, 데이터 마이닝, 머신 러닝, 프로그래밍 등의 스킬을 사용해 데이터를 이해하고, 비즈니스 조직의 의사결정에 도움이 되는 정보로 바꾼다. 데이터를 찾아 정리하는 것, 데이터를 분석하는 것, 예측 모델을 만드는 것, 결과를 고찰해 제안하는 것 등이 주요한 업무다.

용어와 관련된 이야기

통계 검정(일본 자격증)
통계학 지식이나 스킬을 평가하기 위한 자격 시험이다. 데이터 분석가나 데이터 사이언티스트를 목표로 하는 사람이 취득하고자 하는 인기 자격증이다. 1급을 취득하려는 사람이 많다.

데이터 사이언스 학부
대학에서 데이터 사이언스를 중심으로 하는 교육 연구를 수행하는 학부를 의미한다. 데이터 분석가에 대한 기업의 인재 수요가 많아, 많은 대학에서 학부를 새롭게 만들고 있다.

데이터 엔지니어
데이터 파이프라인 설계나 데이터 처리 기준 구축, 데이터 수집, 정리, 저장 등 데이터 전반에 관련된 엔지니어링 업무에 참여하는 직종의 사람을 의미한다.

용어의 사용 예 💬 그 데이터 사이언티스트는 정말 뛰어나다!

관련 용어 ▶ CMO, CDO, CIO … P54   엔터프라이즈 아키텍트와 비즈니스 아키텍트 … P55

Column

새로운 용어 학습 방법

'나무를 보고 숲을 보지 못한다'는 속담이 있습니다. 작은 것에 마음을 빼앗겨 전체를 통찰하지 못하는 것을 의미합니다.

새로운 용어를 기억할 때, 이 속담과 같은 상황에 종종 빠지게 됩니다. 용어를 열심히 외웠지만, 그 용어가 디지털 마케팅 전체 중 어디에 위치하고 있는지 확실하게 이해하지 못하는 상황에 처하곤 하는 것입니다.

새로운 용어를 기억할 때는 세세한 용어를 외우는 것에서 시작하지 말고, **먼저 전체 이미지를 이해하는 것이 중요합니다. 이를 위해 보다 상위 개념의 용어를 기억하는 것이 효율적입니다.**

예를 들면 BtoB 마케팅에 관한 방법(정책)이나 그와 관련된 용어를 외울 때는 리드 제너레이션, 레드 너처링(리드 퀄리피케이션), 필드 세일즈라는 세 가지 상위 개념에 관해, 각각의 방법과 세 가지 개념 사이의 관계성을 먼저 이해하는 것에서 시작하는 것입니다. 그러고 나서 리드 제너레이션이나 리드 너처링을 실현하기 위한 도구로 MA가 어떤 것인지 이해하거나, 필드 세일즈를 효율적으로 관리하는 도구인 SFA를 이해하고, 그것이 어떻게 연계되어 있는지 깊이 이해하는 것입니다.

전체적으로 이해할 있는 책을 먼저 읽는 것도 방법

영역별 마케팅 방법의 전체 이미지, 즉 뼈대를 이해하기 위한 가장 좋은 방법은 『○○입문』이나 『○○의 교과서』 같은 제목이 붙은 초보자용 책을 두세 권 정도 읽는 것입니다. 각 영역의 전문가가 초보자도 이해할 수 있는 용어로 쓴 책들이기 때문에 쉽게 이해할 수 있을 것입니다. 먼저 대략적인 뼈대로 주제를 이해하고, 보다 깊은 내용의 전문서를 읽으면 짧은 기간에 새로운 영역의 용어를 마스터할 수 있을 것입니다.

Memo

02

타깃에게 도달하는
광고와 SEO 용어

키워드 044~085

▶ 서치 애드버타이징   키워드 **044**

Search Advertising

검색 광고

검색 엔진의 결과와 연관된 광고

인터넷에서 검색 엔진을 사용해 정보를 찾을 때 표시되는 광고를 말한다. 특정 키워드 혹은 검색 쿼리와 관련된 광고주가 설정한 조건에 일치할 때 표시된다. 노출되는 광고는 사용자의 관심 혹은 필요에 맞춰 표시되므로 사용자가 원하는 정보와 관련된 광고를 표시하는 것이 특징이다. 리스팅 광고라고도 부른다.

용어와 관련된 이야기

품질 점수
키워드에 대한 광고 품질을 1부터 10까지의 점수로 나타낸 지표다. 광고와 랜딩 페이지의 사용자 검색 의도와의 연관성을 수치화한 것이다.

PPC 광고*
광고주가 광고를 클릭했을 때만 요금이 발생하는 광고다. 검색 엔진 광고 등에서 사용되며, 광고주는 특정 키워드와 타깃 고객에게 광고를 표시한다.

SEM Search Engine Marketing
검색 엔진을 활용해 웹사이트의 트래픽을 늘려, 비즈니스의 온라인 존재감을 향상시키는 전략이다. SEO와 검색 광고의 두 가지 방안이 있다.

용어의 사용 예   검색 광고 효과로 회원이 순조롭게 증가하고 있다.

관련 용어 ▶   디지털 광고…P31   디스플레이 광고…P61   검색 쿼리…P84

*Pay-Per-Click Advertisement

▶ 디스플레이 애드버타이징   키워드 **045**

Display Advertising
디스플레이 광고

사이트나 애플리케이션에 표시되는 광고

인터넷 웹사이트나 모바일 애플리케이션 화면에 표시되는 광고다. 웹사이트를 열람할 때 화면에 표시되는 배너 광고나 팝업 광고 등이 여기에 해당한다. 광고주는 자신의 타깃이 되는 고객이 자주 사용하는 웹사이트나 애플리케이션에 광고를 게재함으로써 많은 사람에게 상품과 서비스를 어필한다.

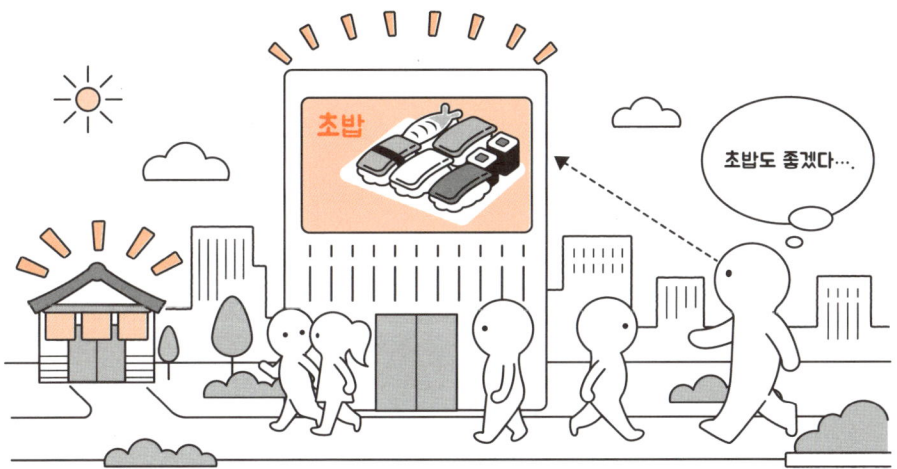

용어와 관련된 이야기

GDN
Google이 제공하는 애플리케이션, 웹사이트, 동영상 스트리밍 사이트에 광고를 송출하는 가장 규모가 큰 유명한 광고 네트워크다. 다양한 광고 포맷에 대응한다.

YDA(구 YDN)
Yahoo! Japan이 운영하는 서비스 사이트로, 제휴 파트너 사이트에 표시되는 디스플레이 광고다. YDA에는 예약형과 운용형 두 종류가 있다.

송출면
광고가 표시되는 구체적인 장소 및 위치를 의미한다. 광고주와 광고 플랫폼은 광고를 어떤 형식으로 표시하고 어떤 위치에 배치할 것인지 결정한다.

용어의 사용 예 💬 디스플레이 광고를 실시해, 웨비나가 호조를 보이고 있다.

관련 용어 → 디지털 광고…P31   검색 광고…P60

▶ 어필리에이트 마케팅   키워드 **046**

Affiliate Marketing
제휴 마케팅

제품이 팔렸을 때 리워드를 받는 광고 방법

인터넷에서 제품, 서비스를 소개하고 그 소개를 통해 발생하는 매출에 대한 보수를 받는 광고 방법이다. 예를 들면 블로그나 YouTube 채널에서 추천 제품, 서비스를 소개하고 독자 또는 시청자가 해당 링크를 클릭해 구입하면 소개한 사람(제휴자 Affiliator)이 리워드를 제공받는 구조다.

📖 용어와 관련된 이야기

ASP Affiliate Service Provider
광고주와 제휴자를 중개하는 서비스를 제공하는 사업자를 말한다. 제휴 거래에서 시장의 역할을 담당하고 양자를 원만하게 지원한다.

제휴자
제휴 프로그램에 참가해 광고주의 제품, 서비스를 자신의 웹사이트나 블로그 등을 통해 소개하고 성과에 따라 보수를 받는 사람을 의미한다.

제휴 링크
제휴 프로그램에서 제휴자가 자신의 웹사이트나 블로그에 게재하는 링크다. 특정 제품의 구입, 서비스 참여를 위한 리다이렉션 URL 등이 있다.

용어의 사용 예 제휴를 본격적으로 시작해 부수입이 늘었다.

관련 용어 ▶ 디지털 광고 ··· P31

▶ 콘텐트 – 링크드 애드버타이징, 콘텍스추얼 애드버타이징　　　키워드 **047**

Content – Linked Advertising, Contextual Advertising

콘텐츠 연동형 광고

사이트나 애플리케이션 내부의 기사와 연동한 광고

인터넷 콘텐츠와 연동한 광고를 말한다. 기사나 동영상 안에 표시되는 광고, 게임 안에 내장된 광고 등이 이에 해당한다. 이 광고들은 콘텐츠와의 관련성을 고려해 표시된다. 광고주는 자사의 제품이나 서비스의 타깃 사용자에게 적절하게 어필할 수 있도록 연동되는 콘텐츠에 광고를 게재한다.

용어와 관련된 이야기

AdSense
온라인 콘텐츠를 통해 수익을 얻을 수 있도록 사이트 운영자를 위해 Google이 제공하는 서비스다. 콘텐츠나 방문자에 기반해 연동하는 광고를 사이트 안에 표시한다.

컨텍스트 광고
컨텍스트 광고는 웹페이지 안의 문장, 키워드, 동영상을 AI가 자동으로 해석해 해당 기사의 문맥(컨텍스트)에 맞춰 광고를 송출하는 광고 방법을 말한다.

콘텐츠 마켓
Google 광고 송출 방법의 하나로, 특정 콘텐츠나 트래픽에 기반해 광고를 송출한다. 이 기능을 사용하면 특정 대상층을 타깃으로 한 광고를 표시할 수 있다.

용어의 사용 예　콘텐츠 연동 광고를 실시하는 것을 검토해보자.

관련 용어 → 　콘텐츠 마케팅…P26

▶ 비디오 애드버타이징 키워드 **048**

Video Advertising

동영상 광고

동영상을 활용한 광고

동영상 안에 표시되는 광고를 말한다. 프리롤 광고(동영상 재생 전 표시), 전면 광고(동영상 재생 중 표시), 스키퍼블 광고(일정 시간 후 건너 뛰기 가능), 오버레이 광고(동영상 플레이어 위 또는 아래 표시)가 있다. 동영상 광고를 사용하면 제품과 서비스를 영상 및 음성을 활용하여 효과적으로 홍보할 수 있다.

용어와 관련된 이야기

인스트림 광고*
시청 동영상과 같은 크기로 표시되는 동영상 광고를 말한다. 주로 YouTube 같은 동영상 미디어에서 사용된다. 프리롤Preroll, 미드롤Midroll 등이 있다.

스키퍼블 광고**
5초, 30초 등 일정 시간이 지나면 사용자가 직접 광고를 건너 뛸 수 있는 인스트림 광고다. 완전 시청형 광고는 논 스키퍼블Non-skippable 광고라고 부른다.

오버레이 광고***
YouTube 광고의 오버레이 광고는 컴퓨터 화면에서 YouTube를 재생한 뒤 10초가 지나면 화면 하단에 노출되는 길고 얇은 배너 광고를 말한다.

용어의 사용 예 미들 퍼널용으로 동영상 광고를 실시합니다!

관련 용어 → 디지털 광고…P31

*Instream advertisement **Skippable advertisement ***Overlay advertisement

▶ 소셜 미디어 애드버타이징　　　키워드 **049**

Social Media Advertising

SNS 광고

소셜 미디어를 활용한 광고

Facebook, Instagram 같은 소셜 미디어에서 표시되는 광고를 말한다. 피드, 스토리, 인플루언서의 게시 등의 형식으로 표시된다. 타깃 사용자에게 직접 접근할 수 있고, 리타깃팅이나 해시 태그 등을 활용하면 타깃의 흥미나 행동에 기반해 광고를 송출할 수도 있다.

용어와 관련된 이야기

6대 SNS

일본 국내 사용자 수가 가장 많은 6개의 SNS다. LINE, Instagram, Facebook, X(구 Twitter), TikTtok, YouTube가 이에 해당한다. 대부분 동영상을 활용한 커뮤니케이션을 한다.

범퍼 광고

YouTube 안에서 동영상 재생 도중 최대 6초 이내의 동영상을 송출할 수 있는 광고 방식이다. 시간이 짧기 때문에 콘텐츠를 제작할 때 많은 노력이 요구된다.

세로 방향 동영상 광고

기존의 가로 방향 광고와 달리 세로형 영상으로 제작되어, 스마트폰의 방향을 돌리지 않고 그대로 재생할 수 있는 광고다. 가로 방향 광고의 가로 세로 비율은 16:9, 세로 방향 동영상의 가로 세로 비율은 9:16이다.

용어의 사용 예　　SNS 광고로 젊은 층 사용자의 신규 유입을 늘리고 싶다.

관련 용어 ▶　　인 피드 광고…P66　　리타깃팅…P67　　해시 태그…P140

▶ 인-피드 애드버타이징

키워드 **050**

In-feed Advertising
인 피드 광고

피드와 피드 사이에 표시되는 광고

소셜 미디어나 웹사이트의 피드에 내장된 광고를 말한다. 소셜 미디어의 아티클이나 뉴스 피드 중간에 표시되는 광고 등이 있다. 사용자가 콘텐츠를 스크롤할 때 광고가 함께 흐르는 형식이며, 광고가 자연스러운 형태로 콘텐츠와 통합돼 사용자의 주의를 끌 수 있지만, 잘못된 클릭으로 이어지기도 한다.

용어와 관련된 이야기

인 리드 광고
콘텐츠와 콘텐츠 사이에 삽입된 동영상 광고다. 사용자의 화면에 표시되는 순간 재생이 시작되는 것이 큰 특징이다. 사용자의 눈에 띌 확률이 높다.

인 스크롤 광고
사용자가 웹페이지를 스크롤했을 때 재생되는 동영상 광고다. 인 리드 광고와 달리 아티클 안의 광고로 한정되지 않는다. 스마트폰용 PR에 활용된다.

네이티브 광고
네이티브 애드라고도 부르며 게시글(콘텐츠)과 광고가 자연스럽게 융합된 광고다. 인 피드 광고도 네이티브 광고 방식의 일부다. 아티클형 LP와 연동이 중요하다.

용어의 사용 예 인 피드 광고를 시험 삼아 시도해보자.

관련 용어→ 디스플레이 광고…P61   SNS 광고…P65   타임라인…P138

▶ 리타깃팅 키워드 **051**

Retargeting
리타깃팅

디지털 광고를 다시 표시하는 마케팅 방법

과거 웹사이트나 애플리케이션 사용 이력을 활용해, 특정 광고를 사용자에게 제시하는 광고 방법이다. 사용자가 특정 제품을 한 번 이상 열람했던 웹사이트에 방문할 때 해당 정보를 기반으로 이후 방문하는 웹사이트나 SNS에서 관련된 광고를 다시 표시한다. Google 광고에서는 같은 방법을 리마케팅이라 부른다.

용어와 관련된 이야기

컨버전 Conversion
광고나 마케팅 활동에 의해 사용자가 수행한, 특정한 목적의 행동이나 반응을 의미한다. 구입, 연락처 획득, 다운로드, 계정 등록 등이 이에 해당한다.

리타깃팅 태그 Retargeting tag
사용자의 사이트 방문 여부를 측정해 방문한 사용자를 표시하기 위한 기능이다. 쿠키를 사용한다.

개인정보 샌드박스
개인정보를 보호하면서 기업이 온라인에서 효과적인 광고를 송출할 수 있게 하기 위한 기술적 구조다. 쿠키를 대신할 새로운 기술로 도입되고 있다.

용어의 사용 예 💬 리타깃팅으로 광고 효과를 높이자!

관련 용어 → 프리퀀시 컨트롤…P68 CVR…P92 쿠키…P113

▶ 프리퀀시 컨트롤　　　　　　　　　　　　　키워드 **052**

Frequency Control

프리퀀시 컨트롤

광고 표시 횟수 조정

같은 광고를 한 명의 사용자에게 표시하는 횟수를 조절하는 방법이다. 같은 광고가 과도하게 표시되면 사용자는 싫증을 느끼거나 짜증이 날 수 있다. 이를 피하고 사용자 경험을 향상시키기 위해 광고 송출의 균형을 적절하게 조정하는 것이다. 이 방법을 활용함으로써 광고주는 광고를 보다 효율적으로 송출할 수 있게 된다.

용어와 관련된 이야기

프리퀀시(광고)
특정 광고를 사용자에게 표시하는 횟수(또는 빈도)를 말한다. 같은 광고를 동일한 사용자에게 여러차례 표시하는 횟수를 나타내는 지표다.

프리퀀시 캐퍼시티*
특정 기간에 걸친 광고 표시 횟수를 제한하는 디지털 광고 방법이다. 이를 활용해 소비자의 광고 피로감을 방지하고, 브랜드에 대한 부정적인 반응을 억제할 수 있다.

리센시 Recency
사용자가 광고와 만나는 간격을 의미한다. 리센시는 리타깃팅 광고를 운영할 때 자주 활용되는 지표다.

용어의 사용 예 　프리퀀시 컨트롤을 3회로 설정하자.

관련 용어 ▶　리타깃팅…P67

*Frequency capacity, Frequency cap

▶ 디맨드-사이드 플랫폼 / 서플라이-사이드 플랫폼

키워드 **053**

Demand-Side Platform / Supply-Side Platform

DSP와 SSP

광고 송출과 광고 영역을 판매하는 구조

DSP는 광고주가 광고 캠페인을 관리하고, 효율적으로 광고를 송출하기 위한 도구다. 광고주는 DSP를 활용해 광고 영역을 구입하고, 광고 내용과 송출 시점을 최적화한다. SSP는 웹사이트나 애플리케이션 운영자가 광고 영역을 효율적으로 판매하기 위한 도구다. 운영자는 SSP를 활용해 광고 영역을 광고주에게 제공하고, 수익을 최대화하는 것을 목표로 한다.

용어와 관련된 이야기

헤더 비딩 Header bidding
미디어사가 여러 SSP와 애드 익스체인지에 광고 재고를 동시에 제공하는 방식이다. 하나의 SSP를 도입하는 것보다 효율적으로 재고를 판매할 수 있다.

입찰 요청 Bid request
사용자가 어떤 웹사이트에 방문했을 때, 사이트 측에서는 해당 페이지 안의 광고 영역에 광고를 표시하고자 하는 DSP를 모집한다. 이것이 입찰 요청이다.

필 레이트 Fill rate
SSP가 가진 광고 재고 중 실제 광고가 송출된 비율을 나타내는 지표다. 필 레이트가 높을수록 광고 영역을 효율적으로 사용한다고 말할 수 있으며, 수익 또한 최대화할 수 있다.

용어의 사용 예 💬 DPS와 SSP가 개발되어 광고가 고도화되었다.

관련 용어 → 3PAS…P70 RTB…P71

▶ 서드-파티 애드 서버

키워드 **054**

Third-Party Ad Server

3PAS

제3자 송출 서버를 활용한 광고 송출 일괄 관리

미디어를 넘나드는 광고 관리 및 효율 측정이 가능한 서버다. 미디어에 직접 광고를 송출하지 않고, 애드 서버라 불리는 제3자 서버를 사용해 송출하기 때문에 '제3자 송출'이라 부르기도 한다. 3PAS를 사용하면 여러 광고를 하나의 시스템에서 관리할 수 있고, 효과 또한 일괄적으로 측정할 수 있다.

 용어와 관련된 이야기

리치 미디어 송출
3PAS, DSP를 연동해 DSP만으로는 송출하지 못했던 동영상과 음성, 애니메이션 등의 멀티미디어 요소를 조합해 송출할 수 있다.

시퀀스 송출
타깃의 프리퀀시를 제어하면서 광고 크리에이티브를 단계적으로 전환하는 것이다. 3PAS에서는 시퀀스 송출을 할 수 있다.

적정한 예산 배분
신청이나 구매에 도달한 사용자가 해당 광고에 접촉한 경로를 파악할 수 있고, 성과에 기여한 미디어와 해당 광고 비용을 알 수 있어 최적의 방법으로 광고 예산을 나눌 수 있다.

용어의 사용 예 효과를 파악하기 위해 3PAS를 도입하자!

관련 용어 → 디지털 광고 … P31   DSP와 SSP … P69

▶ 리얼-타임 비딩

키워드 **055**

Real-Time Bidding

RTB

광고 자동 입찰 방식

실시간 광고 거래를 구현한 구조다. 광고를 한 번 표시(임프레션)할 때마다 eCPM이 산출되고, 구매자인 광고 대리점의 시스템을 대상으로 경매가 진행되며, 최고 입찰 가격을 제시한 구매자의 광고를 표시한다. 고도의 로직과 대량의 트랜잭션을 고속으로 처리하는 기술을 활용한다.

용어와 관련된 이야기

PMP Private Marketplace
품질 레벨이 높은 우수 미디어를 자동으로 Programmatic 구입함으로써, 타깃팅과 브랜딩 모두를 실현하는 것을 목적으로 하는 광고 송출 방법이다.

Deal ID
PMP를 실시할 때 미디어사가 SSP에서 발행한 거래 번호다. 광고주가 이것을 DSP에 설정하면 비로소 광고를 송출할 수 있게 된다. 고유한 문자열로 구성된 식별자다.

바닥 가격 Floor price
RTB 광고 송출에서의 최저 낙찰 금액이다. 바닥 가격은 SSP에서 설정할 수 있다. 이보다 낮은 입찰 금액의 광고는 광고 경매에서 가장 높은 입찰 금액이라 하더라도 송출되지 않는다.

용어의 사용 예 RTB가 보급되고 입찰 방법도 크게 바뀌었다.

관련 용어 → DSP와 SSP … P69   임프레션 … P73

▶ 인벤토리

키워드 **056**

Inventory

인벤토리

미디어사가 제공할 수 있는 광고 영역

웹사이트나 애플리케이션의 광고 공간(광고 영역)이다. 광고주는 자사 광고를 송출해 많은 사람에게 제품과 서비스를 홍보할 수 있다. 광고주는 수요가 높은 광고 영역을 차지하고자 하며, 웹사이트 운영자는 인벤토리 판매로 수익을 얻는다.

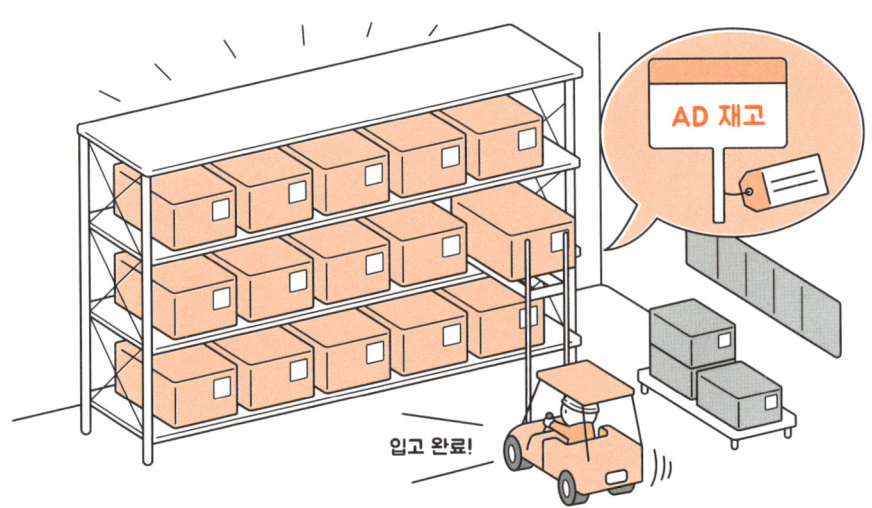

 용어와 관련된 이야기

인센티브
미디어사가 설정한 광고 인벤토리의 판매 목표 및 기준에 대해 대리점이 그 목표를 달성했을 때 지불되는 판매 장려금이다. 줄여서 '인센'이라고도 표현한다.

매절
특정 미디어의 (광고) 영역을 한 회사가 독점으로 모두 구매하는 것이다. 미디어 영역을 모두 구매하면 인벤토리 리스크가 발생하지만, 완판할 경우 평상시보다 큰 수익을 낼 수 있다.

애드 블록
브라우저나 애플리케이션에서 디지털 광고를 표시하지 않도록 하는 규칙이나 기능이다. 브라우저 확장 기능이나 플러그인, 전용 애플리케이션 등으로 제공된다.

용어의 사용 예 연말을 대비해 인벤토리를 확인해두자.

관련 용어 ▶ 디지털 광고…P31   미디어 바잉…P32   임프레션…P73

▶ 임프레션

키워드 **057**

Impression

임프레션

광고가 표시된 횟수를 나타내는 지표

광고가 표시된 횟수를 나타내는 지표로, 사용자가 웹페이지 등을 볼 때 광고가 화면에 표시된 횟수를 센 것이다. 단, 광고가 실제로 사용자에게 표시됐는지, 클릭됐는지에 관한 정보는 포함하지 않는다. 광고 효과를 평가하기 위해서는 표시 횟수와 함께 클릭 수, 성과 수 등 다른 데이터도 함께 고려하는 것이 중요하다.

 용어와 관련된 이야기

광고 예산 증가

임프레션을 늘리는 방법 중 하나가 광고 예산 증가다. 임프레션 단가가 같은 경우, 광고 예산을 늘리면 획득할 수 있는 임프레션도 늘어난다.

키워드 선정 수정

임프레션을 늘리는 방법 중 하나다. 경쟁 기업(서비스)과의 차별화를 위해 경쟁 기업과 다른 키워드를 사용할 필요가 있다.

입찰 단가 조정

대부분의 광고 계정은 개별 키워드에 대해 예산을 설정하는 경우가 적으므로, 키워드별 입찰 단가 조정은 임프레션을 늘리는 중요한 방법이다.

용어의 사용 예 그 미디어의 임프레션을 증가시키자.

관련 용어 ▶ 인벤토리⋯P72　뷰어빌리티⋯P74

▶ 뷰어빌리티

키워드 **058**

Viewability

뷰어빌리티

사용자가 열람할 수 있는 상태에 있는 임프레션

광고 게재 임프레션 중 실제로 사용자가 열람할 수 있는 상태에 있는 임프레션이다. 모든 임프레션이 사용자에게 보이는 것이 아니므로, 이 지표는 광고 유효성을 평가하는 데 중요하다. 미디어 평가 위원회(미디어 레이팅 카운슬 Media Rating Council) 기준에 따르면 디스플레이 광고의 50% 이상이 1초 이상 표시되어야 한다.

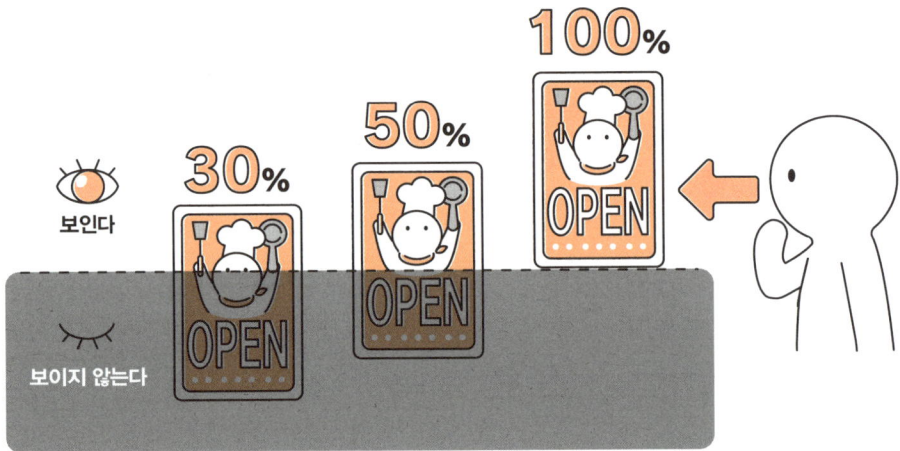

 용어와 관련된 이야기

MRC Media Rating Council
미국 미디어 업계에서의 시청률 및 기타 미디어 평가 서비스 품질과 신뢰성 확보 및 개선을 위해 설립된 비영리 조직이다. 업계 전체 표준화와 투명성을 촉진한다.

IAB Interactive Advertising Bureau
미국 주요 미디어, 기술 기업으로 조직화되어 인터랙티브 광고 시장 발전, 인터넷 광고 지표 정의 및 가이드라인 정비 등을 수행하는 단체다.

뷰어빌리티 기준
MRC와 IAB가 규정한 뷰어빌리티 기준은 디스플레이 광고와 인 비디오 광고의 두 가지가 있다. 광고 표시 영역의 최소 표시 시간과 최소 표시 비율을 규정하고 있다.

용어의 사용 예 ➡ 그 미디어는 뷰어빌리티가 높다.

관련 용어 → 디지털 광고···P31   디스플레이 광고···P61   임프레션···P73

▶애드 프로드

키워드 **059**

Ad Fraud
광고 사기

부정한 광고 클릭 및 표시

인터넷 광고에 대한 부정한 활동이나 문제를 의미한다. 의도하지 않은 상태에서 광고가 표시되거나, 실제 사용자가 아닌 사람이 광고를 클릭하는 것이 이에 해당한다. 이것은 광고주나 광고 대리점에게 문제가 되며, 본래의 타깃 사용자에게 올바르게 광고를 전달하기 어렵게 한다. 효과적인 광고를 전달하기 위해서도 광고 사기에 대한 대책이 중요하다.

02

타깃에게 도달하는 광고와 SEO 용어

용어와 관련된 이야기

브랜드 세이프티 Brand safety
기업이나 브랜드 광고가 부적절한 콘텐츠와 연관되지 않도록 하는 노력을 의미한다. 브랜드 평판을 지키고, 소비자의 신뢰를 유지하기 위해 중요하다.

클릭 스팸 Click spam
광고 표시 횟수나 클릭 수를 인공적으로 증가시키는 광고 사기의 하나다. 일반적으로 봇이라 불리는 자동화된 프로그램을 통해 수행한다.

디바이스 해킹 Device hacking
제3자인 일반 사용자의 디바이스를 해킹해, 광고 표시 횟수나 클릭 수를 늘리는 광고 사기의 하나. 설치 납치 Install-jack라 부르기도 한다.

용어의 사용 예   광고 사기 대책이 매우 중요한 주제가 되고 있다.

관련 용어 → 광고 검증…P76

▶ 애드 베리피케이션　　　　　　　　　　　　　　　키워드 **060**

Ad Verification

광고 검증

광고 부정을 검증하는 구조

'Ad(광고)'와 'Verification(검증)'을 조합한 용어로 광고 검증을 의미한다. 디지털 광고가 정확하게 송출되고, 그 결과가 적절히 판정되고 있는지 확인하는 절차다. 광고가 예정한 타깃 사용자에 대해 적절한 위치에서, 적절한 시간에 표시되었는지 확인하고 보증하기 위한 중요한 단계다.

 용어와 관련된 이야기

화이트 리스트 White-list
일정 기준에 따라 선정된 추천 송출 리스트다. 화이트 리스트 제공자의 기준에 따르지만, 일반적으로 브랜드 세이프티 등이 보증된 미디어 리스트다.

프리 비드 Pre-bid
리스크가 있는 광고 출고를 피하는 방법이다. 광고 요청 시 브랜드 세이프티와 광고 사기를 판정하고, 문제가 있을 때는 광고 입찰에 참여하지 않는다.

포스트 비드 Post-bid
리스크가 있는 광고 출고를 피하기 위해 애드 서버를 사용해 광고를 송출하고, 브랜드 리스크가 있는 사이트나 광고 사기 IP 요청 등을 감지해서 블록한다.

용어의 사용 예　⊜　업계 전체에서 광고 검증을 검토하고 있다.

관련 용어 ▶　디지털 광고…P31　광고 사기…P75

▶ 애드 네트워크 / 애드 익스체인지　　　　　키워드 **061**

Ad Network / Ad Exchange

애드 네트워크와 애드 익스체인지

광고 영역을 송출하고 관리하는 구조

광고 송출, 판매를 효율화하기 위한 플랫폼과 시스템을 말한다. 애드 네트워크는 광고주(기업이나 브랜드)와 광고 미디어(웹사이트나 모바일 애플리케이션)를 연결하는 중간 사업자다. 한편, 애드 익스체인지는 복잡한 애드 네트워크, 광고주, 미디어를 연결하는 온라인 광고 거래 플랫폼이라는 위치에 있다.

02 타깃에게 도달하는 광고의 SEO 용어

📖 용어와 관련된 이야기

임프레션 과금
기존에는 미디어마다 클릭 과금과 임프레션 과금이라는 과금 방법이 혼재했지만, 애드 익스체인지에서는 입찰형 임프레션 과금으로 통일되었다.

세컨드 프라이스 비딩
Second - price bidding
경매에서 최고 입찰자가 2위 입찰액보다 훨씬 높은 금액을 지불하는 방법이다. 공평하고 효율적인 방법이며, 온라인 광고 입찰에 널리 사용된다.

오디언스 데이터 Audience data
사용자나 소비자의 정보 또는 그 행동 이력을 나타내는 데이터다. 타깃팅 광고 송출이나 마케팅 전략 책정에 활용된다.

용어의 사용 예 💬 GDN 등은 대표적인 애드 네트워크다.

관련 용어 ▶ DSP와 SSP ⋯ P69　　RTB ⋯ P71　　임프레션 ⋯ P73

77

▶ 트레이딩 데스크   키워드 **062**

Trading Desk
트레이딩 데스크
디지털 광고를 운용하는 대행 서비스

디지털 광고 전문 운용 및 관리 대행 서비스를 제공하는 기업이나 부서를 말한다. 트레이딩 데스크는 광고주의 필요나 목표에 기반해 미디어 선정, 광고 송출 전략, 광고 크리에이티브 제작 및 최적화, 데이터 분석 등을 수행한다. 그리고 디지털 광고 업계의 기계적Programmatic 광고 영역에서 중요한 역할을 담당한다.

용어와 관련된 이야기

PTD Publisher Trading Desk
광고주의 광고 운용을 대행하는 것과 달리, 미디어가 제공하는 광고 운용 서비스를 대신 수행하는 조직이다. 미디어의 수익을 최대화하기 위한 광고 운용을 한다.

전략가
운용 거래 전문가다. 실제로는 거래뿐만 아니라 플래닝, 리포팅 등 폭넓은 분야에 대응한다. 비슷한 용어로 광고 운용 컨설턴트, 운용자 등이 있다.

운용 자동화
광고 운용 관리 도구를 사용해 운용 업무 자체를 자동화하거나, 머신러닝이나 AI를 활용해 배너 광고 소재를 자동으로 생성하는 등의 방법으로 업무를 효율화하는 방법이다.

용어의 사용 예 20명 체제의 트레이딩 데스크를 구축했다.

관련 용어 ▶ 디지털 광고…P31   자체 운용…P79

▶ 인-하우스 오퍼레이션
키워드 **063**

In–House Operation

자체 운용

자사 안에서 디지털 광고를 운용

기업(광고주)이 자사 안에 트레이딩 데스크를 조직하고 디지털 광고 캠페인 설계, 실시, 최적화를 수행하는 것을 의미한다. 자체 운용에서는 광고주가 트레이딩 데스크 팀을 조직하고 광고 캠페인 전략을 수립, 미디어 플래닝을 수행한다. 광고주는 자사의 광고 목표와 타깃에 기반해 광고 송출 대상이나 예산을 설정한다.

02 타깃에게 도달하는 광고와 SEO 용어

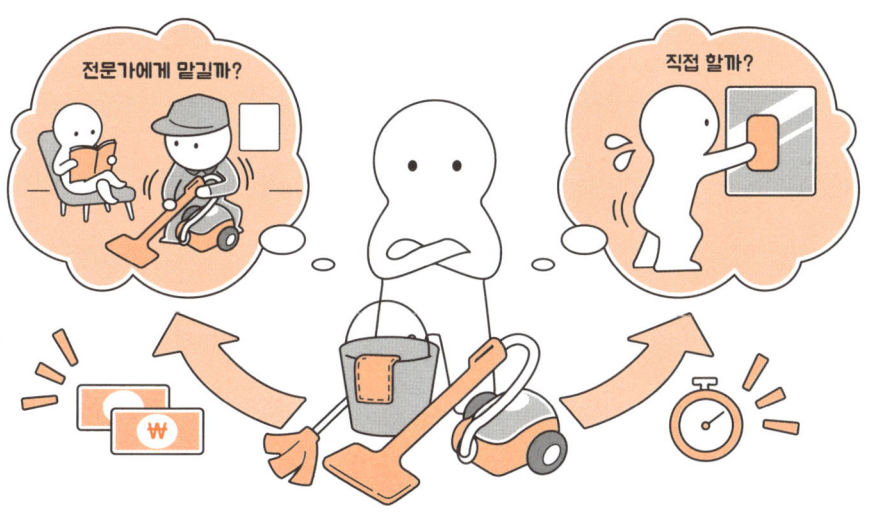

📖 용어와 관련된 이야기

그로스(총액)*와 넷(순액)**
그로스는 광고 원가에 대리점의 마진(15~20% 정도의 수수료)을 더한 총액이다. 한편, 넷은 광고 원가로 미디어사에 지불되는 금액이다.

자체 운용의 장점
광고주가 사내에서 광고를 운용하므로 광고 대리점에 지불하는 마진만큼(10~20%)을 절감할 수 있으며, 속도를 높일 수 있다는 것 등의 장점이 있다.

자체 운용의 단점
대기업의 경우에는 사내에 전용 트레이딩 데스크 부서를 구축할 수 있지만, 중소, 중견 기업의 경우에는 충분한 인력을 확보하지 못하고 특정 인원에게 의존하게 되는 등의 상황 등이 생기기도 한다.

용어의 사용 예 💬 A 사는 자체 운용으로 전환하고 있는 것 같다.

관련 용어 ▶ 디지털 광고…P31   트레이딩 데스크…P78

*Gross **Net

▶ 데이터 클린 룸

키워드 **064**

Data Clean Room

데이터 클린 룸

플랫포머 관리하의 데이터 통합과 분석

광고주(광고 대리점)가 사용자 데이터를 안전하게 분석하고 효과적인 광고를 만들 수 있도록 거대 플랫포머가 제공하는 데이터 분석 환경이다. 광고주(광고 대리점)가 사용자 데이터를 분석할 수 있게 하는 동시에 사용자의 개인정보를 보호하는 구조를 제공한다. Google의 Ads Data Hub 등이 유명하다.

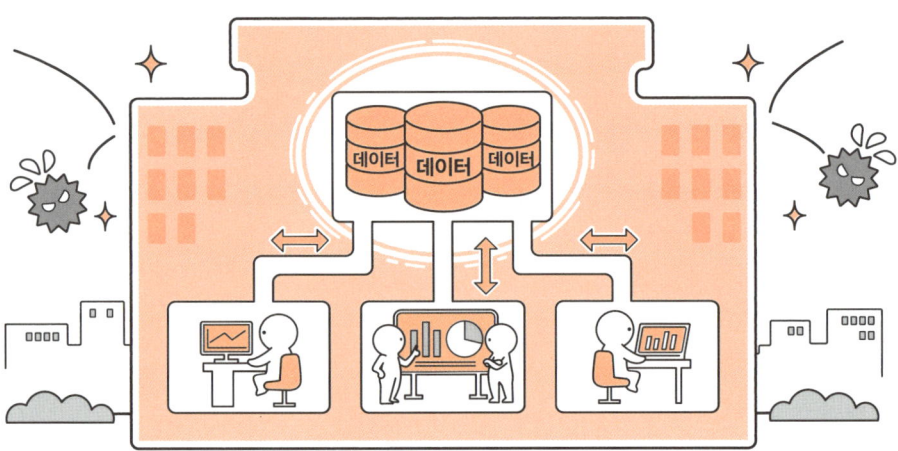

용어와 관련된 이야기

Ads Data Hub
Google이 제공하는 데이터 클린 룸으로, 사용자의 개인정보를 보호하면서 광고 로그 데이터를 분석, 집계하고 자체 데이터와 조합해 분석할 수 있다.

IDFA* 변경
Apple이 IOS 단말에 부여하는 디바이스 ID로, 단말 식별에 사용된다. 타깃팅 광고에 활용되었지만, 현재 사용자의 명시적인 허가가 없으면 사용할 수 없게 되었다.

ITPIntelligent Tracking Prevention
사용자의 개인정보를 보호하는 목적으로 Safari(브라우저)에 구현된 기술이다. 서드 파티 쿠키를 활용한 사용자 행동 추적을 제약할 수 있다.

용어의 사용 예 💬 G사의 데이터 클린 룸을 활용해 보는 것은 어떨까?

관련 용어 → 　월드 가든…P81　　쿠키…P113　　트래킹…P133

*Identifier for Advertisers

▶ 월드 가든

키워드 **065**

Walled Garden

월드 가든

독자 네트워크에서 폐쇄적으로 사업을 전개하는 사업자

Meta(Facebook), Google 등 거대 플랫포머가 자신들이 제공하는 서비스 안에서 사용자 데이터를 관리하고, 그 접근이나 사용을 제한하는 상황을 의미한다. 이 기업들이 데이터에 대한 '벽'을 만들고, 그 '정원(플랫폼)' 안에서 독자적인 규칙을 적용하기 때문에 이런 이름으로 부른다.

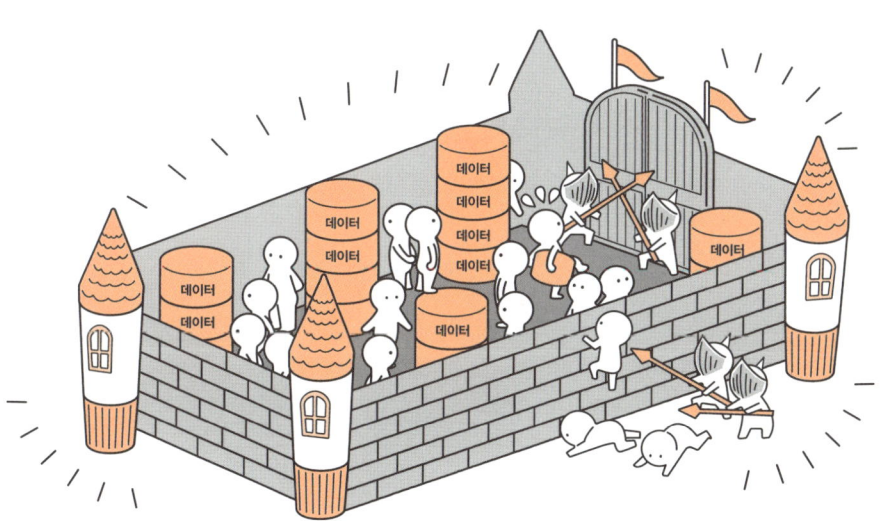

용어와 관련된 이야기

에코시스템 Ecosystem
플랫포머가 다양한 서비스를 제공하고, 그에 연동하는 서비스를 제공하는 사업자가 하나의 생태계와 같은 네트워크를 형성하고 있는 것이다.

오존 프로젝트 O-zone project
월드 가든을 유지하는 거대 플랫포머에 대항해 영국의 미디어사들이 연대해 추진하고 있는 영국 프리미엄 디지털 광고 플랫폼이다.

데이터 이식성 Data portability
개인이나 기업이 자신의 데이터를 소유하고, 다른 플랫포머나 서비스로 마이그레이션할 수 있는 것을 의미한다. 월드 가든에서는 데이터 이식성이 제약을 받는다.

용어의 사용 예 월드 가든은 클로즈드 플랫폼 Closed platform 이다.

관련 용어 ▶ 디지털 광고…P31 데이터 클린 룸…P80

▶ 커넥티드 TV

키워드 **066**

Connected TV

커넥티드 TV

인터넷에 연결할 수 있는 TV

인터넷에 연결된 TV를 의미한다. 커넥티드 TV는 기존 방송이나 케이블 TV와 달리, 인터넷을 경유해 콘텐츠를 송출하거나 온디맨드 동영상을 시청할 수 있다. 다양한 애플리케이션이나 스트리밍 서비스에 접근할 수 있기 때문에, 사용자는 원하는 콘텐츠를 선택해 시청할 수 있다.

용어와 관련된 이야기

시청 로그 데이터 취득
TV가 인터넷에 연결됨에 따라 사용자의 허가 아래, 지금까지는 취득할 수 없었던 TV 시청 로그 데이터를 분석할 수 있게 되었다.

OTT Over The Top
인터넷을 경유해 TV나 영화 같은 콘텐츠를 제공하는 서비스를 의미한다. 대표적인 OTT 서비스로 Netflix 등이 있다.

리니어 TV Linear TV
기존 TV 방송을 가리키는 용어로 시청자가 방송국이나 케이블 TV, 위성 방송 등이 설정한 일정에 따라 콘텐츠를 시청하는 형식의 TV 방송을 의미한다.

용어의 사용 예 ➡ 우리 집에 있는 TV는 커넥티드 TV다.

관련 용어 ➡ 매스 광고… P33

▶ 큐레이티드 미디어 키워드 **067**

Curated Media

큐레이션 미디어

다양한 소셜 정보를 편집, 송출하는 미디어

인터넷의 정보를 전문적으로 선정하고 편집, 정리해서 제공하는 미디어를 말한다. 전문가나 열정적인 사용자가 특정 주제에 관한 정보를 수집하고, 고품질의 콘텐츠를 엄선해 공개한다. 정보가 넘쳐나는 현대에 신뢰성 있는 정보를 효율적으로 제공하는 역할을 담당하는 동시에 여러 관점에서 정보를 제시하는 것이 특징이다.

용어와 관련된 이야기

메시 업 Mesh-up
여러 소스로부터 제공된 다양한 정보나 콘텐츠를 조합해 새로운 콘텐츠나 서비스 등을 만드는 것을 의미한다(예: 지도×레스토랑 정보 등).

큐레이터
콘텐츠를 수집, 선택해 정리해서 제공하는 역할을 담당하는 사람을 말한다. 큐레이터는 신뢰성이 높은 정보와 뛰어난 콘텐츠를 선정해 독자나 시청자에게 제공한다.

큐레이션 도구
웹에 존재하는 대량의 정보나 콘텐츠로부터 특정 주제에 관련된 것을 선별, 정리, 공유하기 위한 도구나 서비스를 말한다. Feedly 등이 있다.

용어의 사용 예 〉 새로운 큐레이션 미디어를 설립하자!

관련 용어 → 바이럴 미디어…P141

▶ 서치 쿼리

키워드 **068**

Search Query
검색 쿼리

검색 엔진에 입력된 단어나 구문

인터넷에서 정보를 찾기 위해 검색 엔진(예: Google, Bing 등)에 입력하는 키워드나 구문을 의미한다. 예를 들어 특정한 역사적 사건에 관한 정보를 얻고 싶은 경우, 해당 사건의 이름을 검색 엔진에 입력한다. 이것이 '검색 쿼리'이며, 검색 쿼리를 통해 필요한 정보를 웹에서 찾아낼 수 있다.

📖 용어와 관련된 이야기

제안 키워드 Suggest keyword
Google의 제안 키워드는 사용자가 입력한 검색 쿼리에 기반해 Google 검색 엔진이 자동으로 제안하는 키워드나 구문이다.

검색 쿼리 종류
'Do 쿼리', 'Know 쿼리', 'Go 쿼리', 'Buy 쿼리'의 네 가지로 나눌 수 있다. 사용자의 검색 의도를 이해하고 그에 적합한 정보를 제공하는 데 도움이 된다.

키워드 플래너 Keyword planner
Google 공식 키워드 조사 도구다. 키워드별 월간 검색량 조사, 관련 키워드 조사, 광고 송출 시 클릭 단가 확인 등을 할 수 있다.

용어의 사용 예 💬 급상승 중인 검색 쿼리를 체크한다.

관련 용어 → 검색 엔진과 SEO…P36   오가닉 검색…P85

▶ 오가닉 서치　　　　　　　　　　　　　　　　키워드 **069**

Organic Search

오가닉 검색

자연스러운 순위에 따라 표시된 검색 결과

검색 엔진의 결과 페이지에서 광고나 유료 표시가 아닌, 자연스러운 순위에 따라 표시된 검색 결과를 의미한다. 오가닉 검색은 검색 엔진이 웹페이지의 콘텐츠나 신뢰성 및 관련성을 평가해 순위를 붙이며, 이를 통해 사용자는 가장 관련성이 높은 정보를 찾아낼 수 있다. 오가닉 검색 결과는 SEO에도 영향을 받는다.

용어와 관련된 이야기

메타 태그 Meta tag
HTML 요소로 웹페이지의 메타 데이터를 제공한다. 주로 페이지 제목이나 설명 등을 지정하기 위해 사용되며, 검색 결과 표시에 영향을 준다.

페이지 랭크 Page rank
Google 검색 알고리즘의 하나이며 독자적인 지표다. 페이지 랭크는 링크 수나 링크 품질에 기반해 계산되며, 순위에 영향을 준다.

백 링크 Back link
다른 웹사이트로부터 자사 사이트로 이동하는 링크를 의미한다. 백 링크는 웹사이트의 신뢰성이나 권위를 나타내는 지표가 되며, 검색 엔진 결과 순위에 영향을 준다.

용어의 사용 예 🗨 오가닉 검색 순위 상위를 노리자!

관련 용어 → 검색 엔진과 SEO…P36　　검색 쿼리…P84　　HTML…P109

▶ 테크니컬 에스이오 / 콘텐츠 에스이오

키워드 **070**

Technical SEO / Content SEO

테크니컬 SEO와 콘텐츠 SEO

웹사이트를 검색 엔진에 최적화하는 기술

테크니컬 SEO는 웹사이트의 기술적 요소를 최적화하는 것으로, 검색 엔지의 크롤러가 웹 페이지를 올바르게 이해하고 인덱스화 할 수 있게 하기 위한 노력이다. 한편, 콘텐츠 SEO 는 웹사이트의 콘텐츠 자체를 최적화하는 것으로, 검색 엔진에 의한 웹페이지 평가를 향상 시키기 위한 노력이다.

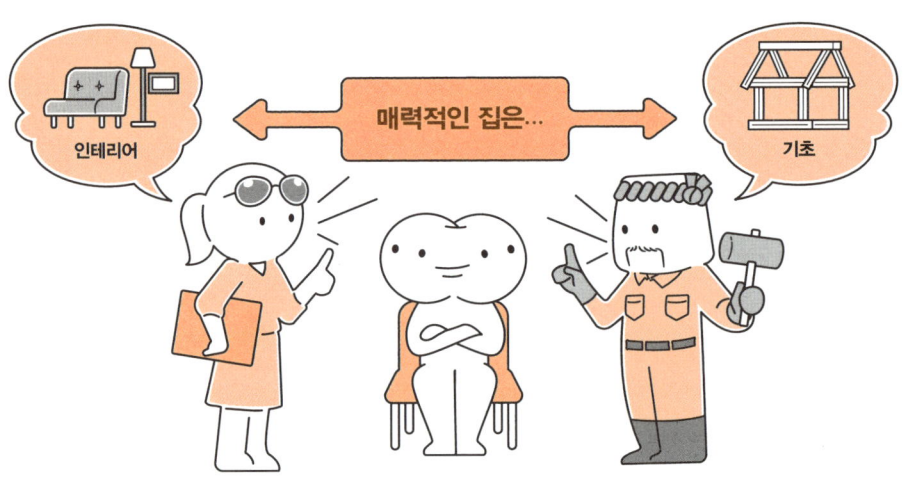

용어와 관련된 이야기

리치 콘솔

Google 검색에서 웹사이트의 성능을 분석하는 도구를 말한다. '게재 순위', '표시 횟수', '클릭 수' 등의 검색 성과를 확인할 수 있다.

크롤러용 정책

크롤러(로봇)가 자사 사이트를 돌아 다녔을 때, 사이트 안을 쉽게 돌아다 닐 수 있는 환경을 정비하기 위해 실 시하는 정책이다(예: URL 정규화, 계 층 구조 최적화 등).

인덱스용 정책

페이지 정보를 올바르게 이해하게 함으로써 검색 순위를 상승시키거나, 인덱스하고 싶지 않은 페이지를 전 달하는 등의 정책이다(예: HTML 태 그의 올바른 설정 등).

용어의 사용 예 테크니컬 SEO 관점에서 사이트를 재검토하자.

관련 용어 → 검색 엔진과 SEO···P36 검색 쿼리···P84 오가닉 검색···P85 인덱스···P87

▶ 인덱스

키워드 **071**

Index
인덱스

웹사이트의 정보를 수집, 보관하는 데이터베이스

검색 엔진은 웹사이트의 정보를 수집하고, 그것을 정리한 리스트(이 리스트를 인덱스라 부른다)에 저장한다. 우체국의 배송지 리스트라고 생각하면 쉽다. 검색 엔진에 무언가를 입력하면 인덱스를 사용해 관련된 웹사이트를 빠르게 찾고, 가장 관련성이 높은 순서대로 표시해 원하는 정보를 곧바로 찾을 수 있다.

용어와 관련된 이야기

메타 데이터 최적화
각 페이지의 메타 데이터(제목 태그, 메타 디스크립션 등)를 최적화한다. 가장 적절한 키워드와 설명문을 작성함으로써 인덱스를 최적화한다.

URL 정규화
다른 URL이 같은 콘텐츠를 가리키고 있을 때 이 URL들을 공통의 표준 형식으로 변환하는 프로세스다. 캐노니컬 태그 Canonical tag 를 사용해 URL을 정규화한다.

웹 스크레이핑
웹사이트에서 웹페이지의 HTML 데이터를 취득해, 문자 제목이나 이미지 같은 특정 데이터를 추출하는 컴퓨터 소프트웨어 기술을 말한다.

용어의 사용 예 ➡ 검색 엔진의 인덱스 구조를 이해하자.

관련 용어 → 검색 엔진과 SEO…P36 HTML…P109 크롤링…P121

▶ 컨버전 레이트 옵티마이제이션　　키워드 **072**

Conversion Rate Optimization
CRO

전환율을 최적화하는 방법

웹사이트나 디지털 마케팅의 전환율을 최적화하는 것을 의미한다. CRO는 웹사이트 방문자를 고객이나 리드로 변환하는 프로세스를 개선하고, 전환율을 향상시키는 것을 목표로 한다. 사용자 행동 분석, A/B 테스트, LP 최적화, 폼 개선 등 다양한 방법을 조합해 실현한다.

용어와 관련된 이야기

페이지 속도 최적화
페이지 읽기 속도가 느리면 사이트 방문자가 이탈할 리스크가 있으므로, 이미지 파일 압축이나 소스 코드 최적화 등을 수행해야 한다.

사이트 동선 재검토
페이지 사이의 동선이 원활한지 재검토하는 것이다. 여러 하위 페이지를 가진 웹사이트는 글로벌 메뉴 디자인이나 항목을 재검토해야 한다.

장바구니 최적화
온라인 쇼핑몰의 경우 장바구니 최적화가 매우 중요하다. 사용성, 신뢰성, 추가 행동(쿠폰 코드 입력 등)을 간략화해 사용자의 구매 경험을 개선한다.

용어의 사용 예　　CRO를 실시해 획득 건수가 늘어났다.

관련 용어 ▶　리타깃팅…P67　　CVR…P92　　LP와 LPO…P104

▶ 엔트리 폼 옵티마이제이션 키워드 **073**

Entry Form Optimization

EFO

폼 입력이나 송신율을 향상하는 방법

웹사이트나 LP 입력 폼을 개선하기 위한 노력을 의미한다. EFO는 사용자가 폼에 원활한 입력을 하게 함으로써 전환율을 향상시키는 것을 목표로 한다. 구체적인 EFO 방법에는 엔트리 폼의 배치 최적화, 이해하기 쉬운 라벨 사용, 필수 입력 필드 최소화, 폼 자동 입력 예측 등이 있다.

용어와 관련된 이야기

엔트리폼 Entry form
주로 '제목(무엇을 입력하는 폼인지)', '라벨(무엇을 입력하는지)', '입력 필드(텍스트 박스)', '전환 버튼' 네 가지로 구성된다.

입력 폼 개선
잘 읽히는 폰트나 항목을 정리해 입력 폼이 쉬워 보이도록 하는 것을 의미한다. 또한, 입력 항목 수를 줄이고 보조 기능을 활용해 입력에 필요한 수고를 줄이는 것이 중요하다.

GTM Google Tag Manager
Google이 제공하는 무료 도구로, 웹사이트나 모바일 애플리케이션에 다양한 '태그(스크립트나 추적 코드 등)'를 추가, 변경, 관리할 수 있다.

용어의 사용 예 EFO를 개선함에 따라 문의 수가 늘어났다.

관련 용어 ▶ LP와 LPO ··· P104

▶ 코스트 퍼 어퀴지션

키워드 **074**

Cost Per Acquisition

CPA

(고객이나 제품 구입 등의) 획득에 소요된 비용

획득 비용을 나타내는 지표이며 특정한 행동이나 목표 달성에 필요한 비용을 의미한다. 광고 캠페인이나 마케팅 활동에 드는 비용을 해당 캠페인이나 활동을 통해 획득된 신규 고객 또는 목표 달성 수로 나누어 계산한다. CPA 최소화는 효과적인 광고나 마케팅 전략 실행과 수익성 향상으로 이어진다.

낚시바늘 12,000원
미끼 15,000원
쿨러 박스 85,000원
합계 112,000원

성과: 물고기 세 마리

📖 용어와 관련된 이야기

CPO Cost Per Order
광고나 마케팅 활동에 든 비용을 주문 수로 나눈 것으로, 1건의 주문을 획득하기 위해 소요된 평균 광고 비용이다. 단일 품목의 통신 판매에서 많이 사용된다.

CPR Cost Per Registration
광고비에 대해 문의나 자료 청구, 경험 등의 신청이 얼마나 발생했는지 나타내는 지표다. CPA와 거의 비슷한 개념이다.

CAC Customer Acquisition Cost
고객 획득 비용을 의미한다. CPA와 달리 CAC는 고객 획득에 소요된 모든 비용을 고려한다. 광고 비용뿐만 아니라 영업 인건비나 시스템 비용도 포함된다.

용어의 사용 예 CPA가 10,000원에서 5,000원으로 개선되었다.

관련 용어 → CVR…P92

▶ 클릭-스루 레이트 키워드 **075**

Clink-Though Rate

CTR

클릭 수를 광고 표시 횟수로 나눈 비율

검색 엔진과 광고 양쪽 측면에서 사용되는 중요한 지표이며, 클릭 스루 레이트라 불린다. 검색 엔진에서의 CTR은 특정 키워드를 사용해 검색한 사용자 중, 웹페이지의 링크를 클릭하는 비율을 의미한다. 광고에서의 CTR은 디지털 광고(배너 광고 등)에서 광고를 표시한 횟수에 대한 클릭된 횟수의 비율을 의미한다.

 용어와 관련된 이야기

리치 리절트 Rich result
Google 등 검색 엔진의 검색 결과 페이지에 표시되는, 일반적인 텍스트 표시보다 정보량이 많은 확장된(시각적 기능 등) 검색 결과를 의미한다.

강조 스니펫
Google 검색 결과 화면에서 리치 리절트와 비슷한 형태를 가진 기능으로 강조 스니펫이 있다. 리치 리절트와 표시 위치가 다르다는 점이 가장 큰 차이다.

구조화 데이터 마크업
크롤러가 사이트 내용을 이해할 수 있도록 HTML 파일에 기술하는 태그다. 표시하고 싶은 리치 리절트의 종류에 따라 다른 태그를 사용한다.

용어의 사용 예 지난 달에 비해 CTR 수치가 개선되고 있다.

관련 용어 ▶ CRO…P88 HTML…P109

▶ 컨버전 레이트   키워드 **076**

Conversion Rate

CVR

전체 대비 구입, 신청 등의 비율

마케팅에서 목표 달성 비율을 나타내는 지표로, 전환율이라 부르기도 한다. 전환 수를 방문자 수로 나눈 비율로 계산하며, 높은 CVR은 수익성 향상을 의미한다. 매력적인 콘텐츠나 효과적인 콜 투 액션Call To Action, CTA, 쉽게 사용할 수 있는 폼 등이 CVR 최적화에 기여한다. CVR 향상에 따라 마케팅 활동이 목표 달성에 가까워지는 것을 기대할 수 있다.

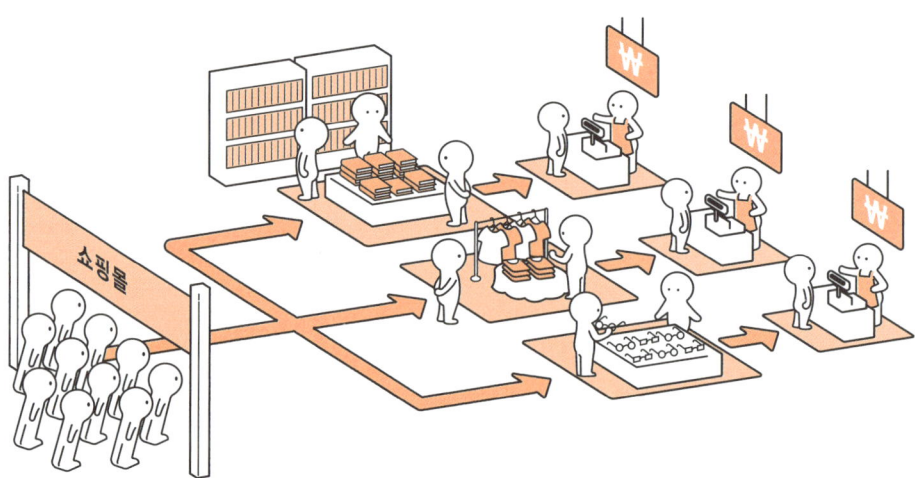

📖 용어와 관련된 이야기

VTC View–Through Conversion
사용자가 광고를 클릭하지 않더라도 나중에 광고주의 사이트를 방문해 제품을 구입하는 등의 행동을 한 경우, 해당 전환은 VTC로 간주한다.

CTC Click–Through Conversion
광고를 클릭한 뒤 사용자가 목적한 행동(제품 구입 또는 사이트 등록 등)을 완료하는 비율을 나타내는 지표다. 광고의 직접적인 효과를 측정하는 데 도움이 된다.

MCV Micro–Conversion
최종적인 목표(구입이나 등록 등)에 도달하기 전, 중간 성과나 행동을 나타내는 것이다. 제품 구입 시 제품 페이지 열람이나 장바구니 추가 등의 행동이 이에 해당한다.

용어의 사용 예 ⊜ CVR이 개선되어 작년에 비해 매출이 130% 향상되었다.

관련 용어 →   CRO···P88   CTA···P179

92

▶ 코스트 퍼 밀레　　　　　　　　　　　　　　　　　키워드 **077**

Cost Per Mille

CPM

광고 1,000번 표시 단가를 나타내는 지표

광고주가 광고를 1,000번 표시할 때 지불하는 금액을 의미한다. 광고 노출 정도를 측정하기 위한 지표이며, 광고주는 플랫폼이나 미디어에 CPM을 기반으로 비용을 지불한다. 광고주는 광고가 가능한 한 많은 사람에게 보여지는 것을 원하기 때문에, 주로 브랜드 인식도 향상을 목표로 하는 광고 캠페인에 적합하다.

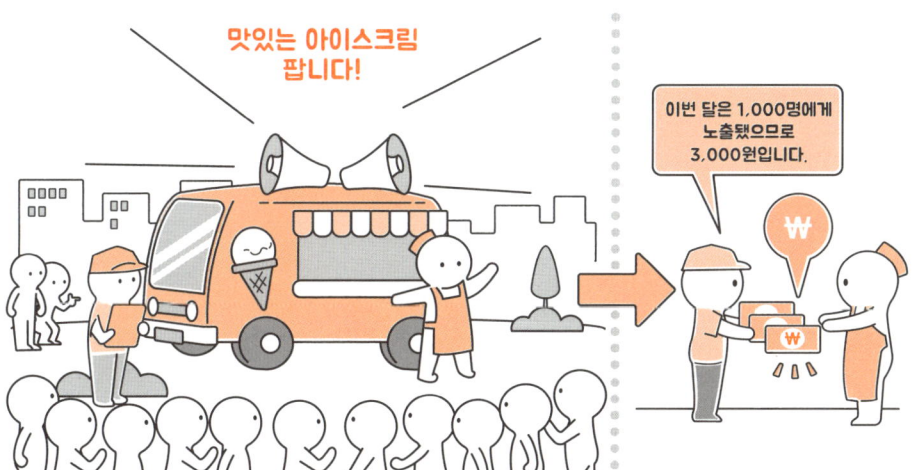

용어와 관련된 이야기

eCPM effective Cost Per Mille
인터넷 광고 비용 비교 지표를 의미하며, 다른 과금 방식(CPC 등)의 광고 효과를 표시 횟수(임프레션)당 비용으로 평가한 값이다.

vCPM viewable Cost Per Mille
1,000번의 '표시할 수 있는' 광고 임프레션당 비용을 의미한다. '표시할 수 있는'이란, 광고가 사용자에게 실제로 보이는 형태로 표시된 것을 의미한다.

CPV Cost Per View
동영상 광고를 1번 시청하는 데 드는 비용을 의미한다. 동영상 광고 단위 측정에 사용되는 지표이며, 사용자가 동영상 광고를 얼마나 시청했는지 나타내는 지표가 된다.

용어의 사용 예 그 미디어의 CPM 단가는 1,000원이 되었다.

관련 용어 →　임프레션···P73　　CPC···P94　　CPI···P95

▶ 코스트 퍼 클릭   키워드 **078**

Cost Per Click

CPC

클릭 단가를 나타내는 지표

광고가 클릭될 때마다 광고주가 지불하는 금액(클릭 단가)을 의미한다. 광고주는 클릭 수에 기반해 비용을 지불하므로 광고가 클릭되는 것이 중요하다. CPC는 주로 퍼포먼스 광고나 직접적인 행동의 촉진을 목적으로 하는 캠페인에 적합하다. 광고가 클릭되면 광고주는 비용을 지불하며, 클릭수가 늘어날수록 광고 비용도 증가한다는 특징을 갖고 있다.

📖 용어와 관련된 이야기

넷/그로스CPC Net/Gross CPC
넷 CPC는 광고 게재 미디어에 지불되는 금액이다. 그로스 CPC는 CPC 총계를 가리키며 광고주가(일반적으로 광고 대리점에게) 지불하는 웹 광고 비용이다.

상한 클릭 단가
한 번의 클릭 당 광고주가 지불할 수 있는 최대 금액을 설정하는 것으로, 캠페인 예산을 통제할 수 있다.

CPC 단가 범위
클릭 단가는 업계나 키워드, 광고 품질 등 다양한 요인을 조합해 결정된다. 일반적인 클릭 범위는 800원에서 10,000원 사이다.

용어의 사용 예   CPC 단가가 얼마나 될지 확인해야 한다.

관련 용어 →   CPM···P93   CPI···P95

▶ 코스트 퍼 인스톨 키워드 **079**

Cost Per Install

CPI

애플리케이션 설치 단가를 나타내는 지표

애플리케이션 설치당 발생하는 광고 비용(설치 단가)이다. 광고주는 설치 수에 기반해 지불한다. 사용자가 광고를 클릭하고 애플리케이션을 설치할 때까지의 프로세스에 초점을 맞춘다. 광고주는 사용자를 애플리케이션 스토어로 유도하고, 애플리케이션 설치를 촉진하기 위한 광고 캠페인을 실시한다.

용어와 관련된 이야기

ASO App Store Optimization
애플리케이션 스토어 최적화를 의미하며, 자사 애플리케이션을 애플리케이션 스토어 검색 결과 상위에 노출시키는 것이다. 사용자에게 애플리케이션을 인지시키고 다운로드를 촉진하기 위한 방법이다.

슈퍼 애플리케이션
여러 서비스나 기능을 하나의 애플리케이션에서 제공하는 애플리케이션이다. 메시징, 결제, 온라인 쇼핑 등 다양한 서비스가 통합되어 있다.

미니 애플리케이션
애플리케이션 안에서 동작하는 애플리케이션이다. 슈퍼 애플리케이션이라 불리는 플랫폼에서 동작하기 때문에, 스마트폰에 애플리케이션을 다운로드할 필요가 없다는 특징을 갖는다.

용어의 사용 예 지난 달에 비해 CPI가 개선되었다.

관련 용어 → CPM…P93   CPC…P94

▶ 그로스 레이팅 포인트

키워드 **080**

Gross Rating Point

GRP

특정 기간 중 TV 광고에 대한 시청률 합계

총 시청률로, 광고 평균 노출량과 광고 방송 횟수, 또는 리치(광고 도달율)와 평균 프리퀀시(광고에 대한 접속 빈도)를 곱해 계산한다. 광고주는 목표 GRP를 설정하고, 그 목표를 달성하기 위해 필요한 광고의 수나 투자액을 계획한다. GRP는 TV 광고의 효과나 투자 규모를 평가하기 위해 중요한 지표다.

용어와 관련된 이야기

TRP Target Rating Point
타깃의 총 시청률을 의미한다. GRP는 평균 세대 시청률을 사용해 산출하지만, TRP는 타깃 오디언스가 되는 개인의 시청률을 기반으로 산출한다.

타임 광고(CM)와 스팟 광고(CM)
타임 광고는 특정 프로그램 내에서 방송되는 광고를 의미한다. 한편, 스팟 광고는 시청률을 구입하는 형식이며, 여러 방송이나 시간대에 짧은 기간 광고를 송출하는 계약이다.

시청 품질
시청률은 정량적 지표인데 반해, 시청 품질은 방송의 질적인 평가 지표로 제시된 개념이다. 시청자 구성, 시청 방법, 방송 내용 평가, 광고 품질 등을 평가 대상으로 한다.

용어의 사용 예 ➡ GRP를 최대화할 수 있는 시간대에 TV 광고를 내보냅시다!

관련 용어 ➡ 매스 광고…P33

▶ 리치 키워드 **081**

Reach
리치

인터넷 광고의 사용자 도달률

인터넷 광고에서 광고가 도달하는 사용자 수를 나타내는 지표다. 광고가 도달하는 범위나 넓이를 평가하고, 브랜드 인지도 향상과 타깃 층으로의 접근에 활용된다. 리치는 일정 기간 안의 고유한 사용자 수를 나타내며 중복은 배제한다. 광고주는 리치를 최대화하기 위해 타깃팅이나 송출 최적화 등의 마케팅 전략을 수행한다.

📖 용어와 관련된 이야기

리치율 Reach ratio
광고가 타깃 사용자에게 도달한 비율을 의미한다. 광고가 표시된 사람 수와 임프레션 수를 타깃 사용자 수로 나누어 계산한 값이다.

인플루언서 Influencer
소셜 미디어 등에서 큰 영향력을 가진 사람이다. 인플루언서를 활용한 마케팅은 광고 리치나 인지도 향상에 효과적인 방법으로 사용된다.

오가닉 리치 Organic reach
Facebook 등에서 리치 중 유료 광고에 의한 리치를 제외한, 뉴스 피드나 타임라인 등에서의 자연스러운 게시물 열람을 나타내는 지표다.

용어의 사용 예 이번 전략으로 얼마나 많은 사용자에게 다가갈 수 있을까?

관련 용어 → 임프레션…P73

▶ 오브젝티브 앤 키 리절트   키워드 **082**

Objectives and Key Results

OKR

목표와 그 달성에 필요한 결과를 명확하게 하는 방법

목표를 달성하기 위한 단계를 명확하게 하기 위한 방법이다. O(Objectives)는 달성할 구체적인 목표, KR(Key Results)은 목표를 달성하기 위한 단계, 즉 진행 상태를 측정하기 위한 구체적인 결과다. 어디로 향하고 있는가(목표), 그것을 얼마나 달성해고 있는가(핵심 결과)를 명확하게 하기 위한 도구로 사용된다.

용어와 관련된 이야기

문샷 Moonshot
대범하고 복잡한 목표나 도전적인 프로젝트를 가리키는 표현이다. 원래 아폴로 계획에서 인류를 달에 보낸다는 매우 야심적인 목표를 의미하는 용어로 사용되었다.

얼라인먼트 Alignment
조직 안의 각 목표나 핵심 결과가 상위 목표 및 비전과 일치하는 것을 의미한다. 얼라인먼트는 조직의 목표를 일관성 있게 추구하기 위해 중요하다.

1on1
비즈니스 환경 및 조직 안에서 사용되는 용어로, 개인 사이의 정기적인 대화나 회의를 실시하는 것을 의미한다. 조직 안의 커뮤니케이션 및 관계 구축을 위해 중요한 도구(방법)다.

용어의 사용 예 ▶ 연초에 OKR을 설정하고, 반년 단위로 수치 목표를 수정하자.

관련 용어 → 지표 관리…P27   KGI와 KPI…P28

▶ 컴파운드 애뉴얼 그로스 레이트   키워드 **083**

Compound Annual Growth Rate

CAGR

여러 해에 걸친 평균 성장률

어떤 기간에 걸친 성장률을 계산하기 위한 지표다. 복리와 비슷한 원리를 사용해 성장 속도가 일정하다고 가정하고, 처음과 마지막 값으로부터 평균적인 성장률을 구한다. 실제 비즈니스에서는 성장률이 해에 따라 크게 변동할 때가 많으므로, 성장률이 일정하다고 가정하고 전체적인 경향이나 미래 성장 예측을 파악하기 위해 사용하는 지표다.

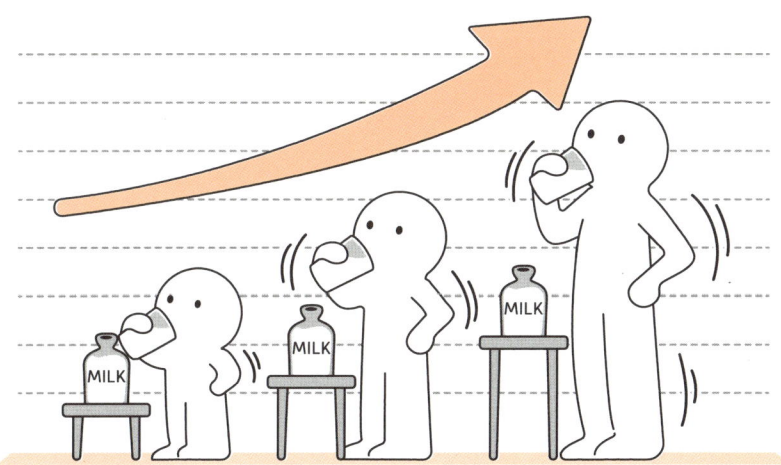

용어와 관련된 이야기

포어캐스트 Forecast
미래 시장 성장이나 동향에 관해 예측하는 것을 의미한다. 시장 예측은 시장 조사나 데이터 분석에 기반해 수행하며, 기업이나 투자가가 전략적 의사결정을 수행하기 위해 중요하다.

성장주
미래 성장이 기대되는 기업의 주식을 의미한다. 시장 성장이 예측되는 업종이나 기업의 주식은 성장주로 간주되고, 시장 성장에 관련된 수요가 높아지기도 한다.

YoY
Year Over Year의 줄임말로 '전년 대비' 또는 '작년 대비'를 의미한다. 전년과 올해의 같은 기간, 같은 조건에서 연 단위로 비교하기 위해 사용한다.

> 용어의 사용 예 ➡ 그 시장은 CAGR 150% 수준으로 성장하고 있다.

관련 용어 ▶ PEST 분석 … P241   사업 경제성 … P243

▶ 애버리지 레비뉴 퍼 유저   키워드 **084**

Average Revenue Per User
ARPU

1인당 평균 수익액을 나타내는 지표

어떤 기간에 사용자 1명으로부터 어느 정도의 금액을 거두었는지를 나타내는 지표다. 어떤 제품이나 서비스에서 1인당 어느 정도의 금액을 거두었는지 알기 위해 사용한다. 비즈니스가 얼마나 잘 되고 있는가, 이후 얼마나 성장할 수 있을 것인가를 보는 데 매우 중요한 역할을 한다. 일정 기간의 총 수익을 사용자 수로 나누어 계산한다.

용어와 관련된 이야기

ARPPU*
모바일 애플리케이션이나 온라인 게임 등에서의 현금화에 관한 지표 중 하나다. 특정 기간 동안 지불한 사용자 1명당 평균 수익을 의미한다.

ARPA**
특정 기간 동안 계정당 평균 수익을 나타내는 지표다. B2B 현장에서 많이 사용한다. 정액제 서비스 모델을 가진 기업의 수익 측정에 도움이 된다.

MRR***
정기적으로 발생하는 월 단위 수익액을 나타내는 지표다. 구독 모델을 채용하고 있는 비즈니스, SaaS 기업에서 주요한 성과 지표로 사용된다.

용어의 사용 예   ARPU가 50,000원에서 60,000원으로 증가했다.

관련 용어 → 충성 고객 ··· P166   LTV ··· P167

*Average Revenue Per Paying User   **Average Revenue Per Account   ***Monthly Recurring Revenue

▶ 처른 레이트

키워드 **085**

Churn Rate

가입 해지율(이탈률)

일정 기간 동안 서비스 계약을 해지한 고객 비율

일정 기간에 제품이나 서비스 사용을 중단한 고객의 비율을 나태내는 지표다. 가입 해지율이 높다는 것은 비즈니스에서 고객이 이탈한다는 것을 나타내며, 수익성이나 비즈니스 유지 가능성에 문제가 있음을 의미한다. 가입 해지율을 최소한으로 억제하기 위한 전략 수립은 비즈니스 성장과 성공에 있어 매우 중요하다.

용어와 관련된 이야기

계약 해지 방지
계약 해지 위험을 사전에 특정해 계약 해지를 방지하기 위한 방안이나 노력을 의미한다. 고객 참여 향상이나 개인화 같은 접근 방식 등이 계약 해지 방지가 된다.

지속률 Retention rate
어떤 기간 중에 제품, 서비스를 지속적으로 사용하는 고객의 비율을 의미한다. 지속률을 측정함으로써 고객 만족도를 확인할 수 있다. 계약 해지 방지를 위한 중요한 지표다.

수익 기반 Revenue base
수익을 기준으로 한 가입 해지율로, 여러 가격대의 플랜을 제공하는 서비스에서 '가격대별 계약 해지율'이나 '수익 증감'을 파악할 수 있다.

용어의 사용 예 가입 해지율이 올라가는 것을 보아 사업 실적이 악화되고 있을지도 모른다.

관련 용어 → 인게이지먼트…P38   리텐션…P183   커스터머 석세스…P187

Column

알고 있는 용어를 늘리자

학창 시절 영어 능력 시험이나 입시 영어 실력 향상을 위해 노력해 본 분들이라면, 학습한 단어 수준에 따라 독해력이 비약적으로 향상하는 것을 경험해 봤을 것입니다.

예를 들어 3,500~5,000 단어 수준의 영단어를 학습하면 영어 능력 시험 2급(일본)이나 중견 사립 대학의 영어 문제들을 원만하게 읽을 수 있게 됩니다. 영어 능력 시험 1급 수준이 되려면 10,000~15,000 단어 수준까지 학습해야만 문장 내용이 머릿속에 들어옵니다.

외국어의 경우 단어를 아느냐 그렇지 않느냐가 독해력의 향상을 좌우하는 것입니다.

최신 용어로 업데이트하는 방법

디지털 마케팅에서도 외국어가 빈번하게 출현하기 때문에, 영어 독해력을 향상하는 것과 마찬가지로 디지털 마케팅 관련 용어를 확실하게 이해해두면 상사나 고객이 이야기하는 내용을 보다 정확하게 이해할 수 있습니다.

필자의 경험을 하나 소개합니다. 필자는 1990년대 후반부터 인터넷 관련 업무를 하고 있습니다. 2014년 DAC에 입사했을 당시, 광고와 관련된 광고 기술Ad technology이 빠르게 진화하고 있었기 때문에 회의에 처음 참석했을 때는 그 내용을 전혀 알아들을 수 없어 우왕좌왕했던 괴로운 기억이 있습니다.

일상 회화와 인터넷 뉴스 등을 통해 자주 사용하는 용어들을 메모하고, 꾸준히 업데이트 하는 것이 최신 정보를 얻기 위한 방법 중 하나입니다. 최신 정보를 직접 수집하기 어려울 때는 Google 뉴스 같은 정보 종합 사이트를 사용하면 편리합니다. 그리고 정기적으로 최신 정보를 얻고 싶을 때는 Google 알리미Google Alerts를 사용하는 것도 권장합니다. 흥미를 가진 키워드를 설정하면 그와 관련된 인터넷 기사를 매일 이메일로 받아볼 수 있어 매우 편리합니다. 예를 들어 'Web 3.0'이라는 키워드를 설정하면, 그와 관련된 아티클 목록을 매일 메일로 받을 수 있습니다.

03

정보 송출을 돕는 자사 소유
미디어·SNS 관련 용어

키워드 086~127

▶ 랜딩 페이지 / 랜딩 페이지 옵티마이제이션　　　　　키워드 **086**

Landing Page / Landing Page Optimization

LP와 LPO

광고 등을 통해 도달하는 웹페이지와 최적화 방법

LP는 주로 광고 캠페인에서 사용되는 웹페이지며, 사용자를 특정 행동으로 유도하는 것을 목표로 한다. LPO는 LP의 개선과 최적화 프로세스로, 전환율 향상이나 광고 효과 최대화를 목적으로 한다. 데이터를 활용한 분석과 A/B 테스트 수행으로 사용자 경험 개선과 계약 성사율을 향상시킨다.

용어와 관련된 이야기

다변량 테스트
A/B 테스트의 확장된 버전으로, 여러 요소를 동시에 변경해 테스트한다. 예를 들면 제목, 카피, 이미지 등의 여러 요소를 조합해 테스트한다.

온페이지 최적화
웹페이지 자체를 개선하기 위한 SEO 정책을 의미한다. 여기에는 메타 데이터 최적화, 콘텐츠 개선, 내부 링크 최적화 등이 포함된다.

페이지 속도
웹페이지를 로딩하는 속도다. 페이지 속도가 느리면 사용자 경험이 손실되고 LP의 성능이 낮아질 가능성이 있다. 이미지나 코드 최적화 등이 효과적이다.

용어의 사용 예 　LPO를 재검토한 덕분에 LP의 CVR이 향상되었다.

관련 용어 → 콘텐츠 마케팅…P26　　UI와 UX…P122

▶ 와이어프레임

키워드 **087**

Wireframe

와이어프레임

웹사이트나 애플리케이션 디자인의 구성안

웹사이트나 애플리케이션의 설계도와 같은 것이다. 집을 지을 때 설계도를 만드는 것처럼, 웹사이트나 애플리케이션을 만들기 전에 어떤 페이지가 필요한지, 각 페이지에 무엇이 표시되는지, 어떤 순서로 정보가 배치되는지 결정한다. 구체적인 색상, 디자인, 이미지는 포함하지 않고 정보 배치, 기능, 페이지 관계성을 명확하게 하기 위해 만든다.

 용어와 관련된 이야기

사이트맵
사이트 전체 페이지의 구성을 지도와 같이 기재한 페이지를 말한다. 검색 엔진이나 사용자에게 사이트 내용을 쉽게 알 수 있도록 전달하는 역할을 한다.

콘텐츠 레이아웃
웹페이지의 콘텐츠나 정보의 배치 및 구성을 결정하는 것을 의미한다. 헤더, 메인 뷰, 콘텐츠 영역, 푸터의 네 개 영역으로 나누어 레이아웃을 작성한다.

헤더/푸터
헤더는 각 페이지에 대한 이동선, 메뉴(글로벌 내비게이션Global navigation 등) 등을 배치하는 영역이다. 푸터는 사이트맵이나 회사 개요 등을 배치하는 영역이다.

용어의 사용 예 와이어프레임을 내일까지 작성할 수 있을까?

관련 용어 → 디렉터리 맵…P116   글로벌 내비게이션…P107

▶ 브레드크럼 트레일, 브레드크럼 리스트 키워드 **088**

Breadcrumb Trail, Breadcrumbs List

빵 부스러기 리스트

웹사이트에서 현재 위치를 나타내는 것

웹사이트 안에서 자신이 어디에 있고, 어떻게 그 페이지로 이동했는지 표시하기 위한 작은 지도와 같은 것이다. 웹사이트 위나 아래에, 대부분 작은 문자나 아이콘으로 표시한다. 예를 들면 웹사이트에서 '홈 > 남성복 > 재킷 > 데님'과 같이 표시한다.

용어와 관련된 이야기

위치형 빵 부스러기 리스트

'홈페이지 > 큰 카테고리 > 작은 카테고리 > 해당 콘텐츠'와 같이 중첩된 구조로 현재 위치를 표시한 것이다. 기본적인 모델로 가장 많이 채용하고 있다.

소속형 빵 부스러기 리스트

현재 페이지에 어떤 과정을 거쳐 도달했는지 표시한 것이다. 사용자의 조작 방법에 따라 표시 내용이 동적으로 변하는 것을 들 수 있다.

경로형 빵 부스러기 리스트

열람한 페이지 이력을 단순히 표시하는 빵 부스러기 리스트다. 페이지의 계층을 나타내는 것은 아니며, 최근에 이를 채용하고 있는 사이트는 거의 없다.

용어의 사용 예 ≡ 그 사이트의 빵 부스러기 리스트는 이해하기 쉽다.

관련 용어 ▶ 글로벌 내비게이션…P107 디렉터리 맵…P116

▶ 글로벌 내비게이션　　　　　　　　　　　　　　키워드 089

Global Navigation

글로벌 내비게이션

웹사이트 전체의 메인 메뉴

웹사이트 위 또는 옆에 위치한 메뉴 바를 말한다. 사이트 안의 중요한 페이지로 직접 이동할 수 있다. 사이트 안의 어느 페이지에 있어도 항상 같은 위치에 표시되며, 사용자는 웹사이트를 자유롭게 탐색할 수 있다. 일관성을 제공해 웹사이트를 보다 사용하고 이해하기 쉽게 하므로 사용자가 원하는 정보를 빠르게 찾아낼 수 있다.

📖 용어와 관련된 이야기

드롭다운
글로벌 내비게이션의 드롭다운 메뉴는 '클릭'하거나 '마우스 커서를 올렸을 때' 드롭다운으로 나타나는 메뉴의 일종이다.

메가 메뉴
내비게이션의 일종으로 넓은 화면 넓이를 가진 드롭다운 메뉴를 의미한다. '메가 드롭다운', '메가 내비게이션'이라 불린다.

햄버거 메뉴
3개의 평행한 가로 선으로 만든 아이콘으로, 스마트폰 애플리케이션의 내비게이션으로 사용된다. 클릭하면 메뉴가 표시되며, 공간을 절약하면서 정보를 제공한다.

용어의 사용 예　💬　그 사이트의 글로벌 내비게이션은 이해하기 어렵다.

관련 용어 ▶　　와이어프레임···P105　　디렉터리 맵···P116

▶ 콘텐츠 매니지먼트 시스템

키워드 **090**

Content Management System

CMS

콘텐츠를 효율적으로 관리하기 위한 시스템

웹사이트의 내용을 관리하기 위한 도구 및 소프트웨어를 의미한다. 텍스트, 이미지, 동영상 등의 정보를 웹사이트에 손쉽게 추가, 수정, 삭제할 수 있다. CMS를 사용하면 프로그래밍 지식이 없어도 웹사이트를 업데이트 및 관리할 수 있으므로 블로그처럼 내용을 자주 업데이트해야 하는 웹사이트에서 많이 사용한다.

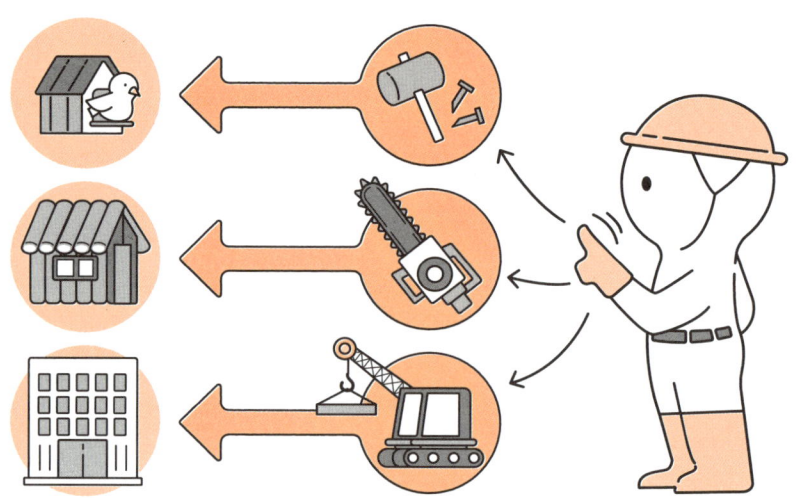

용어와 관련된 이야기

오픈소스형 CMS
소스코드가 일반에 공개되어 있어 누구나 무료로 사용할 수 있는 CMS다. 도입 노하우, 템플릿, 플러그인 등이 충실하게 제공된다. 소규모에서 대규모 웹사이트까지 대응할 수 있다.

WordPress
오픈소스형 CMS로, 시장 점유율과 지명도가 가장 높은 도구다. 무료로 가볍게 사용할 수 있고 플러그인을 사용해 다양하게 커스터마이즈할 수 있어 전세계적으로 높은 점유율을 차지하고 있다.

플러그인 기능
CMS에 기능이나 확장 기능을 추가하기 위한 소프트웨어 모듈을 의미한다. 플러그인을 사용하면 CMS에 새로운 기능을 추가할 수 있다.

용어의 사용 예　도입할만한 CMS를 몇 가지 선정하자.

관련 용어 ▶　트리플 미디어···P20

▶ 하이퍼텍스트 마크업 랭기지 키워드 **091**

Hypertext Markup Language

HTML

웹사이트 구조를 기술하는 마크업 언어

웹페이지를 만들기 위한 언어 중 하나다. HTML은 '태그'라 불리는 특수한 코드를 사용해 문장이 제목인지 본문인지, 이미지는 무엇인지, 링크는 어디에 연결되는지 등 웹페이지의 각 부분이 무엇인지를 웹브라우저에 전달한다. 이 태그들을 조합해 웹페이지를 만들고, 웹브라우저는 태그의 지시에 따라 페이지를 표시한다.

03

정보 송출을 돕는 지사 소유 미디어·SNS 관련 용어

용어와 관련된 이야기

태그 Tag
HTML의 기본적인 구성 요소이며 요소를 식별하기 위한 마크업의 시작과 종료를 나타내는 기호다. 태그명은 요소의 종류를 나타내고, 홑화살괄호(〈 〉)로 감싼다.

요소 Element
요소는 태그와 그 사이의 콘텐츠로 구성된다. 시작 태그와 종료 태그 사이에는 텍스트나 다른 요소가 포함되고, 요소는 HTML 문서의 구조와 의미를 정의한다.

속성 Property
HTML 요소에 추가하는 정보다. 웹사이트에서 복잡한 표시를 하고자 할 때, 요소만으로는 정보가 부족하므로 속성을 추가한다. 속성은 요소의 성질을 설정한다.

용어의 사용 예 먼저 HTML을 학습한 뒤 CSS를 학습하고 싶다.

관련 용어 ▶ CSS···P.110   JavaScript(JS)···P.111

▶ 캐스케이딩 스타일 시트 키워드 **092**

Cascading Style Sheets

CSS

웹사이트의 시각적 스타일을 꾸미는 언어

웹페이지의 디자인이나 스타일을 결정하는 언어 중 하나로, 페이지가 어떻게 보여야 하는지를 결정하는 역할을 한다. HTML을 사용해 웹페이지의 '설계도'를 만들고 CSS를 사용해 설계도에 '색칠'한다. CSS를 사용하면 글자 색상, 크기, 배경색, 버튼, 링크의 모양이나 위치 등 웹페이지의 전반적인 시각적 요소를 바꿀 수 있다.

 용어와 관련된 이야기

셀렉터 Selector
요소나 속성을 지정해 스타일을 적용하기 위해 사용한다. 예를 들면 태그명, ID, 클래스를 사용해 특정 요소나 그룹을 선택하고 디자인을 조정한다.

속성
요소의 외관이나 동작을 지정하는 것이다. 색상, 폰트, 여백, 위치, 애니메이션 등의 스타일 속성은 웹페이지의 시각적 표현을 결정하는 데 중요하다.

박스 모델 Box model
웹페이지의 각 요소를 사각형 박스로 표현하는 개념이다. 이 구조를 이해하면 웹페이지의 레이아웃이나 디자인을 정확히 제어할 수 있다.

용어의 사용 예 CSS를 마스터했으니, 매력적인 사이트를 만들고 싶다.

관련 용어 ▶ HTML … P109   JavaScript(JS) … P111

▶ 자바스크립트   키워드 **093**

JavaScript
JavaScript(JS)

웹사이트의 동적인 동작을 제어하는 스크립트 언어

웹페이지나 웹 애플리케이션에서 동작과 상호작용 요소를 만들기 위한 언어다. HTML이나 CSS가 웹페이지의 구조와 디자인을 담당한다면, JS는 페이지에서의 움직임이나 동작을 구현한다. JS를 사용하면 사용자가 버튼을 클릭하거나 폼을 전송하는 등, 웹페이지에서 다양한 조작과 반응을 구현할 수 있다.

📖 용어와 관련된 이야기

변수
문자열이나 숫자 등 다양한 데이터를 저장할 수 있도록 이름붙인 저장소다. 문자열이나 숫자 값에 이름을 붙여 반복적으로 사용할 수 있다.

함수
여러 처리를 하나로 모아 이름붙인 것이다. 반복적인 처리를 하나로 묶어 어디서든 사용할 수 있게 해 작업 효율을 높인다.

이벤트
사용자의 액션이나 웹페이지 상태의 변화를 말한다. 요소 클릭, 키보드 입력, 폼 제출 같은 행동으로부터 발생한다.

용어의 사용 예 💬 JS를 활용해서 동적인 사이트를 만들어보자!

관련 용어 ▶   HTML ··· P109   CSS ··· P110

▶ 피에이치피: 하이퍼텍스트 프리프로세서

키워드 **094**

PHP: Hypertext Preprocessor

PHP

서버 사이드에서 동작하는 스크립트 언어

웹 개발에서 사용되는 프로그래밍 언어 중 하나다. 웹사이트나 웹 애플리케이션의 기능을 만들기 위해 사용된다. PHP는 서버 사이드 처리에 특화되어 데이터 처리나 백엔드 개발에 사용되며, JavaScript는 클라이언트 사이드 처리에 특화되어 인터랙티브한 웹페이지나 동적인 요소 구현에 사용된다.

 용어와 관련된 이야기

라스무스 라도프 Rasmus Lerdorf
덴마크계 캐나다인 프로그래머로 PHP의 첫 버전인 PHP/FI를 개발했다. PHP는 라도프가 개인적으로 개발한 도구에서 시작되었다.

GPL
오픈소스 소프트웨어의 배포 및 사용에 관한 라이선스로, 프리 소프트웨어 재단이 만들었다. PHP는 GPL로 공개되어 널리 보급되었다.

스크립트 언어
프로그래밍 언어 중 하나로, 자동화, 간단한 작업 실행, 웹 개발, 데이터 처리, 스크립트형 소프트웨어 등의 용도로 널리 사용된다.

용어의 사용 예 PHP를 활용해서 더 동적인 웹사이트를 만들자!

관련 용어 → JavaScript(JS) ⋯ P111

112

▶ 쿠키

키워드 **095**

Cookie

쿠키

웹사이트가 클라이언트 측에 저장하는 정보

웹사이트가 사용자의 정보를 기록하기 위해 사용하는 작은 텍스트 파일이다. 웹사이트가 사용자를 식별하고 개인화된 정보를 제공하기 위해 사용한다. 사용자의 개인정보보호와 데이터의 적절한 사용이 중요해지면서 쿠키를 규제하고자 하는 움직임도 있다. 쿠키를 사용하기 위해 사용자의 동의가 필요할 수 있다.

용어와 관련된 이야기

퍼스트 파티 쿠키 1st party cookie
사용자가 방문한 웹사이트에서 직접 발행하는 쿠키다. UX 향상을 위해 로그인 상태 유지나 사용자 설정 저장 등에 사용된다.

서드 파티 쿠키 3rd party cookie
사용자가 방문한 웹사이트 이외의 제3자 사이트나 서비스에서 발행되는 쿠키다. 주로 광고 네트워크나 트래킹 서비스에 의해 사용된다.

캐시 Cache
브라우저가 웹페이지나 기타 리소스를 저장해두는 메커니즘으로, 재다운로드를 막고 웹페이지의 로딩 속도를 향상시킬 수 있다.

용어의 사용 예 서드 파티 쿠키를 규제하는 방향으로 가고 있다.

관련 용어 ▶ 개인정보보호···P40   ○○파티 데이터···P192   DMP···P228

▶ 유니파이드 아이덴티피케이션 2.0

키워드 **096**

Unified Identification 2.0

Unified ID 2.0

온라인상의 사용자 식별 방법 중 하나

사용자를 고유하게 식별하는 기술로, 광고 캠페인 측정이나 타깃팅에 유용하다. Unified ID 1.0이 서드 파티 쿠키를 사용한 것과 달리, Unified ID 2.0은 암호화된 이메일 주소를 기반으로 하며, 사용자의 프라이버시를 보호하면서 광고의 개인화를 실현하는 기술로 기대되고 있다.

용어와 관련된 이야기

싱글 사인 온 Single Sign On, SSO
여러 관련 웹사이트나 애플리케이션에서, 사용자가 한 번의 인증만으로 여러 서비스에 접근할 수 있게 해주는 시스템이다.

PII Personally Identifiable Information
개인을 특정할 수 있는 정보를 지칭하는 전문 용어다. 개인과 관련된 정보나 속성을 포함하며 이를 통해 특정 개인을 식별할 수 있다.

FloC Federated Learning of Cohorts
개별 사용자의 브라우징 기록이나 개인정보를 추적하지 않고, 공통의 관심사를 가진 사용자들을 그룹화하는 방법이다.

용어의 사용 예 앞으로 Unified ID 2.0이 보급될지도 모른다.

관련 용어 → 쿠키…P113

▶ 땡큐 페이지

키워드 **097**

Thank You Page

전환 페이지

폼 전송 후 표시되는 완료 페이지

웹사이트 방문자가 어떤 행동을 완료한 후(예: 폼 제출, 상품 구매 등)에 표시되는 웹페이지를 말한다. 전환 페이지는 방문자와의 커뮤니케이션을 강화하고, 웹사이트 경험에 만족한 방문자의 재방문 및 재구매 가능성을 높이는 데 중요한 역할을 한다.

용어와 관련된 이야기

리다이렉트 Redirect
특정 URL에 접근했을 때 자동으로 다른 URL로 전환되는 메커니즘이다. 사용자 경험 향상 및 SEO 측면에서 중요하게 여겨진다.

응답률
사용자가 특정 행동에 응답하는 비율이다. 전환 폼을 통해 사용자 응답률을 측정하고, 마케팅 전략이나 폼의 효과를 평가한다.

리피터 Repeater
웹사이트나 애플리케이션을 여러 번 방문하는 사용자를 말한다. 전환 페이지를 통해 이러한 사용자에게 특정 메시지를 보여줄 수 있다.

용어의 사용 예 그 사이트의 전환 페이지는 잘 만들어졌다.

관련 용어 ▶ 와이어프레임…P105   UI와 UX…P122   사용성…P123

▶ 디렉터리 맵

키워드 **098**

Directory Map

디렉터리 맵

웹사이트의 페이지 구성도

웹사이트의 페이지 구조를 도식화한 것이다. 홈페이지를 중심으로 카테고리와 하위 페이지들이 계층적으로 배치되어 웹사이트를 쉽게 탐색할 수 있게 한다. 사용자는 디렉터리 맵을 통해 웹사이트 전체 구조나 페이지 간 관계를 쉽게 파악할 수 있으며, 웹사이트 설계 및 사용자 편의성 향상에도 도움된다.

용어와 관련된 이야기

디렉터리 계층
각 페이지의 디렉터리 구조를 정리한 것이다. 예를 들어 홈페이지를 1계층, 카테고리를 2계층, 카테고리 상세를 3계층으로 할 수 있다.

URL 설정
URL은 가능한 수준에서 페이지 콘텐츠를 나타내는 이름으로 설정하는 것이 중요하다. 1, 2, 3계층 순서로 정의한다.

경로 Path
특정 파일이나 디렉터리의 위치, 경로를 나타내는 문자열이다. 절대 경로는 루트 디렉터리부터 시작하는 전체 경로이고, 상대 경로는 현재 위치를 기준으로 하는 경로다.

용어의 사용 예 💬 디렉터리 맵을 다시 검토해야겠다.

관련 용어 → 와이어프레임…P105   글로벌 내비게이션…P107

▶ 챗봇

키워드 **099**

Chatbot

챗봇

AI 등을 활용한 자동 응답 대화 시스템

사람과 자연어로 대화하는 소프트웨어를 말한다. 일반적으로 텍스트 기반 대화를 통해 사용자의 질문에 응답하거나 특정 작업을 수행한다. 챗봇은 단순한 규칙 기반 봇부터, AI와 자연어 처리를 활용해 사람처럼 대화할 수 있는 고도화된 봇까지 그 형태가 다양하다.

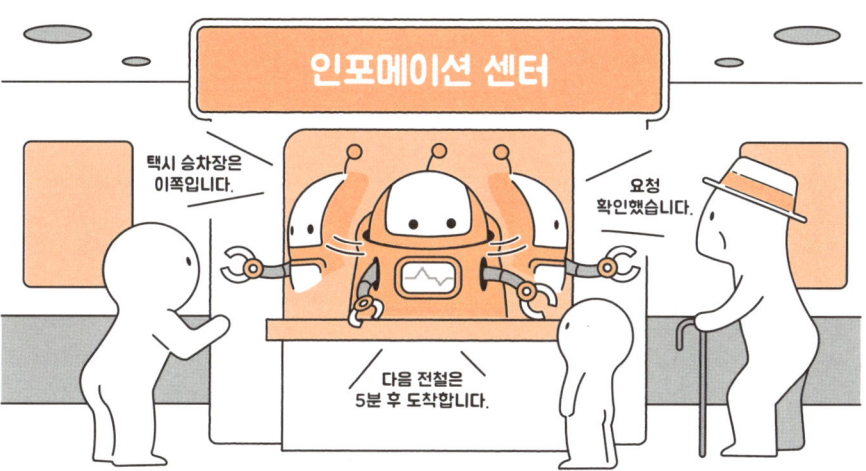

 용어와 관련된 이야기

자연어 처리*
사람의 언어를 컴퓨터가 이해하고 처리하기 위한 기술이나 알고리즘이다. 챗봇은 NLP를 사용해 사용자 입력을 해석하고 적절한 응답을 생성한다.

시나리오형 vs. AI형
챗봇에는 미리 설정한 시나리오대로 대화를 이끄는 '시나리오형'과 AI가 학습한 데이터를 기반으로 최적의 답을 선택하는 'AI형'이 있다.

엔티티
자연어 처리 문맥에서 명사나 고유명사 등 특정 범주에 속하는 정보를 말한다. 챗봇은 엔티티를 추출해 사용자 요구를 이해한다.

용어의 사용 예 고객센터에 챗봇이 도입되었다.

관련 용어 → 　머신러닝과 AI···P42　　생성형 AI···P208

*Natural Language Processing, NLP

▶ 에이비 테스팅　　　　　　　　　　　　　　　키워드 **100**

A/B Testing

A/B 테스트

무작위로 두 버전을 비교 검증

마케팅이나 웹디자인 분야에서 자주 사용되는 통계적 테스트 방법이다. 특정 변수들이 사용자 행동에 미치는 영향을 비교하기 위해 사용한다. A/B 테스트를 통해 오리지널 버전 A, 특정 요소를 변경한 버전 B를 제시한 뒤 사용자 반응을 관찰해 성과가 좋은 쪽을 최종 채택하는 방식이다.

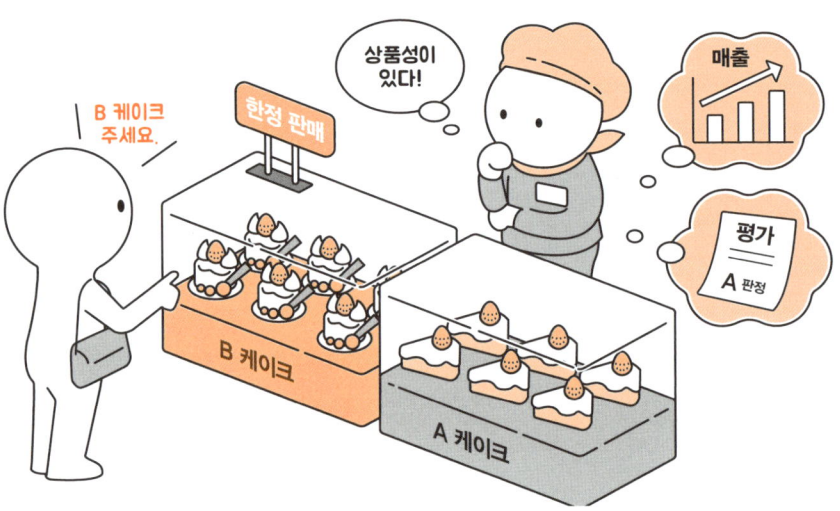

📖 용어와 관련된 이야기

변형 Variation
테스트 대상이 되는 서로 다른 버전이나 변형을 의미한다. A/B 테스트는 최소 두 가지 버전을 사용해 사용자 반응을 비교한다.

통제 그룹 Control group
변형이나 새 요소를 도입하지 않은, 기준이 되는 그룹이다. 변경이나 정책의 효과를 정확하게 평가하기 위한 비교 기준이 된다.

통계적 유의성
A/B 테스트 결과가 우연이 아니라 실제 효과나 차이가 있음을 보여주는 통계적 신뢰도를 말한다. 이를 확보하는 것은 결과 해석과 의사결정에서 중요하다.

용어의 사용 예　LP 개선을 위해 A/B 테스트를 실행해보자!

관련 용어→　LP와 LPO…P104　　UI와 UX…P122　　사용성…P123

▶ 히트맵   키워드 **101**

Heatmap
히트맵

페이지 내부 사용자의 움직임 시각화

데이터를 시각적으로 표현하는 방법으로, 그래프나 도표를 사용해 정보를 이해하기 쉽게 하는 것이다. 색의 농도나 색조를 통해 특정 행동이나 활동의 분포, 집중도, 패턴을 표현한다. 예를 들어 웹사이트나 애플리케이션에서는 가장 자주 클릭되는 위치, 마우스 커서가 주로 이동하는 위치 등을 확인하는 데 사용한다.

 용어와 관련된 이야기

색조 Hue
히트맵의 색조는 데이터의 값이나 강도를 표현하는 데 사용되는 색의 범위 또는 연결을 의미한다. 클릭 수가 많은 부분은 빨간색이나 주황색으로 강조된다.

그러데이션 Gradation
색조나 밝기 등의 변화를 부드럽게 표시한 것이다. 히트맵의 색 변화가 더 자연스럽게 표현되어, 데이터 포인트의 집중도나 중요도를 시각적으로 확인할 수 있다.

카르토그램 Cartogram
히트맵의 일종으로, 지도나 영역을 데이터 값에 따라 왜곡시켜 상대적인 밀도나 분포를 표현한다. 지리 데이터를 시각화하는 데 사용된다.

용어의 사용 예 히트맵을 사용해서 개선 포인트를 파악하자!

관련 용어 ▶   LP와 LPO ··· P104   UI와 UX ··· P122   사용성 ··· P123

119

▶ 옵트-인 / 옵트-아웃

키워드 **102**

Opt-in / Opt-out

옵트인과 옵트아웃

개인정보 활용 본인 동의

개인정보보호 관련 문맥에서 사용되는 용어다. 옵트인은 개인정보 수집이나 마케팅 활동에 참가하려는 의사가 있는 사람이 자발적으로 참여하는 것이다. 즉, 사용자는 명확한 동의를 표시하고 특정 서비스나 프로그램에 참가하기로 선택한다. 옵트아웃은 사용자가 특정 서비스나 정보 제공에서 벗어나기를 선택하는 것을 의미한다.

용어와 관련된 이야기

더블 옵트인 Double opt-in
사용자가 뉴스 레터나 회원 등록 신청을 한 뒤, 메일로 발송된 URL에 접속하고 정보를 입력해 회원 등록을 완료하는 절차를 말한다.

특정 전자 메일법
'특정 전자 메일의 송신의 적정화 등에 관한 법률'은 사용자의 동의 없이 광고, 선전 또는 권유 등을 목적으로 하는 전자 메일을 발송할 때 지켜야 할 규정을 정한 법률이다.

옵트인 동의 방법
메일을 발송할 때의 옵트인 방식은 두 가지가 있다. 발신자가 동의를 요청하는 경우와 수신자가 허락 또는 동의하는 경우다.

용어의 사용 예 옵트인된 메일로 뉴스 레터를 보내자.

관련 용어 ▶ 개인정보보호 ··· P40

▶ 크롤링

키워드 **103**

Crawling

크롤링

웹사이트의 정보를 자동으로 수집하는 것

웹 검색 엔진이나 웹사이트 인덱스를 생성할 때 사용되는 프로세스다. 웹 상에 존재하는 방대한 양의 정보를 자동으로 수집하기 위해 수행한다. 웹의 정보를 수집해 검색 엔진의 인덱스를 만들 뿐만 아니라, 웹사이트의 SEO나 데이터 마이닝 등의 목적에도 활용된다.

03

정보 출처로 두는 자사 소유 미디어·SNS 관련 용어

용어와 관련된 이야기

크롤러빌리티 Crawlability
크롤러가 정보를 쉽게 수집할 수 있도록 웹사이트를 최적화하는 것이다. 크롤러빌리티를 높이면 페이지가 더 잘 발견된다.

robots.txt
웹사이트의 특정 페이지의 크롤링 여부를 크롤러에게 지시하기 위해 사용하는 텍스트 파일이다. 웹사이트의 루트 디렉터리에 위치한다.

XML 사이트맵
웹사이트 안의 각 페이지 정보(URL, 우선순위, 마지막 업데이트일, 업데이트 빈도 등)를 검색 엔진용으로 만든 XML 형식의 파일이다.

용어의 사용 예 새로운 사이트가 크롤링 대상이 된 것 같다.

관련 용어 → 검색 엔진과 SEO…**P36**　검색 쿼리…**P84**　인덱스…**P87**

121

▶ 유저 인터페이스 / 유저 익스피리언스

키워드 **104**

User Interface / User Experience

UI와 UX

사용자가 조작하는 화면과 사용자 경험

UI는 사용자가 웹사이트나 애플리케이션과 상호작용하기 위한 디자인이나 기능을 말한다. 버튼, 메뉴, 폼 등의 요소와 그 배치나 시각적 디자인이 포함된다. UX는 사용자가 웹사이트나 애플리케이션을 사용할 때 느끼는 전체적인 경험이나 느낌을 말한다. 사용 편의성, 유용성, 즐거움, 만족감 등이 포함된다.

용어와 관련된 이야기

IxD Interaction Design
디바이스, 소프트웨어, 애플리케이션, 웹사이트 등 인터페이스 사용에서 사용자 경험을 최적화하기 위한 디자인 프로세스다.

정보 아키텍처*
정보를 정리하고 구조화해 사용자 친화적인 방식으로 제시하기 위한 설계 프로세스다. 정보 아키텍처의 최종 목적은 UX 향상이다.

디자인 패턴
UI를 구축하기 위한 구성 요소로, 디자이너나 엔지니어가 과거의 경험적 패턴에 이름을 붙여 재사용 가능성을 높인 것이다.

용어의 사용 예 UI와 UX 관점에서 전면적으로 사이트를 재검토하자.

관련 용어 → 와이어프레임…P105 히트맵…P119 사용성…P123 휴리스틱 평가…P124

*Information Architecture, IA

▶ 유저빌리티

키워드 **105**

Usability

사용성

웹사이트상의 사용 편의성과 친숙함

디지털 제품이나 웹사이트 등의 사용 편의성을 평가하는 개념이다. 사용자의 관점과 요구를 이해하고, 간단하고 효과적인 디자인과 사용하기 쉬운 기능을 제공하는 데 중점이 있다. 사용성을 향상시키면 UX(사용자 경험)도 향상되며, 사용자의 만족도와 편안함을 높일 수 있다.

📖 용어와 관련된 이야기

제이콥 닐슨 Jakob Nielsen
사용성(특히 웹사이트 사용성) 분야에서 유명한 덴마크 출신의 컴퓨터 과학자다. UI 디자인 시 주의해야 할 원칙 10개를 제안했다.

사용성 테스트
웹사이트 개선 시 실제 타깃 사용자가 웹사이트를 사용하게 해 조작감이나 사이트 구성에 대한 문제점을 발견하는 방법이다.

유니버설 디자인 Universal design
모든 사람이 사용하기 쉬운 제품이나 환경을 설계하는 개념이다. 연령, 성별, 능력, 신체적 제약에 관계 없이 많은 사람이 자유롭게 접근할 수 있도록 하는 것을 목표로 한다.

> **용어의 사용 예** 💬 사용성이 높은 웹사이트를 구축하자!

관련 용어 ▶ LP와 LPO…P104 히트맵…P119 UI와 UX…P122 휴리스틱 평가…P124 접근성…P156

▶ 휴리스틱 이밸류에이션

키워드 **106**

Heuristic Evaluation

휴리스틱 평가

전문가에 의한 사용자 경험 문제점 추출

웹사이트나 애플리케이션 등의 UI 설계나 UX 향상을 평가하는 개념이다. 전문가나 디자이너가 미리 정의된 원칙을 바탕으로 웹사이트의 사용 편의성이나 품질을 평가한다. 이는 사용자가 웹사이트를 사용할 때 일반적으로 겪을 수 있는 문제나 과제를 해결하기 위한 가이드라인으로 활용된다.

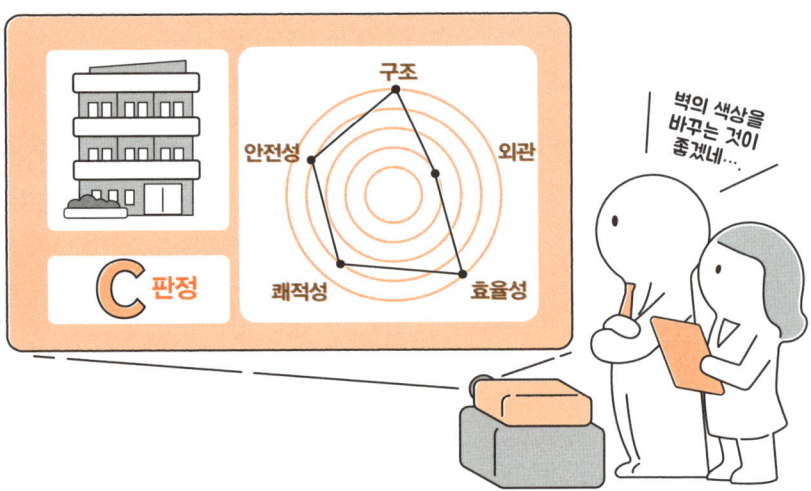

📖 용어와 관련된 이야기

전문가 리뷰
전문 지식을 가진 전문가가 제품, 서비스, 시스템 등을 평가하고 잠재적인 문제점이나 개선점을 제시하는 것이다. 사용성 분야에서 자주 활용된다.

워크스루 테스트 Walkthrough test
소프트웨어나 시스템 설계 시 코드 검토 또는 사용성 테스트의 한 형태다. 설계나 코드의 결함, 사용성 등의 문제를 조기에 발견하는 것을 목표로 한다.

평가 보고서
휴리스틱 평가의 결과는 평가 보고서로 정리한다. 평가 보고서에는 발견된 문제나 개선사항이 포함되어 있으며, 디자이너나 개발자는 이를 바탕으로 개선 작업을 진행한다.

용어의 사용 예 휴리스틱 평가를 바탕으로 문제를 개선하자.

관련 용어 → 히트맵···P119 UI와 UX···P122 사용성···P123 접근성···P156

▶ 도메인　　　　　　　　　　　　　　　　　　　　　키워드 **107**

Domain

도메인

웹사이트 주소와 같은 것

웹사이트 등 인터넷상의 위치를 특정하는 주소다. 'example.com' 같은 형태를 의미한다. 도메인 이름으로 짧고, 기억하기 쉬운 관련 이름을 선택하는 것이 중요하다. 도메인은 도메인 등록 업체를 통해 등록하며, 실제 웹사이트의 위치(IP 주소)로 연결된다.

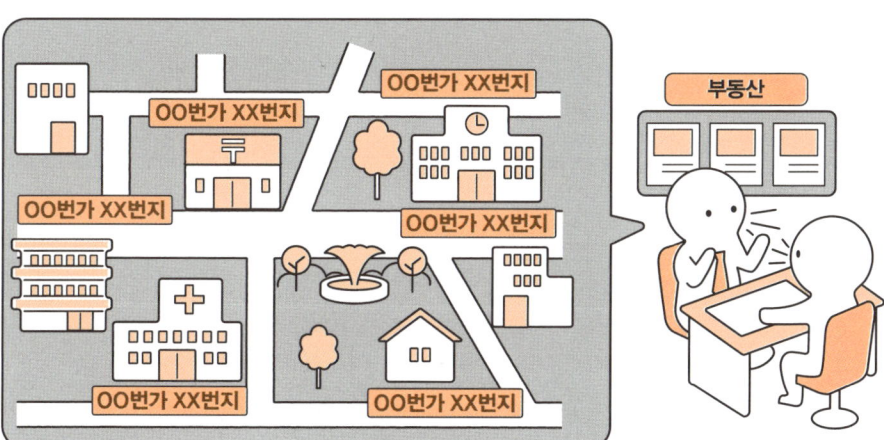

📖 용어와 관련된 이야기

최상위 도메인
도메인 이름에서 점으로 구분된 오른쪽 끝 부분을 의미한다. 국가별 확장자(예: .kr, .uk) 또는 일반 확장자(예: .com, .org)를 사용한다.

서브 도메인
DNS에서 메인 도메인 이름 앞에 추가되는 이름이다. blog.example.com에서 'blog'가 서브 도메인에 해당한다.

DNSDomain Name System
인터넷에서 도메인 이름을 IP 주소로 변환하는 시스템이다. DNS를 사용하면 IP 주소를 입력하지 않고 도메인 이름을 사용해 접근할 수 있다.

용어의 사용 예 새로운 사이트를 구축하려면 새로운 도메인을 확보해야 한다!

관련 용어 → 　HTML ⋯ P109

▶ 코어 웹 바이털스

키워드 **108**

Core Web Vitals

코어 웹 바이털

웹사이트 UX 평가 지표

Google의 코어 웹 바이털은 웹사이트 UX를 평가하기 위한 지표다. 이 지표들은 로딩 속도, 반응성, 시각적 안정성의 세 가지 중요한 요소를 측정하여, 웹페이지의 품질을 정량화한다. Google은 UX 향상을 위해 이 코어 웹 바이털을 중요시하며, 이는 검색 랭킹 평가에도 영향을 준다.

용어와 관련된 이야기

LCP Largest Contentful Paint
'최대 콘텐츠 그리기'를 의미하며 페이지의 로딩 속도를 말한다. 이 지표는 페이지 내의 가장 큰 콘텐츠가 표시되기까지의 시간을 평가한다.

FID First Input Delay
'최초 입력 지연'을 의미하며 사이트의 반응 속도를 평가하는 지표다. 최초 입력은 사용자가 페이지를 방문한 후 처음으로 수행하는 작업(버튼 클릭이나 탭 등)을 말한다.

CLS Cumulative Layout Shift
'누적 레이아웃 이동'을 의미하며 페이지 로딩 중 발생하는 레이아웃 변동을 측정하는 지표다. Google은 레이아웃이 안정된 사이트를 만들 것을 권장한다.

용어의 사용 예 사이트를 만들 때는 코어 웹 바이털을 의식해야 한다.

관련 용어 ▶ 인덱스…P87   크롤링…P121   UI와 UX…P122

▶ 페이지 뷰스　　　　　　　　　　　　　　키워드 **109**

Page Views
PV 수

웹사이트 페이지가 조회된 횟수

특정 웹페이지가 방문자에 의해 조회된 횟수를 나타내는 지표다. 웹사이트의 트래픽이나 참여도를 평가하는 데 널리 사용된다. 웹사이트의 성과나 콘텐츠의 인기도를 이해하기 위해 PV 수와 관련된 지표를 추적하는 것이 중요하다.

📖 용어와 관련된 이야기

평균 PV 수
한 명의 사용자가 웹사이트 안에서 평균적으로 몇 페이지를 조회했는지를 계산한 수치다. 평균 PV 수가 높을수록 여러 페이지가 조회되었다는 의미다.

방문자 수
특정 기간 동안 웹사이트에 접속한 사용자 수를 말한다. 사용자가 사이트를 열거나 재접속할 때마다 카운트된다. 이때의 접속 수를 '액세스 수'라고도 한다.

리퍼러 정책
웹페이지가 다른 페이지에 요청을 보낼 때 얼마나 많은 리퍼러 정보를 전송할지 지정하는 설정이다. 웹사이트 보안 향상에 도움이 된다.

용어의 사용 예 💬 PV 수가 점점 늘어나고 있다.

관련 용어→　　인게이지먼트…P38　　UU 수…P128　　세션…P129

▶ 유니크 유저스

Unique Users

UU 수

특정 기간 동안 웹사이트에 방문한 사용자 수

특정 웹사이트나 애플리케이션을 방문한 개별 사람의 수를 나타내는 지표다. 같은 사람이 여러 번 방문해도 한 명으로 카운트된다. 이 지표는 웹사이트나 애플리케이션의 인기 또는 사용자의 규모를 측정하는 데 사용된다. 예를 들어, 웹사이트 운영자는 UU 수를 확인해 서비스나 콘텐츠가 얼마나 많은 사람들에게 사용되고 있는지 파악할 수 있다.

용어와 관련된 이야기

평균 세션 시간
한 번의 세션에서 사용자가 웹사이트에 머문 평균 시간을 의미한다. 사용자가 방문한 각 페이지에서의 체류 시간을 측정해 평균 시간을 계산한다.

사용자 지속률
특정 기간에 처음으로 활성화된 사용자가 그 이후에도 지속적으로 활동하는 비율이다. 이 지표로 사용자의 충성도를 평가할 수 있다.

재방문율
특정 기간 안에 웹사이트를 여러 번 방문한 사용자의 비율이다. 이 비율은 사용자의 관심도나 웹사이트의 매력을 평가하는 지표가 된다.

용어의 사용 예 : UU 수가 100만 명을 돌파했다. PV 수가 점점 늘어나고 있다.

관련 용어 → PV 수···P127   세션···P129

▶ 세션

키워드 111

Session
세션

사이트 접근 시작부터 종료까지의 일련의 통신

웹사이트에 접근하는 동안의 일련의 통신을 의미한다. 사용자가 웹사이트에 접근하면 세션이 시작되고, 브라우저와 웹사이트 사이에 정보를 주고받게 된다. 세션은 웹사이트의 사용자 경험 추적, 개인화, 보안 관리 등에서 중요한 역할을 한다.

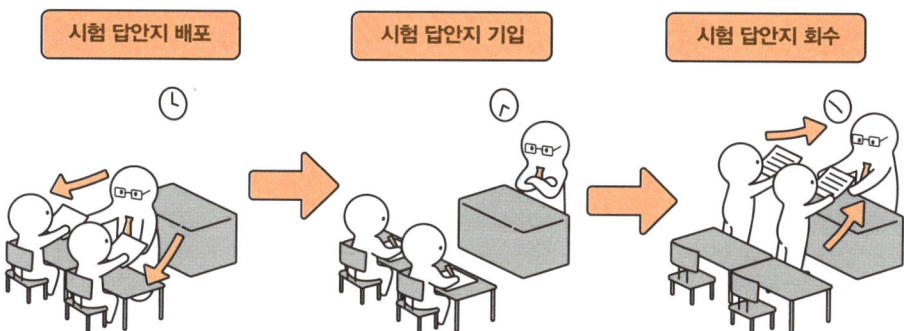

용어와 관련된 이야기

세션 ID
웹사이트나 애플리케이션이 사용자의 특정 방문을 추적하기 위해 사용하는 고유 식별자다. 웹사이트에 접근하면 ID가 생성된다.

세션 타임아웃
웹 애플리케이션이나 온라인 서비스에서 사용자가 일정 시간 동안 활동하지 않으면 자동으로 세션을 종료하는 기능이다.

세션 관리
세션의 시작, 종료 및 상태를 관리하는 과정이나 방법을 의미한다. 사용자 경험을 개인화하고 보안을 유지하기 위해 필요한 요소를 포함한다.

용어의 사용 예 로그인 후 시간이 지나 세션이 종료되었다.

관련 용어 → 접근 로그…P132 트래킹…P133

▶ 바운스 레이트 / 엑시트 레이트 / 인게이지먼트 레이트 / 트랜지션 레이트 키워드 **112**

Bounce Rate(즉시 이탈률) / Exit Rate(이탈률) / Engagement Rate(참여율) / Transition Rate(전이율)

○○율(사이트 내 측정 지표)

웹사이트 내부 사용자 행동 측정 지표

웹사이트 내부에서 사용자의 행동을 측정하기 위한 다양한 지표들이다. 즉시 이탈률은 첫 번째 페이지에서 웹사이트를 떠난 비율, 이탈률은 특정 페이지에서 떠난 비율을 의미한다. 참여율은 사용자 세션의 평균 시간을 의미하고, 전이율은 다른 페이지로 이동한 비율을 보여준다. 이 지표들은 웹사이트 성능을 평가하고 사용자 행동 패턴 및 개선점을 파악하는 데 유용하다.

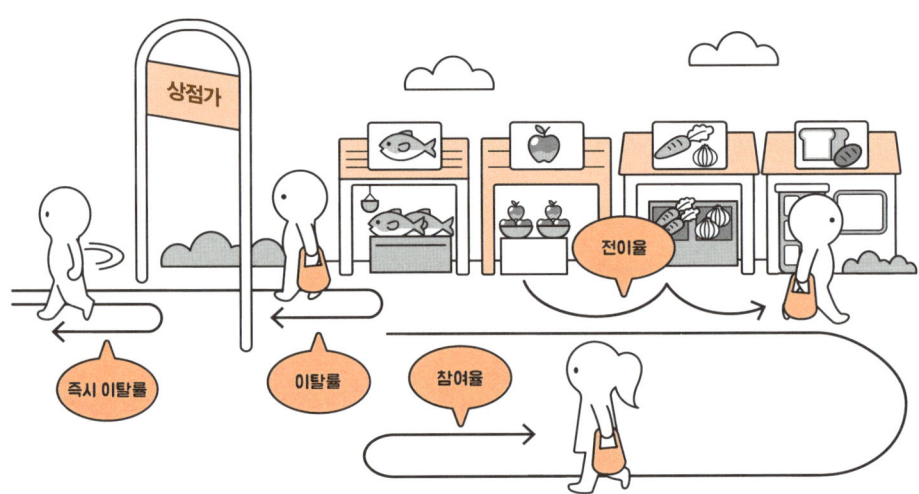

📖 용어와 관련된 이야기

즉시 이탈률
웹사이트의 특정 페이지를 방문한 사용자가 다른 페이지로 이동하지 않고 바로 사이트를 떠난 비율이다. 즉시 이탈률이 높으면 사용자가 사이트에 관심이 없다고 해석할 수 있다.

이탈률
특정 페이지에서 사용자가 떠난 비율이다. 이탈률이 높으면 해당 페이지가 사용자에게 흥미를 끌지 못한다는 것을 의미한다.

참여율
특정 페이지를 방문한 사용자가 다른 페이지로 계속 이동한 비율이다. 즉, 사용자가 여러 페이지를 방문한 정도를 나타낸다.

용어의 사용 예 💬 사이트 내 측정 지표의 목표 수치를 설정하자!

관련 용어 지표 관리…P27

▶ 먼슬리 액티브 유저스 / 위클리 액티브 유저스 / 데일리 액티브 유저스   키워드 113

Monthly Active Users / Weekly Active Users / Daily Active Users

MAU, WAU, DAU

월간, 주간, 일간 활동 사용자 수

웹사이트 등의 사용 상황을 측정하기 위한 여러 지표들이다. MAU는 한 달 동안 웹사이트나 애플리케이션을 이용한 사용자 수를, WAU는 일주일 동안의 사용자 수를, DAU는 하루 동안의 사용자 수를 의미한다.

용어와 관련된 이야기

DAU/MAU 비율
활동 비율을 의미하며 웹 서비스나 애플리케이션이 얼마나 자주 사용되는지 측정하는 지표다. 서비스 활성도나 고객의 충성도를 의미한다.

휴면 사용자
과거에 상품이나 서비스를 구매한 적이 있지만, 일정 기간 동안 구매하지 않은 고객을 의미한다. 휴면 사용자의 활성화는 수익에 큰 영향을 미친다.

고착도 Stickiness
특정 기간 동안의 활동 사용자의 지속률 또는 정착도를 나타내는 지표다. 고착도가 높으면 사용자가 서비스를 지속적으로 사용하고 있다는 뜻이다.

용어의 사용 예 ➡ 우선 MAU 지표를 관리해보자.

관련 용어 ➡ PV 수···P127   UU 수···P128

▶ 액세스 로그

키워드 **114**

Access Log
접근 로그

웹서버에 대한 접근 기록

웹서버나 웹사이트와 관련된 접근 정보를 기록하는 파일 또는 데이터베이스다. 접근 로그에는 웹 서버가 클라이언트로부터 요청을 받아 처리했을 때의 자세한 정보를 기록한다. 접근 로그는 웹서버 관리, 문제 해결, 보안 감시, 트래픽 분석, 고객 경험 개선 등에 사용된다.

용어와 관련된 이야기

IP 주소
인터넷상에서 각 장치를 고유하게 식별하는 번호다. 접근 로그에 사용자의 IP 주소가 기록된다.

요청
사용자가 웹서버에 보내는 요청이나 접근이다. 접근 로그에 요청 정보가 기록되며, 사이트 사용 상황을 파악하는 데 중요한 데이터가 된다.

사용자 에이전트
사용자를 대신해 동작하는 소프트웨어(보통 웹브라우저)다. 웹서버는 이를 통해 송신된 소프트웨어나 장치 정보를 수집할 수 있다.

용어의 사용 예 ● 접근 로그를 분석해 웹사이트를 개선하자.

관련 용어 ▶ 세션…P129   트래킹…P133   태그 관리…P134

▸ 트래킹

키워드 **115**

Tracking

트래킹

물건이나 정보 등의 흐름을 기록하고 추적하는 것

온라인에서 사용자의 활동이나 행동을 기록하고 추적하는 것이다. 주로 웹사이트나 모바일 애플리케이션에서 사용자를 추적하고 데이터를 수집하는 데 사용한다. 트래킹은 온라인 마케팅, 웹사이트 최적화, 광고 효과 평가, 고객 경험 개선 등에 활용된다. 활용 시 적절한 데이터 보호와 개인정보 처리에 주의해야 한다.

용어와 관련된 이야기

트래킹 코드 Tracking code
웹사이트에서 사용되는 프로그램 코드로, 사용자 행동이나 웹사이트 활동을 추적 또는 측정하기 위해 사용된다.

사용자 트래킹
웹사이트 트래킹이나 광고 트래킹을 통해 사용자의 방문 기록, 클릭, 전환 등을 추적하고 분석하는 것이다. 마케팅 효과를 높이는 데 활용된다.

리퍼러 Referrer
사용자가 현재 웹사이트에 접속하기 전에 방문한 참조 웹페이지나 도메인을 의미한다. 이를 통해 사용자의 유입 경로를 파악할 수 있다.

용어의 사용 예 ● 사용자 트래킹 상황을 확인하자.

관련 용어 → 섹션…P129   접근 로그…P132   태그 관리…P134

▶ 태그 매니지먼트 키워드 **116**

Tag Management
태그 관리

웹사이트 안의 태그 설치 및 관리

웹사이트나 애플리케이션에서 사용하는 태그(특정 정보나 코드의 조각)를 효율적으로 관리하는 것이다. 태그는 웹페이지나 애플리케이션에 특정 기능, 분석, 광고 등을 추가하기 위해 사용한다. 예를 들어, 접근 분석 툴의 측정 태그는 웹사이트 방문자 수나 행동을 추적하는 데 사용한다.

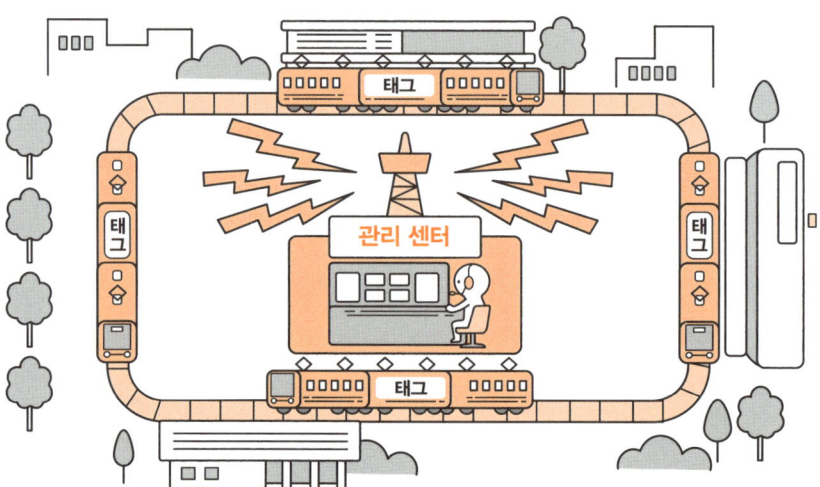

용어와 관련된 이야기

측정 태그
웹사이트나 애플리케이션에서 사용자의 행동이나 데이터를 수집하기 위해 사용하는 코드다. 주로 마케팅이나 접근 분석 목적으로 사용한다.

광고 태그
온라인 광고를 표시하기 위해 사용하는 코드다. 광고 태그를 웹페이지에 삽입하면 광고를 표시하고 광고의 효과나 성과를 추적할 수 있다.

태그 트리거
웹페이지에 설치된 태그가 특정 이벤트나 조건이 발생했을 때 실행되는 것이다. 이를 통해 웹페이지를 동적으로 제어하거나 데이터를 수집할 수 있다.

용어의 사용 예 ― 광고 캠페인이 시작되니 태그 관리를 철저히 하자!

관련 용어 ▶ 접근 로그…P132   트래킹…P133

▶ 유저 제너레이티드 콘텐츠

키워드 **117**

User Generated Content

UGC

사용자 주도 콘텐츠 생성

사용자가 자발적으로 생성한 콘텐츠로, 웹사이트나 소셜 미디어, 블로그 등에서 텍스트, 이미지, 비디오 등으로 제작된 콘텐츠를 말한다. SNS에 친구와의 사진을 게시하거나 블로그에 여행 경험을 공유하는 것 등도 UGC다.

 용어와 관련된 이야기

CGM Consumer Generated Media
소비자가 생성한 미디어나 콘텐츠를 말한다. 일반 소비자가 인터넷을 통해 자신의 의견, 평가, 정보를 발신하는 형태를 의미한다. 블로그나 SNS 게시글 등이 있다.

브랜드 커뮤니티 Brand community
특정 브랜드에 관심있는 사용자가 모여 정보를 공유하고 의견을 나누는 온라인 커뮤니티다. UGC는 브랜드 커뮤니티의 활성화와 유지에 기여한다.

애드보킷 Advocate
제품이나 서비스를 자발적으로 확산시키는 사람들을 말한다. 인플루언서는 전문 소비자이고 PR 전문가이지만, 애드버킷은 일반 소비자로서 리뷰로 홍보한다.

용어의 사용 예 💬 UGC 기반의 비디오 사이트를 런칭하자.

관련 용어 → 트리플 미디어 ··· P20 바이럴 미디어 ··· P141

▶ 에스엔에스 어카운트 매니지먼트

키워드 **118**

SNS Account Management

SNS 계정 운용

SNS상의 기업 또는 개인 계정 운용

소셜 미디어(예: 카카오톡, Instagram 등)에서 계정을 관리하고 활용하는 것이다. SNS 계정 운용에는 계정 생성, 설정, 프로필 관리, 게시물 및 콘텐츠 생성, 댓글 및 응답 관리 등이 포함된다. 대상 오디언스를 이해하고 적절한 정보와 콘텐츠를 제공하는 것도 중요하다.

용어와 관련된 이야기

계정 전략
목표와 대상을 명확히 하고, 소통할 콘텐츠와 플랫폼(PF)을 결정하는 과정이다. PF마다 그 특성과 타깃층이 다르므로 적절한 미디어를 선택해야 한다.

SNS 운영 체제
SNS 운영 체제와 운영의 핵심은 전략 매뉴얼을 만들고, 편집 회의를 통해 기획 내용을 결정하며, 콘텐츠를 제작하여 적절하게 게시하는 것이다.

SNS 정책
콘텐츠를 제작하기 전 각 SNS의 운영 규칙을 정의한 가이드라인을 확인해야 한다. 게시 담당자는 이 가이드라인을 준수해야 한다.

용어의 사용 예 다음 달부터 카카오톡 계정 운용을 시작한다.

관련 용어 → 트리플 미디어…P20   소셜 리스닝…P142

▶ 캐러셀

키워드 **119**

Carousel

캐러셀

콘텐츠를 슬라이드 쇼 형태로 표시하는 UI

웹사이트나 애플리케이션에서 흔히 볼 수 있는 표시 방식 중 하나로, 여러 이미지나 콘텐츠가 가로로 슬라이드되며 화면이 변경된다. 캐러셀은 여러 사진이나 메시지를 하나에 창에 담아, 일정 시간이 지나면 자동으로 또는 사용자의 조작에 의해 슬라이드되어 표시된다. 각 슬라이드에는 서로 다른 사진이나 정보가 포함될 수 있다.

 용어와 관련된 이야기

스와이프 Swipe
캐러셀 광고의 슬라이드 변경을 위해 손가락이나 마우스를 가로로 슬라이드 하는 동작을 말한다. 사용자는 이를 통해 다음 슬라이드를 볼 수 있다.

아코디언 Accordion
여러 콘텐츠를 접었다 폈다 할 수 있는 기능이다. 클릭할 때마다 펼침과 접힘을 번갈아 반복한다. 캐러셀과 다른 유형의 콘텐츠 전환 방식이다.

슬라이드 Slide
캐러셀 광고에서 표시되는 각 이미지나 비디오 단위다. 여러 슬라이드가 연속적으로 표시되며 사용자는 이를 전환해 볼 수 있다.

용어의 사용 예 현재 캐러셀을 재검토해서 사용성을 개선하자!

관련 용어 → 디지털 광고…P31 SNS 광고…P65 UI와 UX…P122

▶ 타임라인

키워드 **120**

Timeline
타임라인

SNS의 게시물이 시간순으로 나열된 화면

시간의 흐름에 따라 나열된 정보 리스트나 표시 영역을 의미한다. 예를 들면 소셜 미디어의 타임라인에서는 친구나 팔로우한 사람들의 게시물이나 업데이트가 최신순으로 표시된다. 최신 게시물이 위에 오며, 시간이 지나면서 아래로 스크롤된다. 타임라인은 자신의 활동이나 다른 사람들의 활동 및 사건을 시간순으로 확인하는 데 유용하다.

용어와 관련된 이야기

피드 Feed
사용자의 소셜 미디어에 표시되는 최신 게시물이나 콘텐츠의 흐름이다. 타임라인과의 차이점은, 타임라인에는 본인과 다른 사람의 게시물도 포함되지만, 피드에는 본인의 최신 게시물만 보여진다.

포스트
사용자가 소셜 미디어에 게시하는 메시지나 정보다. 텍스트 메시지, 사진, 비디오, 링크 등 다양한 형태의 콘텐츠가 포함된다.

DM Direct Message
소셜 미디어에서 다른 사용자와 개인적으로 메시지를 주고받는 기능이다. DM을 사용하면 다른 사용자와 직접적으로 소통할 수 있다.

용어의 사용 예 페이스북 타임라인을 매일 체크하자!

관련 용어 → SNS 광고…P65   태그 지정…P139   해시태그…P140   소셜 리스닝…P142

▶ 태깅

키워드 **121**

Tagging

태그 지정

피드에서 게시한 정보와 관련된 계정을 연결하는 방법

자신이 게시한 사진이나 동영상에 다른 계정에 대한 링크를 삽입하는 것을 의미한다. 게시물의 내용과 관련된 사람이나 물건을 더 자세히 소개하고 싶을 때 또는 많은 사람들이 해당 게시물을 볼 수 있도록 할 때 사용한다. 태그를 탭하면 해당 계정으로 직접 이동하게 된다. SNS 사용자 중에는 태그를 선호하지 않는 사람들도 있으므로 주의해야 한다.

용어와 관련된 이야기

멘션 Mention
다른 사용자를 게시물에 태그하는 방법이다. 일반적으로 사용자 이름 앞에 '@'을 붙여 다른 사용자를 식별한다. 멘션을 통해 교류를 활성화할 수 있다.

태그 클라우드 Tag cloud
태그가 많이 사용될수록 크게 표시되는 시각적 표현 방법이다. 특정 주제나 관심사의 중요성 또는 인기도를 나타내기 위해 사용한다.

지오 태그 Geo tag
디지털 콘텐츠(사진, 동영상 등)에 지리적 메타데이터를 추가하는 행위 또는 그 메타데이터 자체를 의미한다. 위치 정보(위도, 경도 등)가 자주 사용된다.

용어의 사용 예 ◉ 게시한 기사에 태그를 달아 두었다.

관련 용어 → 타임라인 … P138   해시태그 … P140

▶ 해시태그 키워드 **122**

Hashtag
해시태그

'#'로 시작하는 특정 주제를 나타내는 키워드

SNS에서 자주 사용되는 특수 기호 '#(해시 마크)'를 사용해 만드는 키워드나 구문을 말한다. 해시태그를 사용하면 특정 주제나 테마와 관련된 게시물을 한 데 모아서 볼 수 있다. 여행 사진을 게시할 때 '#여행'이라는 해시태그를 추가하면 같은 해시태그를 사용하는 다른 사람들의 게시물도 함께 표시된다.

용어와 관련된 이야기

트렌드 해시태그
소셜 미디어에서 일정 기간 동안 급속히 인기를 얻은 해시태그를 말한다. 많은 사용자가 관심을 받으며, 게시물이나 검색에 널리 사용되는 것이 특징이다.

해시태그 캠페인
특정 해시태그를 사용해 진행되는 마케팅 캠페인이다. 브랜드 인지도를 높이거나 제품 홍보 등의 목적을 갖고 진행된다.

해시태그 팔로우
특정 해시태그를 팔로우하는 기능이다. 팔로우한 해시태그와 관련된 게시물이나 콘텐츠가 사용자의 피드나 타임라인에 표시된다.

용어의 사용 예 💬 인기 있는 해시태그를 달아 참여율을 높이자!

관련 용어 ▶ 타임라인…P138 태그 지정…P139 소셜 리스닝…P142

▶ 바이럴 미디어

키워드 **123**

Viral Media

바이럴 미디어

입소문 형태로 급속히 확산되는 미디어

SNS에서의 유입을 목표로, 화제성 있는 정보나 충격적인 동영상 또는 이미지를 발신해 SNS에서 폭발적으로 확산되는 미디어를 말한다. SNS를 유입 경로로 사용하며, 간단한 디자인과 쉬운 공유라는 특성을 가진다. 명확한 콘셉트와 매력적인 제목으로 사용자들의 관심을 끈다. 그러나 미디어로서의 차별화가 어렵다는 단점이 있다.

용어와 관련된 이야기

소셜 셰어 Social share
콘텐츠가 소셜 미디어에서 공유되는 것을 말한다. 소셜 셰어는 바이럴 미디어의 성공이나 확산을 측정하는 중요한 요소다.

바이럴 마케팅 Viral marketing
특정 정보나 메시지가 사람들 사이에서 입소문, SNS를 통해 빠르게 퍼지는 현상을 활용한 마케팅 기법이다. 자연스럽게 공유되는 콘텐츠 제작이 중요하다.

버티컬 미디어 Vertical media
한 분야에 특화된 깊이 있는 미디어를 의미한다. 특정 타깃을 설정하기 쉬워, 타깃팅 및 광고 수익화에 용이하다.

용어의 사용 예 그 기사는 바이럴 미디어를 통해 크게 유행하고 있다.

관련 용어 ▶ UGC···P135

▶ 소셜 리스닝

키워드 **124**

Social Listening

소셜 리스닝

SNS에서의 트렌드 및 반응 분석

소셜 미디어에서 진행되는 사용자들의 의견, 감정, 주제 등을 모니터링하고 분석하는 것을 말한다. 소셜 리스닝은 브랜드나 기업이 자신이나 업계에 대한 정보를 수집하고, 사용자들의 목소리에 반응하며, 마케팅 전략을 수립하는 데 활용된다. 브랜드 이미지 향상, 고객 서비스 개선 등 다양한 목적에 사용될 수 있다.

용어와 관련된 이야기

텍스트 마이닝 Text mining
방대한 텍스트 데이터를 분석해 상관 관계나 패턴 등의 유용한 정보를 발견하는 기술이다. 소셜 리스닝 도구에서 텍스트 마이닝 기능을 활용해 분석할 수 있다.

조사 편향
조사나 연구에서의 데이터 수집 또는 분석 과정에서 발생하는 편향이나 왜곡을 말한다. 조사 편향은 정확한 결과나 진실에 대해 잘못된 표현 또는 해석을 초래할 수 있다.

감정 분석 Sentiment analysis
텍스트나 문장에서 표현된 감정, 의견, 태도 등을 분석하는 자연어 처리 기법이다. 제품 개발 방향 등을 결정하는 데 중요한 정보를 제공한다.

용어의 사용 예 ● 소셜 리스닝을 통해 고객의 목소리를 모으자.

관련 용어 ▶ 소셜 그래프…P143 평판 리스크…P145

▶ 소셜 그래프

키워드 **125**

Social Graph

소셜 그래프

사람과 사람 사이의 관계를 나타내는 지도

사람들이 어떻게 연결되어 있는지 보여주는 지도와 비슷하다. 예를 들어, SNS에서 각 사용자는 점(노드)으로 나타내고, 사용자 간의 친구 관계나 좋아요 등의 연결은 선(에지)으로 나타내는 것이다. 모든 사용자와 그들의 관계는 하나의 큰 네트워크, 즉 소셜 그래프를 형성한다. 이는 사용자 간의 관계 이해와 콘텐츠 제공에 유용하다.

용어와 관련된 이야기

노드(점) Node
소셜 그래프에서 노드는 주로 '사람'을 의미한다. 다른 정보(물건, 사건 등)도 노드로 나타낼 수 있다.

에지(선) Edge
소셜 그래프에서 에지는 사람들 간의 관계를 의미한다. 예를 들면 부모–자식, 친구, 연인, 직장 동료 등의 관계를 에지로 표현한다.

허브(중심점) Hub
노드 중에서 여러 방향으로 에지가 확장된 것이다. 에지의 수가 많을수록 영향력이 강하다. 인플루언서가 허브에 해당한다.

용어의 사용 예 자신의 소셜 그래프를 시각적으로 확인해보자.

관련 용어 ➡ 소셜 리스닝…P142

▶ 스토리 키워드 **126**

Stories
스토리

짧은 시간 안에 사라지는 사진과 동영상을 공유하는 기능

사용자가 자신의 일상 등을 사진이나 짧은 동영상으로 공유할 수 있는 소셜 미디어 기능이다. 게시된 콘텐츠가 24시간 후 자동으로 사라진다는 특징이 있다. Instagram과 같은 소셜 미디어에 있는 기능이다. 주로 사용자가 그 순간의 경험이나 감정을 실시간으로 공유하는 데 사용한다.

용어와 관련된 이야기

릴스
Instagram에서 15초에서 최대 90초까지의 짧은 동영상을 공유할 수 있는 기능이다. 영상에는 스탬프, 페인트, 음악, AR 효과 등을 추가할 수 있다.

Instagram 라이브
Instagram 애플리케이션 안에서 라이브 방송을 할 수 있는 기능이다. 스마트폰 카메라를 사용해 쉽게 방송할 수 있으며, 실시간으로 영상을 즐길 수 있다.

스탬프
Instagram의 스토리에서 사용할 수 있는 기능으로 게시물 사진에 다양한 장식을 추가할 수 있다. GIF, BGM, 콜라주 등의 스탬프가 있다.

용어의 사용 예 여행에서 찍은 동영상을 스토리에 게시했다.

관련 용어 ▶ 타임라인…P138

▶ 레퓨테이션 리스크   키워드 **127**

Reputation Risk
평판 리스크
기업이나 개인의 평판에 손상을 줄 수 있는 리스크

기업이나 개인의 평판, 신용에 손상을 줄 가능성이 있는 리스크를 의미한다. 부정적인 정보, 불법 행위, 제품의 품질 문제, 환경에 미치는 나쁜 영향 등 다양한 요소로 인해 발생할 수 있다. 소셜 미디어의 확산으로 인해 부적절한 댓글이나 불법 행위가 빠르게 퍼질 수 있기 때문에 적절한 리스크 관리, 투명성 확보, 공정한 행동이 필요하다.

용어와 관련된 이야기

브랜드 리스크 Brand risk
다양한 요인으로 기업이나 제품의 이미지가 손상되는 리스크를 말한다. 결과적으로 매출이나 기업 평판이 저하되고, 미래 비즈니스 기회를 잃을 수 있다.

위기 관리 Crisis management
기업이 긴급 상황에 대응하는 전략과 방법이다. 위기 발생을 예방하고 즉시 대응하며 반성 과정을 포함한 절차를 통해 피해를 최소화하고 신뢰를 유지하려는 노력이 필요하다.

미디어 트레이닝 Media training
위기가 발생했을 때 기업의 대변인이 미디어와 인터뷰나 대화를 적절하게 할 수 있도록 준비하는 훈련 과정을 의미한다.

용어의 사용 예 평판 리스크를 고려해 행동해야 한다.

관련 용어 ▶ 소셜 리스닝…P142

디지털 마케팅 영역에서의 경력 형성

디지털 마케팅의 대응 범위는 상당히 넓어지고 있으며, 어디에서 경력을 시작하는가에 따라 이후 전문 지식 대응의 범위 또한 많이 달라집니다. 여기에서는 광고 회사, 컨설팅 회사, 시스템 개발 회사에 각각 입사한 뒤 어떤 경력이 형성될 수 있는지 살펴봅니다.

부가 가치가 높은 경력 만들기

광고 회사의 경우 광고 판매가 주요 업무가 되므로 디지털 광고 영업이나 광고 운용을 경험하고, 그 후 광고 이외의 CRM 영역까지 다루게 되어 퍼널 마케팅 전체에 대응할 수 있게 되는 경력을 생각할 수 있습니다. 또한, 마케팅 정책 데이터를 분석하거나, 기술적 측면을 고려해 추진할 수 있게 되면 경력의 폭이 상당히 넓어집니다.

컨설팅 회사의 경우 전략 계열 컨설턴트라면 기업 변혁이나 사업 변혁을 DX 관점에서 추진해 나가는 경력 형성이 고려될 수 있습니다. 한편, 업무 계열 컨설턴트라면 마케팅이나 세일즈 영역의 업무 설계나 디지털화를 추진한 뒤, CRM이나 SFA 등의 시스템을 도입하는 부분까지 대응하는 경력의 형성을 생각할 수 있습니다.

시스템 개발 회사의 경우 시스템 엔지니어나 프로그래머로서 시스템 환경 정비를 경험하고, 업무 컨설턴트와 마찬가지로 마케팅 관련 업무의 재검토나 더 나아가 IT 전략 자체를 수립하는 부분까지 참여하는 경력도 고려할 수 있습니다.

현재 위에서 예를 든 회사들은 어느 정도 영역 구분이 되어 있지만, 앞으로는 영역이 중복되어 더 종합적인 능력이 요구될 것입니다. 여러분의 현재 경력을 점검하고, 부족한 기술이나 지식을 적극적으로 습득해 보십시오.

04

깊은 연계가 필요한
크리에이티브 · 판촉 · 영업 용어

키워드 128~169

▶ 크리에이티브 브리프   키워드 **128**

Creative Brief

크리에이티브 브리프

크리에이티브한 제작물 작성 지시 문서

광고나 마케팅 프로젝트에 있어 크리에이티브 팀에 제공되는 문서로, 프로젝트의 목적이나 요건, 타깃 오디언스, 브랜드 메시지, 제작 가이드라인 등을 정리한 것이다. 크리에이티브 브리프는 클라이언트와 크리에이티브 팀 간의 공통된 이해를 확립하고 커뮤니케이션을 원활하게 한다.

용어와 관련된 이야기

오디언스 Audience
광고나 디자인의 대상이 되는 특정 사용자 그룹이나 타깃층을 말한다. 광고나 디자인의 효과적인 전달과 커뮤니케이션 성공에 중요한 역할을 한다.

타깃 인사이트 Target insight
특정 타깃층이나 고객 세그먼트에 대한 깊은 이해나 통찰이다. 소비자의 행동, 동기, 필요, 기호, 우려 등에 대한 정보를 통해 얻는다.

RFP Request for Proposal
프로젝트나 업무의 실행에 대해 외부 기업이나 제공업체에 제안을 요청하는 공모 요청서. 정보 수집을 목적으로 한 RFI가 제시되는 경우도 있다.

용어의 사용 예　광고주가 크리에이티브 브리프를 제출했다.

관련 용어 ▶　　키 비주얼 ⋯ P150　　디자인 컴프 ⋯ P151

▶ 썸네일

키워드 **129**

Thumbnail

썸네일

콘텐츠 상단에 표시되는 미리보기 이미지

큰 이미지나 비디오의 작은 미리보기 버전이다. 사람의 '엄지 손톱' 정도로 작은 크기의 이미지라는 데서 그 이름이 유래했다. 예를 들면 Youtube 화면에는 많은 동영상이 나열되어 있고, 각 동영상에 작은 이미지가 붙어 있다. 그 작은 이미지를 썸네일이라 한다. 썸네일 이미지를 보면 해당 동영상의 내용을 대략적으로 파악할 수 있다.

용어와 관련된 이야기

GUI Graphical User Interface
컴퓨터 프로그램과 사용자 간의 상호작용을 도형, 아이콘 등 시각적인 요소를 사용해 쉽게 만드는 인터페이스다. GUI를 사용하면 직관적인 조작을 할 수 있다.

아이캐치 Eyecatch
시각적으로 주목을 끌기 위한 디자인 요소다. 웹사이트나 블로그, 광고 등의 콘텐츠에서 독자나 사용자의 관심과 주의를 끌기 위한 목적으로 사용한다.

프리뷰 Preview
콘텐츠나 제품의 정식 공개 전에 개요나 일부를 먼저 확인하고 표시하는 것이다. 이를 통해 웹이나 그래픽 디자인을 체크 및 평가한다.

용어의 사용 예 ➡ 정보를 업데이트했으니 썸네일을 바꿔둬.

관련 용어 → 크리에이티브 브리프 … P148   디자인 컴프 … P151

▶ 키 비주얼

키워드 **130**

Key Visual
키 비주얼

특히 중요하게 여겨지는 메인 비주얼 표현

광고나 캠페인 등에서 가장 눈에 띄는 이미지나 디자인을 말한다. 키 비주얼은 캠페인의 메시지나 브랜드 분위기를 전달하고 시각적으로 깊은 인상을 남기는 역할을 한다. 신제품 광고 캠페인에서는 제품이나 제품을 사용하는 사람들의 이미지, 브랜드 로고, 캐치프레이즈 등을 키 비주얼로 사용한다.

용어와 관련된 이야기

이미지 표시 방법
키 비주얼에서는 이미지 표시 방법에 한 가지 기법을 더해 쉽게 임팩트를 줄 수 있다. 전형적인 기법으로 '프레이밍'이나 '타일링' 등이 있다.

색감
문자나 이미지의 레이아웃뿐만 아니라 비주얼 전체의 색상 균형을 조정하는 것도 중요하다. 색상 대비에 대담하게 강약을 주는 것 또한 하나의 기법이다.

화이트 스페이스
디자인 안의 공백 영역(여백)을 의미한다. 화이트 스페이스는 시각적인 여백으로 요소나 콘텐츠를 분리하고 배치를 정리하며, 시인성과 인지성을 향상시킨다.

용어의 사용 예 ➡ 웹사이트의 키 비주얼을 대략적으로 결정했다.

관련 용어 → 크리에이티브 브리프…P148   디자인 컴프…P151

▶ 디자인 컴프리헨시브 레이아웃

키워드 **131**

Design Comprehensive Layout

디자인 컴프

디자인의 완성 이미지(견본)

디자인 프로세스에서의 일련의 작업 중, 최종 디자인의 외형이나 레이아웃을 보여주는 상세한 디자인 프레젠테이션이다. 디자인 컴프에서는 디자이너가 디자인의 요소와 요건을 종합적으로 표현하고, 실제 디자인의 이미지를 클라이언트나 관계자에게 전달한다. 통상적으로 목업이나 프로토타입 단계를 거쳐 작성된다.

04 같은 연계가 필요한 크리에이티브 · 판촉 · 영업 용어

 용어와 관련된 이야기

레이아웃
디자인의 구성이나 배치로, 콘텐츠나 요소를 배치하는 형식이나 패턴을 의미한다. 페이지나 화면상의 요소 배치, 밸런스를 결정할 때 사용된다.

컬러 스킴 Color scheme
디자인에 사용되는 색상 조합이나 배색을 의미한다. 브랜드나 디자인 콘셉트에 맞춰 적절한 컬러 팔레트를 선택해 통일감을 준다.

타이포그래피 Typography
텍스트나 폰트의 스타일과 배치를 의미한다. 폰트 선택, 글자 크기, 행간, 글자의 굵기 등 텍스트의 외형이나 가독성에 영향을 주는 요소를 다룬다.

용어의 사용 예 클라이언트에게 디자인 컴프를 확인받았다.

관련 용어 ▶ 프로토타입…P152

▶ 프로토타입

키워드 **132**

Prototype
프로토타입

실제 기능이나 디자인을 반영한 초기 단계 모델

새로운 제품이나 시스템의 초기 모델 또는 시제품이다. 설계 아이디어를 현실의 형태로 만들고, 그 작동이나 기능을 테스트하기 위한 목적으로 사용한다. 새로운 스마트폰용 애플리케이션을 만들 때도 프로토타입을 먼저 만든다. 모든 기능이 완전히 동작하지 않을 수도 있지만, 기본 조작이나 외형, 애플리케이션의 작동 환경 등을 확인할 수 있다.

용어와 관련된 이야기

프로토타입 도구 Prototype tool
프로토타입 작성, 편집, 공유를 지원하는 도구다. Adobe XD 등의 디자인 도구, InVision 등의 프로토타이핑 도구가 있다.

목업 Mockup
디자인이나 프로토타입 단계에서 만들어지는 것으로 실제 디자인 외형이나 모습을 재현한 정적인 이미지나 모형이다. 이미지를 구체화하기 위해 사용한다.

그리드 시스템 Grid system
디자인이나 레이아웃을 구성할 때의 기본적인 프레임워크나 가이드라인이다. 주로 그래픽 디자인, 웹 디자인, 출판 디자인 등에서 사용된다.

용어의 사용 예 먼저 프로토타입을 만든다.

관련 용어 ▶ 디자인 컴프 … P151

▶ 어그멘티드 리얼리티

키워드 **133**

Augmented Reality

AR(증강현실)

현실 공간에 가상 정보를 겹쳐 보여주는 기술

현실 환경에 컴퓨터로 생성된 가상 정보를 겹쳐서 보여주는 기술이나 경험이다. 일반적으로 스마트폰, 태블릿, AR 헤드셋 등의 디바이스를 통해 제공된다. AR은 다양한 영역에서 활용되며, 가상의 정보나 엔터테인먼트를 현실 환경에 통합해 새로운 경험과 상호작용을 제공할 수 있다.

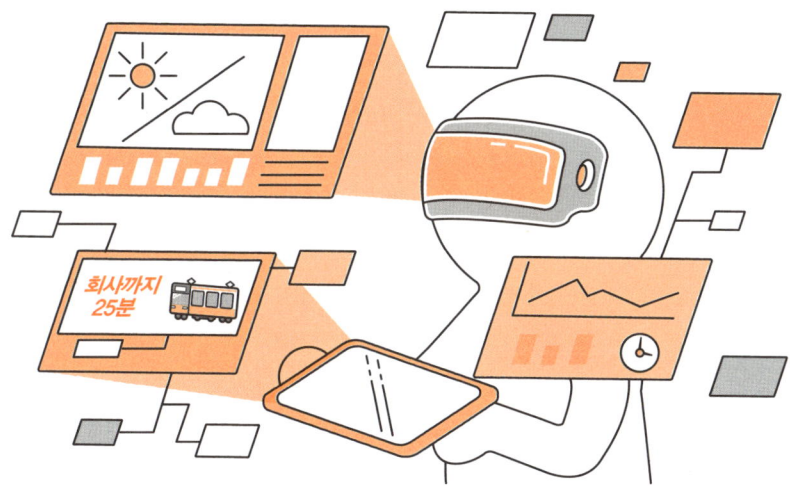

용어와 관련된 이야기

가상 객체 Virtual object
컴퓨터나 소프트웨어 안에서 생성되는, 실제 물리적 존재를 가지지 않는 객체를 말한다. 3D 모델링, VR, AR 등의 분야에서 사용된다.

AR 헤드셋
AR을 경험하기 위한 웨어러블 디바이스다. 헤드셋은 현실 환경에 디지털 정보나 가상 오브젝트를 반영해 표시하는 기술을 사용한다.

MR(복합 현실) Mixed Reality
VR과 AR의 중간에 위치한 기술이다. MR은 현실의 물리적 환경과 디지털 가상 환경을 융합시키고 이들이 상호작용하는 경험을 만든다.

용어의 사용 예 ➡ 강남대로와 AR을 연결한 최신 영상을 확인했다.

관련 용어 → VR(가상현실)…P154   메타버스…P257

▶ 버추얼 리얼리티   키워드 **134**

Virtual Reality

VR(가상현실)

완전 가상 공간을 재현하는 기술

가상의 세계를 컴퓨터 그래픽과 센서 기술을 통해 재현하고, 사용자를 몰입시키는 기술이나 경험이다. VR은 헤드 마운트 디스플레이(HMD), 컨트롤러, 센서 등의 디바이스를 통해 제공된다. 사용자를 현실 세계에서 분리시키고 가상의 세계에 몰입시킴으로써 몰입감과 현장감을 연출한다.

용어와 관련된 이야기

HMD Head Mounted Display
VR 경험을 위해 사용되는 디바이스로 사용자의 머리에 착용한다. 엔터테인먼트, 교육, 직업 훈련 등 여러 분야에서 활용된다.

룸 스케일 VR Room-scale VR
사용자가 물리적 공간 안을 이동할 수 있도록 설계한 것이다. 센서나 카메라를 사용해 사용자의 실제 움직임을 VR 안의 움직임에 매핑한다.

XR(교차 현실) Cross Reality
VR, AR, MR 등 모든 리얼리티 기술을 총칭한다. XR은 현실의 물리적 환경과 디지털 정보 또는 가상 환경이 결합되는 기술의 범위를 의미한다.

용어의 사용 예 ▶ VR 기술에 강점을 가진 벤처 기업에 투자한다.

관련 용어 ▶   AR(증강현실)…P153   메타버스…P257

▶ 리스폰시브 디자인　　　　　　　　　　　　　　　　　키워드 **135**

Responsive Design
반응형 디자인

화면 크기에 맞춰 자동으로 레이아웃 변경

웹사이트가 어떤 디바이스(PC, 스마트폰, 태블릿)에서도 적절하게 표시되고, 사용하기 쉽도록 설계하는 것이다. 화면 크기에 따라 자동으로 레이아웃이 바뀌며, 사용자가 보기 쉽고 조작하기 쉬운 상태를 유지한다. 반응형 디자인은 사용자 경험 향상에 중요하다.

04

용어와 관련된 이야기

어댑티브 디자인 Adaptive design
반응형 디자인의 접근 방식과 달리 다양한 디바이스나 화면 크기에 맞춰 UX를 최적화하는 디자인 방법이다.

브레이크포인트 Breakpoint
반응형 디자인에서 특정 화면 폭이나 디바이스 크기에 따라 디자인 또는 레이아웃을 변경하기 위한 기준 값이다.

뷰포트 Viewport
브라우저나 디바이스에서의 표시 영역이다. 반응형 디자인에서는 뷰포트 크기에 따라 레이아웃이나 요소의 표시를 조정한다.

용어의 사용 예 반응형 디자인에 대응한 사이트를 런칭한다.

관련 용어 →　UI와 UX…P122　　모바일 퍼스트…P158

▶ 액세서빌리티

키워드 **136**

Accessibility

접근성

상품이나 서비스의 사용 용이성

모든 사람이 정보나 서비스에 접근할 수 있도록 하는 것이다. 웹사이트나 애플리케이션을 설계할 때 장애를 가진 사람들(시각 장애, 청각 장애 등)도 사용할 수 있도록 고려해야 한다. 접근성은 공정성뿐만 아니라 더 많은 사람들이 웹사이트나 애플리케이션을 사용할 수 있도록 하기 위해 중요한 개념이다.

용어와 관련된 이야기

WCAG

'웹 콘텐츠 접근성 지침(Web Content Accessibility Guidelines)'의 약칭인 WCAG는 웹 콘텐츠의 접근성을 향상시키기 위한 국제 표준 가이드라인이다.

인클루전

접근성에서의 인클루전은 모든 사람이 사용하기 쉬운 웹이나 디지털 서비스를 제공하기 위한 노력을 의미한다.

배리어 프리 디자인
Barrier-free design

모든 사람이 쉽게 사용할 수 있게 설계된 디자인이다. 웹사이트 제작 시 주로 접근성을 강화하기 위한 개념으로 사용된다.

용어의 사용 예 접근성이 뛰어난 웹사이트를 만든다.

관련 용어 → UI와 UX…P122   사용성…P123

▶ 퍼스트 뷰

키워드 **137**

First View

퍼스트 뷰

웹사이트를 열었을 때 처음 보이는 영역

웹사이트를 열자마자 가장 먼저 보이는 부분으로, 스크롤하지 않아도 볼 수 있는 화면이다. 웹사이트의 첫인상을 결정짓는 중요한 영역으로, 방문자가 사이트에 흥미를 느낄지 여부를 결정하는 요소가 된다. 따라서 퍼스트 뷰는 매력적이고 명확하며, 방문자가 원하는 정보를 효과적으로 전달할 수 있도록 디자인되어야 한다.

용어와 관련된 이야기

히어로 영역
LP나 홈페이지의 상단에 배치되는 주요 비주얼 및 콘텐츠 영역이다. 방문자의 관심을 끌고 행동을 유도하는 것이 목적이다.

스크롤 트리거 Scroll trigger
사용자가 웹페이지를 스크롤함에 따라 특정 액션이나 애니메이션이 발생하는 구조다. 사용자의 흥미와 주의를 끄는 데 효과적이다.

패럴랙스 효과 Parallax effect
웹디자인이나 게임 등에서 활용되는 시각적 기법이다. 배경의 앞쪽과 뒤쪽이 서로 다른 속도로 움직이며 깊이감이나 3D 같은 느낌을 준다.

용어의 사용 예 퍼스트 뷰 디자인이 훌륭하다.

관련 용어 → LP와 LPO … P104   반응형 디자인 … P155   CTA … P179

▶ 모바일 퍼스트

키워드 **138**

Mobile First
모바일 퍼스트
모바일 화면 표시를 우선하는 웹디자인

웹디자인이나 개발의 접근 방식 중 하나로, 스마트폰을 중심으로 한 모바일 디바이스에서의 콘텐츠 최적화를 우선하는 것이다. 모바일 퍼스트 접근 방식에서는 모바일 사용자의 필요와 제약에 집중하며, 디자인과 기능을 최소화하고 단순하고 사용하기 쉬운 경험을 제공하는 것이 중요하다.

 용어와 관련된 이야기

모바일 UX
모바일 디바이스 사용자가 느끼는 경험이나 만족도를 의미한다. 모바일 퍼스트 디자인에서 특히 중요하게 여겨진다.

터치 제스처
모바일 디바이스에서의 조작을 가능하게 하는 제스처(탭, 스와이프 등)다. 모바일 퍼스트 디자인에서는 이를 고려해 제작한다.

미디어 쿼리 Media query
CSS 기술 중 하나로, 특정 조건에 따라 다른 스타일을 적용할 수 있게 해주는 방법이다. 웹페이지나 애플리케이션이 다양한 디바이스 및 화면 크기에 적절히 대응할 수 있도록 돕는다.

용어의 사용 예 최신 사이트는 모바일 퍼스트로 만들어져 있구나.

관련 용어 → CSS…P110   UI와 UX…P122   반응형 디자인…P155

▶ 트랜잭션

키워드 **139**

Transaction

트랜잭션

온라인 쇼핑몰에서의 상품 또는 서비스 구매 거래

전자상거래에서의 상품이나 서비스의 구매 및 결제 등의 거래 과정을 말한다. 고객과 사업자 간에 정보와 가치가 교환되는 일련의 활동이다. 원활한 트랜잭션 실시는 사용자 만족도나 고객 충성도 향상으로 이어지기 때문에 보안, 신뢰성, 효율성 등의 중요한 요소를 고려할 필요가 있다.

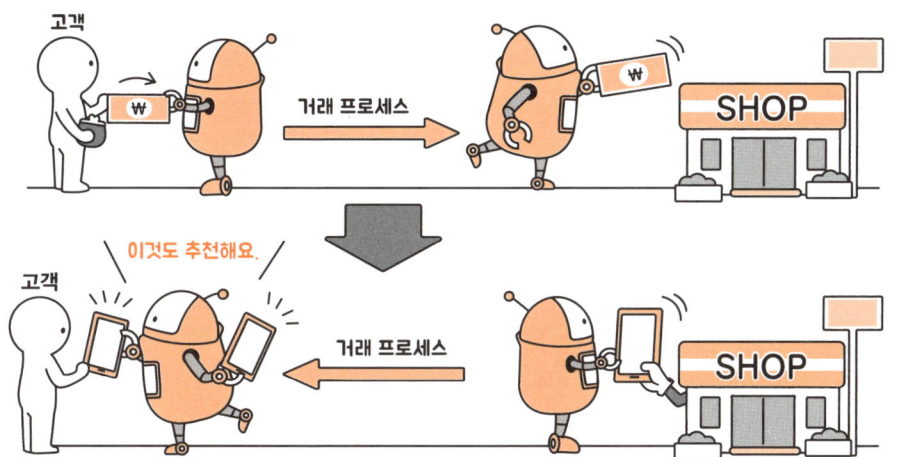

용어와 관련된 이야기

풀필먼트 Fulfillment
주문된 상품의 접수, 보관, 포장, 출하 등의 일련의 물류 과정을 말한다. 물류 창고나 점포 안에서 풀필먼트가 이루어진다.

수요 예측
온라인상의 상품이나 서비스 수요를 예측하여, 적절한 재고 관리나 자원 배분, 마케팅 전략 수립 등에 활용된다. 재고 관리와도 연동된다.

해외 온라인 쇼핑몰
국경을 넘어 이루어지는 전자상거래다. 온라인에서 상품이나 서비스를 사고팔 때, 판매자와 구매자가 서로 다른 국가에 위치하는 경우를 의미한다.

용어의 사용 예 ● TV 광고를 한 이후 트랜잭션이 늘고 있다.

관련 용어 ▶ OMO…P43 D2C…P161 유니파이드 커머스…P163

▶ 크로스-유세지 레이트   키워드 **140**

Cross-usage Rate

교차 사용률

오프라인과 온라인 쇼핑몰 양쪽에서 구매하는 비율

오프라인과 온라인 채널을 모두 사용하는 고객 비율을 나타내는 지표다. 교차 사용률은 고객의 행동 패턴이나 구매 경향을 파악하는 데 중요한 지표로 활용된다. 일반적으로 교차 사용률이 높은 고객은 오프라인 또는 온라인 쇼핑몰 단독 사용 고객보다 평균 구매 단가(ARPU)가 높은 경향이 있다.

📖 용어와 관련된 이야기

온라인 구매 비율
전체 매출에서 온라인 쇼핑몰 매출이 차지하는 비율이다. 특히 자사 온라인 쇼핑몰의 매출 비중을 중요하게 본다. 의류 제조사나 의류 매장 등에서 중시하는 지표다.

구매 경험
고객이 상품이나 서비스를 구매할 때 겪는 전체적인 과정, 감정, 느낌을 의미한다. 구매 경험은 고객 경험의 일부이며, 고객의 만족도나 충성도를 높일 수 있다.

장바구니 이탈
온라인 쇼핑몰이나 온라인 스토어에서 사용자가 상품을 선택해 장바구니에 추가했지만 최종적으로 구매를 완료하지 않고 사이트를 떠나는 현상을 의미한다.

용어의 사용 예   우리 회원의 교차 사용률은 10% 정도다.

관련 용어 → OMO···P43   D2C···P161   유니파이드 커머스···P163

▶ 다이렉트-투-컨슈머

키워드 **141**

Direct – to – Consumer

D2C

제조사가 소비자에게 직접 판매하는 모델

제조사나 브랜드가 중간 유통업체나 소매점을 거치지 않고, 소비자에게 직접 상품을 판매하는 비즈니스 모델이다. 기존 유통 채널을 활용하지 않고 자사 온라인 스토어나 오프라인 매장을 통해 직접 상품을 제공하는 것이 특징이다. 제조사나 브랜드는 자사의 상품을 직접 소비자에게 전달함으로써 시장 접근성을 향상시키고 고객 관계를 강화할 수 있다.

용어와 관련된 이야기

역물류 Reverse logistics
상품의 반품이나 불량품 처리, 수리, 재사용, 재활용 등 역방향의 물류 프로세스를 관리하는 것을 의미한다. 일반적인 물류 흐름과 그 방향이 반대다.

매스 커스터마이즈
대량 생산과 개인 맞춤형 커스터마이징을 결합한 제품 제공 방식이다. 고객 개별 요구에 대응하면서도 규모 있는 효율적 생산을 목표로 한다.

서큘러 디자인 Circular design
서비스 설계 단계부터 폐기나 종료 이후를 고려하여, 자원의 재사용 및 재활용이 쉬운 형태로 디자인하는 것이다. 지속 가능한 소비와 생산을 실현할 수 있다.

용어의 사용 예 경쟁사가 D2C를 도입하기 시작한 것 같다.

관련 용어 ➡ OMO···P43   유니파이드 커머스···P163   온라인 쇼핑몰 지원 도구···P165

▶ 웹루밍

키워드 **142**

Webrooming

웹루밍

온라인에서 조사하고 오프라인에서 구매하는 소비 행위

소비자가 인터넷에서 상품이나 서비스를 사전 조사 및 비교한 후, 그 정보를 바탕으로 실제 매장에서 구매하는 행동을 의미한다. 즉, 온라인에서 정보를 수집하고, 오프라인 매장으로 이동해 실물 상품을 확인하고 구입하는 방식이다. 웹루밍은 소비자가 온라인과 오프라인을 병행해 활용하는 구매 행동의 한 행위다.

용어와 관련된 이야기

쇼루밍 Showrooming
소비자가 매장에서 상품을 직접 보고 만져본 후, 집에 돌아가 가격이 저렴한 온라인 쇼핑몰에서 구매하는 행위다.

팝업 스토어 Pop-up store
짧게는 며칠, 길게는 수 주 동안 한시적으로 운영되는 임시 매장이다. 온라인 브랜드가 오프라인 접점을 만들기 위해 운영하는 경우가 많다.

매장 수령 서비스
온라인에서 상품을 주문하고, 오프라인 매장에서 직접 수령할 수 있는 서비스다. 재고가 없는 경우에는 매장에서 주문한 뒤 배송받기도 한다.

용어의 사용 예 💬 요즘 젊은 세대는 보통 웹루밍으로 상품을 구입하는 것 같다.

관련 용어 → OMO … P43 D2C … P161 유니파이드 커머스 … P163

▶ 유니파이드 커머스   키워드 **143**

Unified Commerce

유니파이드 커머스

오프라인과 온라인을 통합한 구매 경험

온라인, 오프라인 등 다양한 판매 채널을 통합하여, 소비자에게 끊김 없는 쇼핑 경험을 제공하는 정책이다. 유니파이드 커머스는 소비자의 기대와 필요 변화에 대응하면서 구매 만족도와 충성도를 높이고, 기업의 경쟁력을 강화하는 핵심적인 전략이다.

용어와 관련된 이야기

연관성 분석
구매 이력이나 행동 데이터를 활용하여, 상품이나 서비스 간의 관련성과 공통점을 파악하는 분석 기법이다.

재고 관리
기업이 보유한 상품과 자재의 재고를 효율적으로 운영하기 위한 프로세스다. 유니파이드 커머스에서는 실시간 재고 파악이 중요하다.

통합 POS
여러 기능과 데이터를 통합해 제공하는 고도화된 POS 시스템이다. 판매 효율성 향상 및 고객 만족도 제고에 기여한다.

용어의 사용 예 3년 안에 유니파이드 커머스를 완성할 것이다.

관련 용어 ▶   OMO…P43   D2C…P161   온라인 쇼핑몰 지원 도구…P165

▶ 다크 스토어

키워드 **144**

Dark Store
다크 스토어

온라인 쇼핑몰 전용 물류 거점으로 운영되는 매장

일반 고객에게는 공개되지 않고, 온라인 주문을 위한 물류 및 배송 전용 공간으로 운영되는 매장 형태다. 다크 스토어는 주로 온라인 쇼핑이나 딜리버리 서비스에 특화되어 있으며, 신선식품이나 즉시 배송 서비스 실현에 적합하다. 배송 편의성과 속도 향상을 목표로 한다.

📖 용어와 관련된 이야기

스토어 피킹 Store picking
실매장의 재고에서 상품을 직접 선별해 온라인 주문 고객에게 배송하거나, 매장에서 수령할 수 있도록 준비하는 프로세스를 말한다.

CFC Customer Fulfillment Center
'고객 풀필먼트 센터'의 약칭으로, 창고형 출고 기반의 온라인 마켓 운영 방식이다. 3PL 판매 방식이 대표적이다.

최종 마일 Last mile, One-mile
상품이 고객의 자택 등 최종 목적지로 배송되는 마지막 단계를 말한다. 배송 효율과 비용 절감을 위해 이 구간의 최적화가 매우 중요하다.

용어의 사용 예 💬 다크 스토어 형태의 매장이 늘어나고 있다.

관련 용어 ➡ ○○채널…P22   D2C…P161   온라인 쇼핑몰 지원 도구…P165

▶ 이커머스 서포트 툴스 키워드 **145**

eCommerce Support Tools

온라인 쇼핑몰 지원 도구

온라인 쇼핑몰 운영을 위한 소프트웨어 및 플랫폼

온라인 비즈니스나 전자상거래(온라인 쇼핑몰)를 지원하는 각종 소프트웨어 및 도구를 통칭한다. 웹사이트 운영, 판매 촉진, 고객 관리 등 온라인 쇼핑몰 사업의 다양한 영역을 효율화하고 성장을 돕는다. 온라인 쇼핑몰 지원 도구를 활용함으로써 고객 경험 향상, 매출 확대, 업무 효율화가 가능하다.

용어와 관련된 이야기

클라우드형 온라인 쇼핑몰
클라우드 기반에서 제공되는 온라인 쇼핑몰 플랫폼을 말한다. 대표적으로 쇼피파이Shopify 등이 있으며, 다양한 외부 도구와의 연동 및 기능 커스터마이즈가 가능하다.

몰형 온라인 쇼핑몰
쿠팡, 네이버 스마트스토어 등 대형 플랫폼 사업자가 제공하는 몰에 입점하는 것을 말한다. 온라인 쇼핑몰 기능뿐만 아니라 고객 유입 기능도 갖추고 있다.

스크래치형 온라인 쇼핑몰
시스템 개발사를 통해 자사 온라인 쇼핑몰을 오리지널로 구축하는 방식이다. 기초 모듈을 바탕으로 필요한 기능을 자유롭게 추가할 수 있다.

용어의 사용 예 저렴한 온라인 쇼핑몰 지원 도구를 도입하는 걸 고려해보자.

관련 용어 ○○채널…P22　OMO…P43　D2C…P161　유니파이드 커머스…P163

▶ 로열 커스터머

키워드 **146**

Loyal Customer

충성 고객

충성도와 구매력이 높은 우수 고객

특정 기업이나 브랜드에 강한 애착을 갖고 장기간에 걸쳐 지속적으로 제품이나 서비스를 구매하는 고객을 의미한다. 충성 고객은 안정적인 수익원일 뿐 아니라, 긍정적인 입소문이나 추천을 통해 새로운 고객 유치에도 기여한다. 따라서 기업은 이들을 대상으로 전략적으로 대응해야 한다.

용어와 관련된 이야기

고객 충성도
기업이나 브랜드에 대한 신뢰 및 애착의 정도를 말한다. 단순히 제품 만족도를 넘어, 브랜드 자체의 팬이 되게 하는 것이 중요하다.

심리적 충성도
고객이 특정 브랜드나 제품에 대해 가지는 강한 감정적 유대나 호의를 의미한다. 브랜드와의 관계성이나 아이덴티티, 신뢰감 등 깊은 감정적 요인에 기인한다.

행동 충성도
기업의 상품을 반복 구매하거나 지인에게 기업의 상품 또는 서비스를 추천하는 등, 자사 상품 또는 서비스에 대한 고객의 행동을 말한다.

용어의 사용 예 충성 고객 분석 결과를 확인한다.

관련 용어 ▶ CRM···P37   LTV···P167   LTV 분석···P196

▶ 라이프타임 밸류 키워드 **147**

Lifetime Value

LTV

한 명의 고객이 평생 동안 기업에 가져다주는 가치

특정 고객이 평생에 걸쳐 기업이나 브랜드를 통해 얼마나 많은 가치를 창출하는지를 나타내는 지표다. 고객이 오랜 기간 지속적으로 제품이나 서비스를 구매함으로써 기업에 기여하는 경제적 가치를 측정한다. LTV가 높은 고객에게는 특별한 서비스 또는 혜택을 제공하는 등, 장기적인 관계를 구축하는 것이 중요하다. '고객 생애 가치'라고 부르기도 한다.

용어와 관련된 이야기

반복 구매율
기존 고객이 동일한 제품을 반복적으로 구매하는 비율을 나타내는 지표다. LTV 향상을 위해 반복 구매를 유도하고 고객 충성도를 높이는 것이 중요하다.

유닛 이코노믹스 Unit economics
LTV(고객 생애 가치)를 CAC(고객 획득 비용)로 나눈 값이다. 일반적으로 'LTV:CAC=3:1'을 이상적인 비율로 여긴다.

WTP(지불 의사 금액)*
소비자가 특정 상품이나 서비스에 대해 지불할 의사가 있는 최대 금액이다. WTP를 파악함으로써 기업은 소비자의 가치 인식을 이해하고 적절한 가격 전략을 수립할 수 있다.

용어의 사용 예 이제부터는 LTV 관점에서 마케팅 정책을 생각해야 한다.

관련 용어 → 충성 고객…P166 LTV 분석…P196

*Willing To Pay

▶ 드립 이메일, 드립 마케팅, 드립 캠페인

키워드 **148**

Drip Email, Drip Marketing, Drip Campaign

스텝 메일

시나리오에 따라 자동 발송되는 여러 개의 이메일

특정 목표나 목적을 달성하기 위해 활용되는 자동 발송 이메일이다. 하나의 시나리오에 따라 여러 개의 이메일이 단계별로 발송되며, 고객에게 필요한 정보를 전달한다. 시나리오 기반으로 설계된 스텝 메일은 효과가 높아, 단품 판매 등에서 자주 사용된다. 연속적인 메시지 전달을 통해 고객과의 관계를 형성하고 커뮤니케이션을 강화하는 역할을 한다.

 용어와 관련된 이야기

자동 응답기
특정 이메일 주소로 메일이 도착했을 때 미리 설정한 메시지를 자동으로 회신하는 기능이다.

웰컴 메일
회원 가입 또는 제품 첫 구매 시 발송되는 인사 이메일이다. 간단한 인사말부터 할인 쿠폰 등 다양한 형태가 있다.

리스트 세그먼트 List segment
고객 데이터를 특정 기준이나 속성에 따라 그룹으로 나누는 것이다. 공통된 특성을 가진 소그룹으로 데이터를 나누어 운영한다.

용어의 사용 예 단품 통신 판매를 위한 스텝 메일을 만들어보자.

관련 용어 → 리드 너처링과 리드 퀄리피케이션 ⋯ P46   MA ⋯ P47

▶ 넷 프로모터 스코어

키워드 **149**

Net Promoter Score

NPS

고객 만족도를 나타내는 지표

기업이나 조직이 고객의 만족도와 충성도를 측정하기 위해 사용하는 지표다. 고객에게 '이 기업, 상품, 서비스를 가족이나 친구에게 얼마나 추천할 수 있습니까?'라고 묻는 방식으로 조사한다. NPS를 통해 기업은 고객의 목소리와 의견을 수집하고, 개선점과 만족도를 파악할 수 있다.

용어와 관련된 이야기

프로모터 Promoter
NPS 조사에서 높은 점수(9~10점)를 준 고객이다. 제품이나 서비스에 매우 만족하고, 타인에게 적극적으로 추천할 가능성이 높다.

패시브 Passive
NPS 조사에서 중간 점수(7~8점)를 준 고객이다. 추천, 비추천을 모두 하지 않는 중립적인 입장을 가진다.

디트랙터 Detractor
NPS 조사에서 낮은 점수(0~6점)를 준 고객이다. 제품이나 서비스에 불만을 가지고 있으며 타인에게 부정적인 의견을 말할 가능성이 있다.

용어의 사용 예 NPS 조사를 해보니 고객 만족도가 높아졌다.

관련 용어 ▶ CX(고객 경험)···P25 충성 고객···P166

▶ 어카운트-베이스드 마케팅

키워드 **150**

Account-Based Marketing

ABM

핵심 고객을 집중 공략하는 마케팅 방식

기업이 특정 중요 고객에게 집중해 효과적인 마케팅 전략을 전개하는 방식이다. ABM 고객 기업과의 관계를 심화하고, 그들의 필요에 맞춘 제안을 하는 것을 목적으로 한다. 이를 통해 고객 만족도를 높이고 장기적인 관계를 구축할 수 있다. ABM은 주로 기업 간 거래에서 사용되는 개념이다.

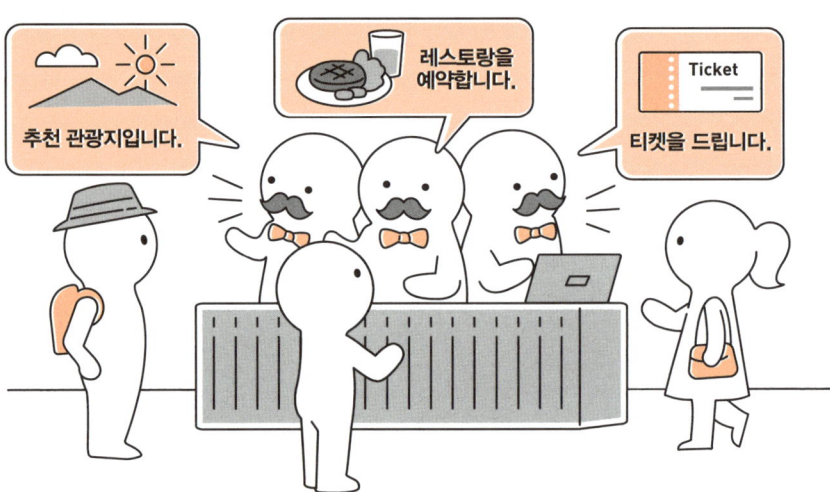

용어와 관련된 이야기

타깃 어카운트*
ABM 전략에서 핵심 대상으로 설정된 주요 고객 기업이다. 수익 기여도, 특성 등을 기준으로 그룹화한다.

ICP Ideal Customer Profile
기존 고객을 분석해 수익에 기여한 기업의 공통점을 도출하고, 이상적인 고객 프로필을 만드는 기법이다. 영업팀이 효율적으로 리드를 발굴하는 데 활용된다.

어카운트 페네트레이션**
대상 기업 안에서 제품이나 서비스의 인지와 활용도를 높여가는 활동이다. ABM에서는 타깃 기업의 필요에 맞춘 제안이 중요하다.

용어의 사용 예 핵심 고객에게는 ABM 전략을 철저히 적용해보자.

관련 용어 ▶ MA…P47   SFA…P48   인바운드 마케팅…P171

170 *Target account **Account penetration

▶ 인바운드 마케팅 키워드 **151**

Inbound Marketing

인바운드 마케팅

고객이 먼저 관심을 갖고 찾아오는 마케팅

고객의 관심과 흥미를 유도해 자발적으로 기업의 웹사이트에 방문하도록 유도하는 마케팅 방식이다. 이러한 기회를 활용해 기업은 고객과의 관계를 구축하고 제품이나 서비스를 제안할 수 있다. 인바운드 마케팅은 고객이 주도적으로 기업에 접촉하고 관심을 보이도록 유도하는 데 목적이 있다.

용어와 관련된 이야기

리드 마그넷 Lead magnet
웹사이트 방문자가 개인정보를 제공하고서라도 받고 싶어 하는 유용한 콘텐츠(예: 화이트페이퍼 등)를 말한다.

리드 캡처 Lead capture
리드 마그넷을 제공할 때 잠재 고객으로부터 정보나 연락처를 수집하는 프로세스다. 회사명, 직위, 이름, 이메일 주소 등의 정보를 얻는다.

CLM Closed-Loop Marketing
마케팅과 영업의 실적 데이터를 통합해 마케팅 활동이 비즈니스 성과에 어떤 영향을 주었는지 추적하고 파악하는 방식이다.

용어의 사용 예 = 인바운드 마케팅으로 신규 리드가 늘어났다.

관련 용어 ▶ 리드 제너레이션 … P45 인바운드와 아웃바운드 … P174

▶ 버짓 / 어서리티 / 니즈 / 타임 프레임   키워드 **152**

Budget / Authority / Needs / Time Frame

BANT

예산, 결정권, 필요성, 도입 시기의 네 가지 핵심 조건

제안 대상 기업에서 예산은 확보했는지(Budget), 의사결정권자는 누구인지(Authority), 고객의 요구사항이나 과제는 무엇인지(Needs), 상품 또는 서비스를 언제 도입할 예정인지(Time Frame)를 파악하는 것이다. BANT 정보를 구체화하면 할수록 수주 확률이 높아진다.

📖 용어와 관련된 이야기

타임라인 관리
프로젝트나 구매 프로세스의 일정을 계획하고, 그 진척 상황을 관리하는 활동이다. 고가의 솔루션일 경우, 다음 분기 예산에 반영할 수 있도록 관리하는 것이 중요하다.

의사결정 플로우
상품이 구매되기까지 조직 안에서 어떤 의사결정 과정을 거치며, 최종 결정권자가 누구인지 파악하는 것이다. 대기업의 경우, 금액이 크면 결재 플로우에 많은 승인이 필요하다.

BANTCH
기존 BANT 항목에 더해 경쟁사가 어떤 제안을 하고 있는지(Competitor), 고객 측에서 추진 체계를 얼마나 갖추었는지(Human resources)에 대한 정보까지 확보하는 접근 방식이다.

용어의 사용 예 뛰어난 상사는 BANT 정보를 정확하게 파악하고 있다.

관련 용어 ▶ SFA…P48 　 리드 매니지먼트…P177

▶ 디맨드 제너레이션　　　　　　　　　　　　　키워드 **153**

Demand Generation
디맨드 제너레이션
수요를 창출하기 위한 마케팅 활동

상품이나 서비스에 대한 고객의 관심과 욕구를 자극하고 수요를 창출하기 위해 기업이 실행하는 마케팅 활동이다. 기업은 상품이나 서비스에 대한 고객의 관심 또는 욕구를 자극하기 위해 다양한 정책을 수행한다. 광고나 프로모션, 콘텐츠 마케팅, 이벤트 등을 통해 고객에게 상품이나 서비스의 매력과 이점을 전달한다.

04

용어와 관련된 이야기

디맨드 센터 Demand center
디맨드 제너레이션 활동을 전담하는 조직 내 전문 부서다. 통합 마케팅 전략 수립, 자원 최적화, 베스트 프랙티스 공유 등을 수행한다.

퍼널 상단 Top of funnel
마케팅 및 세일즈 퍼널에서 고객 여정(커스터머 저니)의 초기 단계다. 관심을 가진 잠재 고객에게 접근하는 구간이다.

퍼널 하단 Bottom of funnel
세일즈 퍼널의 마지막 단계로, 높은 관심과 구매 의지를 가진 리드를 대상으로 영업 부서와 협업하는 구간이다.

용어의 사용 예 　디맨드 제너레이션을 시스템화할 수 있을까?

관련 용어 　콘텐츠 마케팅…P26　　리드 제너레이션…P45　　리드 너처링과 리드 퀄리피케이션…P46　　MA…P47
인바운드와 아웃바운드…P174

▶ 인바운드 / 아웃바운드

키워드 **154**

Inbound / Outbound

인바운드와 아웃바운드

고객 접근 방식의 차이

인바운드는 잠재 고객이 스스로 기업에 관심을 갖고 접촉하는 방식이다. 웹사이트나 SNS를 통해 정보를 수집하며, 자발적인 접근을 유도한다. 반면, 아웃바운드는 기업이 먼저 연락을 취해 고객에게 다가가는 방식으로, 대표적인 수단으로 전화 영업이 있다. 최근에는 인바운드가 주류로 자리잡고 있다.

인바운드

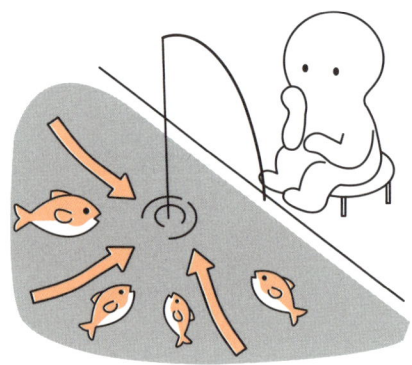

아웃바운드

용어와 관련된 이야기

CTI Computer Telephony Integration
전화, 팩스와 컴퓨터를 연동한 시스템이다. 콜센터 등에서 활용되며, 고객 응대의 효율성과 만족도를 높여준다.

IP 전화
인터넷 프로토콜을 사용한 음성(영상) 통화 기술이다. 기존 유선 전화 대신 인터넷을 통해 실행한다.

음성 분석
전화 응대 중의 대화 내용을 분석해, 과제나 수요를 도출하고 상담 성공률이나 계약율을 높이는 데 활용한다.

용어의 사용 예 아웃바운드에서 인바운드로 방안을 전환한다.

관련 용어 → 리드 제너레이션…P45   리드 너처링과 리드 퀄리피케이션…P46   디맨드 제너레이션…P173

▶ 콜드 콜

키워드 **155**

Cold Call

콜드 콜

접점이 없는 고객에게 전화를 거는 것

이제까지 접점이 없던 고객에게 전화를 걸어 상품이나 서비스를 소개하는 것이다. 영업 담당자는 전화를 걸기 전에 잠재 고객의 정보를 확인하고, 적절한 접근 방식을 고려한다. 콜드 콜은 성공 여부를 장담할 수 없으므로 여러차례 실행해야만 하는 경우가 많다.

용어와 관련된 이야기

콜 스크립트 Call script
콜드 콜 시 사용하는 대본과 같은 것이다. 전화를 통한 상품이나 서비스 제안 방법, 고객의 질문에 대한 대처 방법, 반대 의견에 대한 반론 제공 등을 주로 포함한다.

롤 플레이 Role play
작성한 콜 스크립트를 기반으로 상사, 동료 등과 사전에 전화 대응 방법을 연습하는 것이다. 예상한 반응에 대한 대처 방법도 이 과정에서 고려한다.

디시전 메이커 Decision maker
최종적인 의사결정을 내리는 권한을 가진 사람이다. 키맨 Key man이라 부르기도 한다. 상품이나 서비스 구입에 관여하는 위치에 있는 사람이다. 게이트 키퍼 Gate keeper를 경유해 접근한다.

용어의 사용 예 매일 100건의 콜드 콜을 해서 피곤하다.

관련 용어 → 리드 제너레이션…P45 인바운드와 아웃바운드…P174 신규 프로스펙트…P176

▶ 뉴 프로스펙트

키워드 **156**

New Prospect
신규 프로스펙트

향후 수주 가능성이 있는 잠재 고객

아직 거래를 하지 않은 미지의 고객이나 잠재 고객을 의미한다. 기업은 신규 프로스펙트를 발견하기 위해 이벤트에 참가하거나 웨비나를 개최한다. 또는 광고를 통해 잠재 고객의 관심을 끌거나 기업의 웹사이트에 방문하게 함으로써 상품이나 서비스에 관한 정보를 제공한다. 신규 프로스펙트는 기업의 성장 기회로 연결된다.

용어와 관련된 이야기

프로스펙팅 Prospecting
잠재 고객을 대상으로 영업 활동의 각 단계에서 구매 가능성이 있는지 평가하고 선별하여 자사 제품을 구매할 가능성이 있는 잠재 고객을 필터링하는 프로세스다.

아웃 리치 Out reach
필터링한 신규 프로스펙트에게 실제로 접근하는 것이다. 이 단계에서는 일반적으로 메일이나 전화를 통해 첫 접촉을 시도하는 경우가 많다.

게이트 키퍼 Gate keeper
기업 간 거래에서 관계자에 대한 가교 또는 정보 차단의 역할을 하는 사람을 말한다. 대표 전화번호 접수 담당자, 임원진 비서, 문의 창구 등이 게이트 키퍼에 해당한다.

용어의 사용 예 ▶ 이벤트 참가로 신규 프로스펙트 100건을 획득했다.

관련 용어 ▶ 리드 제너레이션…P45 인바운드와 아웃바운드…P174 콜드 콜…P175

▶ 리드 매니지먼트

키워드 **157**

Lead Management

리드 매니지먼트

잠재 고객 수집, 분류, 육성, 관리 방법

기업이 신규 프로스펙트(미지의 고객이나 잠재 고객)와의 관계를 효과적으로 관리하기 위해 벌이는 활동이나 프로세스다. 리드 매니지먼트의 목적은 리드를 적절하게 팔로업하고, 흥미를 가지고 있는 사람을 고객으로 바꾸는 것이다. 기업은 리드 정보와 관심을 분석해 최적의 시점에서 적절한 행동을 취해야 한다.

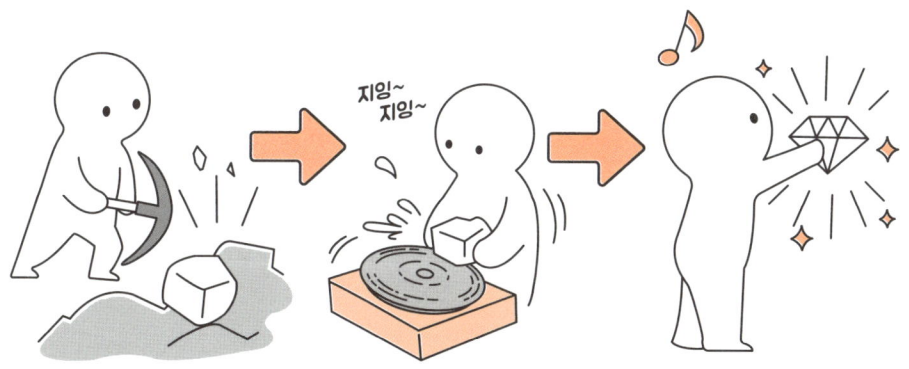

용어와 관련된 이야기

웜 리드 Warm lead
상품이나 서비스에 흥미가 있다고 생각되는 잠재 고객(리드)이다. 웹사이트에 방문하거나, 뉴스 레터를 등록하거나, 웨비나에 정기적으로 참가하는 사람들이 여기에 해당한다.

콜드 리드 Cold lead
아직 관심이나 의향이 적고, 영업을 해도 반응이 약한 잠재 고객이다. 마케팅 접근 방식으로 관심을 끌어내고, 웜 리드로 만들어가야 한다.

리사이클 리드 Recycle lead
이전에 관심을 나타냈던 시기가 있거나, 제안했지만 수주로 이어지지 못했던 잠재 고객 중 다시 접근하기로 결정한 리드를 말한다.

용어의 사용 예 ⊜ 매출 향상을 위해 리드 매니지먼트를 철저히 하자.

관련 용어 → 리드 제너레이션…P45   리드 너처링과 리드 퀄리피케이션…P46   인바운드와 아웃바운드…P174
신규 프로스펙트…P176

▶화이트 페이퍼

키워드 **158**

White Paper
화이트 페이퍼

상품 소개나 보고서 등의 유익한 정보 제공

마케팅 사이트 등에서 다운로드할 수 있는, 전문적인 정보를 제공하는 문서를 말한다. 전문적인 주제에 대한 지식을 제공하며, 독자는 제품을 이해하고 의사결정을 내리는 데 도움이 되는 정보를 얻을 수 있다. 기업은 유익한 화이트 페이퍼를 무료로 제공하는 대가로 잠재 고객의 리드 정보를 획득한다.

 용어와 관련된 이야기

다운로드 게이트 Download gate
사용자가 디지털 콘텐츠를 다운로드하기 전에, 특정 행동을 하도록 유도하는 프로세스다. 일반적으로 이름과 메일 주소를 입력해야 한다.

케이스 스터디 Case study
특정 사례, 프로젝트 또는 이벤트를 상세하게 분석해 그 결과나 시사점을 종합한 보고서를 말한다. 화이트 페이퍼 등에서 공개되는 경우가 많다.

베스트 프랙티스 Best practice
가장 좋은 실행 방법이나 단계를 나타내는 규칙이나 기준을 말한다. 특정 업계나 분야에서 사용된다. 이 기준으로 해당 업계 전체가 일관되게 품질과 효율을 높일 수 있다.

용어의 사용 예 매일 화이트 페이퍼가 다운로드되고 있다.

관련 용어▶ 리드 제너레이션…P45 CTA…P179

▶ 콜 투 액션

키워드 **159**

Call to Action

CTA

웹사이트에 방문한 사용자의 행동 촉진

웹사이트나 광고 등에서 사용되는 버튼 또는 텍스트 등의 요소다. 고객의 특정한 행동을 촉진하기 위해 사용한다. 상품 구입, 메일 주소 등록, 무료 사용 기간 내 신청, 즐겨찾기 추가, 쿠폰 다운로드 등 다양한 행동을 촉진할 수 있다. CTA는 기업이나 웹사이트 소유자에게 매우 중요한 요소다.

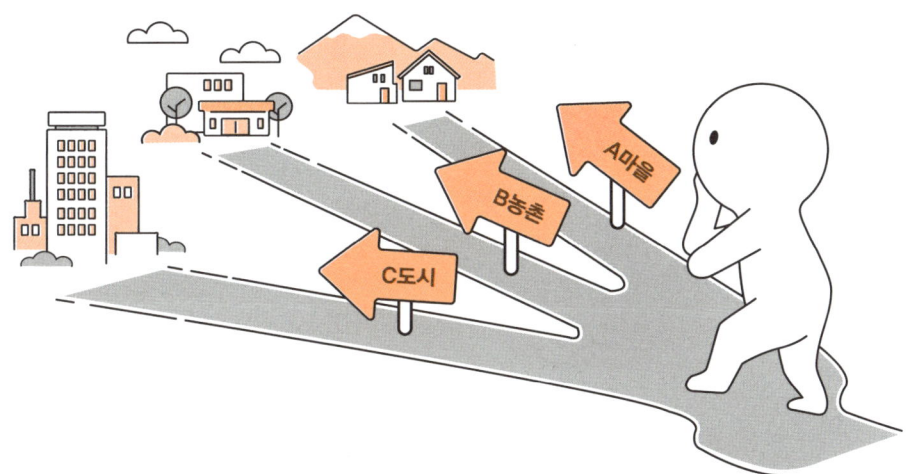

용어와 관련된 이야기

플레이스먼트 Placement
CTA의 배치 위치나 위치 설정을 의미한다. 웹페이지의 헤더, 사이드 바 또는 본문 내부 등은 CTA가 배치되는 전형적인 플레이스먼트다.

멀티 스텝 CTA Multi-step CTA
여러 단계로 나눠 제시되는 CTA다. 등록 폼을 여러 단계로 나누어 표시하는 경우가 있다.

소셜 프루프 Social proof
CTA의 효과를 높이기 위해 다른 고객의 리뷰, 소셜 미디어 공유 수 등의 사회적 증거(제3자 입장에서 평가)를 제시하는 방법이다.

용어의 사용 예: CTA를 개선해 문의 건수를 늘리자!

관련 용어 ▶ 리드 제너레이션 … P45   화이트 페이퍼 … P178

▶ 마케팅 퀄리파이드 리드 / 세일즈 퀄리파이드 리드   키워드 **160**

Marketing Qualified Leads / Sales Qualified Leads

MQL과 SQL

잠재 고객의 품질과 상태

MQL은 마케팅 활동을 통해 만들어진, 양질의 잠재 고객을 가리킨다. SQL은 영업 활동을 통해 만들어진, 구체적인 구매 의욕을 가진 잠재 고객을 가리킨다. MQL은 리드 발생부터 수주까지의 기간이 길고, SQL은 그 기간이 비교적 짧은 것이 특징이다. 일반적으로 MQL은 마케팅 부서, SQL은 세일즈 부서에서 관리한다.

 용어와 관련된 이야기

TQL Teleprospecting Qualified Leads
전화를 통해 접촉한, 구매 의욕이나 구입 가능성이 높다고 판단된 잠재 고객이다. 영업이나 인사이드 세일즈가 만드는 리드(잠재 고객)다.

SAL Sales Accepted Leads
마케팅 부서나 인사이드 세일즈 부서가 만들고, 일정 기준이나 조건을 만족한다고 판단된 리드다. 영업부가 받아들인 리드를 말한다.

SGL Sales Generated Leads
영업부가 독자적인 노력이나 활동을 통해 직접 만들거나 특정한 리드다. 마케팅 부서나 다른 소스로부터 통합된 리드와 대조된다.

용어의 사용 예   MQL에서 SQL로 상태를 바꿔가자.

관련 용어 → 리드 너처링과 리드 퀄리피케이션…P46   MA…P47   SFA…P48   시나리오 설계…P181
스코어링…P182   인사이드 세일즈…P186

▶ 시나리오 디자인

키워드 **161**

Scenario Design

시나리오 설계

사용자 행동에 맞춘 콘텐츠 설계

잠재 고객이 상품이나 서비스를 인지한 뒤 구매하기까지의 과정을 시나리오 형태로 설계한 것이다. 원활한 계약 성사를 위해 타깃, 접근 방법, 시점 등을 상세하게 설계하는 것을 의미한다. MA가 제공하는 시나리오 기능을 사용하면 메일 자동화나 리액션에 기반한 분기, 고객 세그먼트별 접근 방식 등을 상세히 설정할 수 있다.

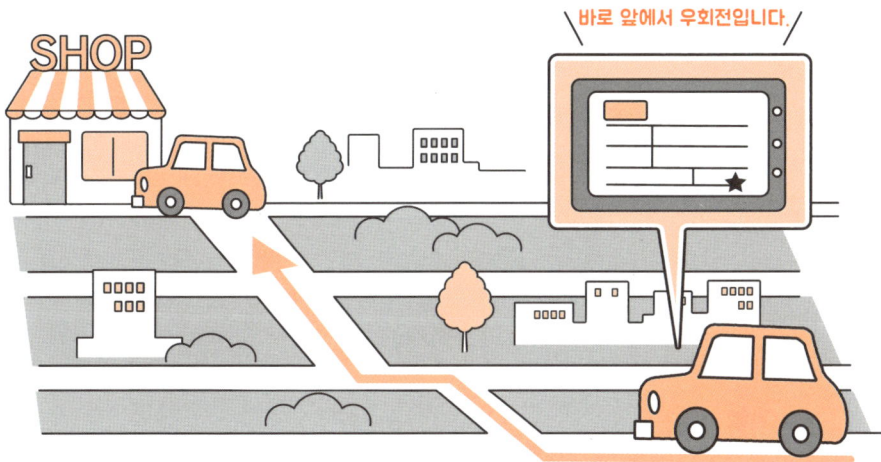

📖 용어와 관련된 이야기

개인화 Personalize
시나리오 설계에서 '누구에게', '언제', '무엇을', '어떻게' 커뮤니케이션 할 것인지 개별적으로 커스터마이즈 해서 생각하는 것이 중요하다는 사고방식이다.

트리거 Trigger
시나리오 송출에서의 트리거는 특정 이벤트나 액션에 대해 자동으로 메일이나 콘텐츠를 송신하는 구조를 의미한다. 트리거의 빈도 역시 중요하다.

시나리오 맵 Scenario map
MA의 시나리오 맵은 특정 트리거나 행동에 기반해 자동화된 메시지, 행동의 순서를 나타내는 그림이나 접근 방식을 의미한다.

용어의 사용 예 리드 육성을 위한 시나리오 설계를 고려해보자.

관련 용어 ▶   리드 너처링과 리드 퀄리피케이션…P46   MA…P47   스텝 메일…P168

▶ 스코어링

키워드 **162**

Scoring

스코어링

잠재 고객의 유망한 정도를 평가하는 방법

잠재 고객의 행동이나 속성을 기반으로 흥미, 관심이나 구매 의욕의 정도를 수치화하는 방법이다. 웹사이트에서의 행동 이력이나 뉴스 레터에 대한 반응, 화이트 페이퍼 다운로드 수나 웨비나 참가 정도 등의 요소를 평가해 각각의 잠재 고객에 대한 점수를 매긴다. 그 뒤 점수가 높은 잠재 고객을 필터링한다.

📖 용어와 관련된 이야기

임곗값 Threshold
리드의 행동을 기반으로 할당된 점수가 일정 기준값을 넘었을 때, 특정 행동(영업의 개입이나 자동 메일 발송 등)을 촉구하기 위한 기준점이다.

행동 스코어링
리드나 고객 행동 패턴, 활동을 기반으로 그 흥미도나 경향을 평가하는 방법이다. 메일 클릭, 폼 입력 등의 행동을 포함한다.

리드 스코어링
신규 잠재 고객의 품질이나 흥미 정도를 평가하고, 평가를 기반으로 우선도를 부여하는 스코어링 방법이다. 이 점수를 기반으로 영업 우선 순위를 부여한다.

용어의 사용 예 💬 스코어링이 높은 기업에 전화해볼까?

관련 용어 → 리드 너처링과 리드 퀄리피케이션…P46   MA…P47   신규 프로스펙트…P176

▶ 리텐션

키워드 **163**

Retention
리텐션

고객과의 관계를 정착시키고 유지하는 것

고객이나 사용자와의 관계를 지속하는 것을 말한다. 기업이나 서비스가 고객을 중요하게 대하고, 오랜 기간에 걸쳐 관계를 이어나가는 것을 목표로 하는 노력을 가리킨다. 기존 고객의 유지는 신규 고객을 획득하는 것보다 효율적이고 비용 대비 효과가 높기 때문에, 리텐션은 기업이나 서비스에 있어 매우 중요한 개념이다.

용어와 관련된 이야기

1:5의 법칙
신규 고객 획득에 드는 비용은 기존 고객 유지 비용의 5배에 달한다는 법칙이다. 신규 고객 획득보다 기존 고객 유지가 중요하다는 개념이다.

리텐션 레이트 Retention rate
서비스 지속 사용률 또는 정착율을 수치화한 것으로, 일정 기간 안에 애플리케이션이나 웹 서비스를 재사용한 사용자의 비율을 나타내는 지표다.

커스터머 서포트 Customer support
고객 문의에 대응하는 업무를 담당하는 부서다. 커스터머 서포트는 고객의 지속적인 서비스 사용을 촉진하는 리텐션 대책에서 중요한 역할을 담당한다.

용어의 사용 예 💬 새로운 리텐션 방안을 검토해야 한다.

관련 용어 → CRM ··· P37 커스터머 석세스 ··· P187 온보딩 ··· P188

▶ 파이프라인 매니지먼트

키워드 **164**

Pipeline Management

파이프라인 관리

미팅부터 수주까지의 영업 요구사항 관리 방법

영업 활동의 하나로, 미팅부터 수주까지의 프로세스를 효과적으로 관리하는 방법이다. 프로세스별 요구사항의 진척 상황을 파악하고, 필요한 행동을 적절한 시점에서 수행한다. 영업 담당자는 접선 수, 접근 성과, 상담 추진 상황 등을 관리하고 영업 효율과 성과를 최대화한다.

📖 용어와 관련된 이야기

파이프라인 관리 프로세스 정의
잠재 고객과의 첫 접촉부터 계약 성공까지의 과정을 추적, 관리하는 프로세스다. 리드 생성, 자질 평가, 필요 특정, 제안, 협상, 계약 성공, 사후 조치 등이 있다.

상담률
파이프라인 관리 프로세스별로 목표로 파는 수치 목표를 설정하고, 목표와 실적에서 상담률이 달성되고 있는지 관리한다. 목표로부터 역산하는 것이 중요하다.

평균 상담 기간
상담이 성립할 때까지의 평균 시간을 측정한 지표다. 영업 활동의 효율성이나 상담 진행 상황을 평가하는 데 중요하다. 일반적으로 B2B 제품의 평균 상담 기간이 길다.

용어의 사용 예 💬 파이프라인 관리에 관해 다시 검토해야 한다.

관련 용어 → 크로스 셀과 업 셀…P185   인사이드 세일즈…P186   세일즈 이네이블먼트…P189

▶ 크로스-셀 / 업-셀

키워드 **165**

Cross-sell / Up-sell

크로스 셀과 업 셀

추가 제품 제안과 수주 단가 향상 제안

크로스 셀은 고객이 이미 구입한 상품이나 서비스와 관련된 다른 상품 또는 서비스를 제안하는 것이다. 업 셀은 고객이 이미 구입을 검토하고 있는 상품이나 서비스의 상위 버전 또는 가격이 높은 버전을 제안하는 것이다. 크로스 셀과 업 셀은 판매자에게는 매출을 늘릴 수 있는 기회이며, 고객에게는 보다 뛰어난 선택지를 검토할 수 있는 기회가 된다.

04

용어와 관련된 이야기

다운 셀 Down-sell
크로스 셀이나 업 셀과 달리 고객 단가를 낮추더라도 상품을 구입하도록 만들고 싶을 때, 판매 단가를 낮춰 상품 구입을 촉진하는 방법이다. 신규 고객에게 효과적이다.

LWP 분석 List, What, Place analysis
고객 목록, 행동 내용, 행동 빈도 관점에서 크로스 셀 대상 고객을 특정하는 방법이다. 고객 분석, 랭크&매핑 부여, 액션 플랜 수립의 순서로 분석한다.

랭크&매핑 Rank&Mapping
'과거 거래 실적'과 '향후 확대 여지'의 두 개 축에서 순위를 붙이고, 그 결과를 기반으로 고객을 네 개 유형으로 매핑하는 것을 말한다.

용어의 사용 예 크로스 셀과 업 셀을 KPI에 넣자!

관련 용어 → SFA···P48 파이프라인 관리···P184 인사이드 세일즈···P186 커스터머 석세스···P187

▶ 인사이드 세일즈

키워드 **166**

Inside Sales

인사이드 세일즈

잠재 고객에 대한 비대면 영업 활동

리드 너처링과 리드 퀄리피케이션, 필드 세일즈를 연결하는 역할을 하며, 기존 고객이나 구매 가능성이 높은 신규 고객에게 전화나 메일 등의 방법을 사용해 고객과의 관계를 깊게 만들어가는 일이다. 고객의 니즈나 필요를 파악하고, 제안 가능성이 있을 경우 영업 부서와 정보를 공유해 리드를 전달한다.

용어와 관련된 이야기

SDR*
반향형 인사이드 세일즈다. 고객의 문의나 자료 청구에 대해 영업 활동을 수행하는 인바운드 세일즈가 주체가 된다. 주로 중소 기업이 대상이다.

BDR**
신규 개척형 인사이드 세일즈다. SDR이 인바운드 유형임에 비해, BDR은 아웃바운드 세일즈가 주체다. 주로 대기업이 대상이다.

하우스 리스트 House list
기업이 다양한 영업 활동이나 리드 제너레이션 정책(이벤트 참가, 웨비나 개최 등)을 통해 수집한 잠재 고객과 기존 고객 목록이다.

용어의 사용 예 ⇒ A 사는 본격적으로 인사이드 세일즈에 뛰어들기 시작했다.

관련 용어 → 리드 제너레이션…P45   리드 너처링과 리드 퀄리피케이션…P46   파이프라인 관리…P184
세일즈 이네이블먼트…P189

*Sales Development Representative   **Business Development Representative

▶ 커스터머 석세스

키워드 **167**

Customer Success

커스터머 석세스

고객이 능동적으로 움직이게 해 성공 경험으로 연결하는 활동

고객이 도입한 상품이나 서비스를 최대한 활용해, 성과를 낼 수 있도록 지원하는 활동을 가리킨다. 고객이 구입한 상품이나 서비스를 사용해 목표를 달성하고 만족도를 높일 수 있도록 트레이닝이나 교육, 컨설팅과 조언, 지원과 트러블 슈팅 등의 방식으로 지원한다.

용어와 관련된 이야기

TTV Time to Value
고객이 상품이나 서비스를 구입한 후 그 가치(성과나 결과)를 실감할 때까지의 시간을 가리키는 지표다. SaaS 등 비즈니스 모델에서 중요하게 고려된다.

테크 터치 Tech touch
커스터머 석세스를 실시할 때 그 대상이 거대 고객이 아닌 여러 개인 고객인 경우에는 각 기업별로 비용이 들기 때문에, 기술을 활용해 효율적으로 일괄 대응하는 것을 가리킨다.

하이 터치
거대 고객 등 자사에서 얻는 편익이 매우 큰 고객에게 테크 터치가 아니라 개별 대응이나 커스터마이즈 대응 등, 인력을 투입해 유연하게 대응하는 것을 가리킨다.

용어의 사용 예 SaaS 사업에서는 커스터머 석세스가 수익화의 열쇠다.

관련 용어 ▶ 리텐션 … P183　파이프라인 관리 … P184　인사이드 세일즈 … P186　온보딩 … P188

▶ 온보딩

키워드 **168**

Onboarding
온보딩

사용자가 사용법에 익숙해지도록 지원하는 프로세스

새로운 직원이나 고객이 시스템이나 프로세스를 효과적으로 사용할 수 있도록 하기 위한 순서나 지원을 의미한다. 사용자가 빠르고 원활하게 활동을 시작하고, 필요한 스킬이나 지식을 습득하는 것을 지원하는 것을 목적으로 한다. 온보딩은 접수, 환영, 계정 생성, 트레이닝, 지원, 문의에 대한 대답, 팔로업, 평가 등으로 구성된다.

📖 용어와 관련된 이야기

70:20:10의 법칙
OJT 등 인재 개발 영역에서 언급되는 모델로, 직원이 성장할 때 효과적인 요소는 '70%가 경험, 20%가 지도, 10%가 연수'라는 사고방식이다.

어댑션 Adaption
제품에 적응해간다는 의미로 사용자가 구입한 상품이나 서비스를 잘 사용할 수 있도록 벤더에서 지원하는 제반 활동을 가리킨다.

익스팬션 Expansion
고객의 상품이나 서비스 사용 확대를 가리키는 용어다. 고객 단가 향상, 고객 수 증가, 구입 상품 수 증가 등 여러 관점에서 고객의 사용을 촉진하는 것이 중요하다.

용어의 사용 예 ≡ 경력 입사자를 위한 온보딩을 실시했다.

관련 용어 ▶ 커스터머 석세스… P187

▶ 세일즈 이네이블먼트

키워드 **169**

Sales Enablement

세일즈 이네이블먼트

영업 효율화와 성과 향상을 위한 구조 만들기

영업 활동을 지원하고, 영업팀의 효과를 최대화하기 위한 프로세스와 자원을 제공하는 것을 말한다. 지식 관리*, 영업 도구(제안서 자료 등), 세일즈 트레이닝(롤 플레이 등), 기술 지원 등을 통해 영업 담당자가 효과적으로 고객과의 관계를 구축하고 성과를 올리기 위한 환경을 정비하는 활동 일체를 말한다.

용어와 관련된 이야기

CoE Center of Excellence
조직 안에서 특정 영역의 지식이나 기술을 집약하고 공유하는 부서 또는 팀이다. 베스트 프랙티스 확립 등 혁신 추진과 관련된 역할을 담당할 때가 많다.

Opex Operational excellence
업무 수행 역량이 경쟁력을 가진 수준으로 높아진 상태를 의미한다. 효율성뿐만 아니라 조직 전체의 개선과 최적화에 관계되며 낭비 제거, 고객 대응 신속화 등을 의미한다.

프로핏 센터 Profit center
기업 부서 중에서 수익과 비용이 함께 집계되는 부서, 즉 '이익을 창출하는' 부서를 말한다. 이에 비해 관리 부서는 코스트 센터 Cost center라고 부른다.

용어의 사용 예

세일즈 이네이블먼트 부서를 만드는 기업이 늘어나고 있다.

관련 용어 →

SFA···P48　　인바운드 마케팅···P171　　인사이드 세일즈···P186

*Knowledge management

Column

생성형 AI의 등장

2023년 상반기 최대의 뉴스는 ChatGPT를 필두로 하는 생성형 AI의 등장이었습니다. 1억명의 사용자를 획득하는 데 Netflix는 10년, Google 번역은 6.5년, Instagram은 약 2.5년, Tiktok은 약 9개월이 걸렸다고 합니다. 하지만 ChatGPT는 단 2개월만에 2억명의 사용자를 획득한 것으로 추정됩니다.

생성형 AI에 많은 사람이 뛰어든 가장 큰 이유는 적확한 지시(프롬프트)를 내리면 회의록을 요약하거나, 카피 문구를 생산하거나, 보도 자료 원고를 작성하는 등 지금까지 사람만 대응할 수 있었던 크리에이티브한 작업을 손쉽게 대체할 수 있기 때문입니다.

생성형 AI를 활용한 대화형 학습 진행

단, ChatGPT가 제공하는 정보의 정확도는 현 시점에서는 그리 높지 않습니다. ChatGPT는 종종 잘못된 대답을 하기도 합니다. 하지만 생성형 AI의 특성이 본래 그러한 것을 인지하고, **자신의 마케팅 작업의 보조로 활용한다면 업무 생산성을 크게 향상시킬 수 있습니다.**

예를 들면 전혀 모르는 업계에 관해 검색 엔진을 사용해 일일이 조사하는 것이 아니라, 먼저 ChatGPT에게 'ㅇㅇ시장 개황에 관해 알려 주십시오'라는 프롬프트를 전달하여 시장 동향을 대략적으로 파악할 수 있습니다. 다음으로 시장에서 어떤 것이 논점이 되고 있고, 무엇이 문제인지 질문합니다. 그 뒤, 논점이나 문제를 어느 정도 필터링한 단계에서 검색 엔진이나 해당 지식을 가진 사람을 인터뷰하면 보다 정확도가 높은 정보에 접근해 정보의 핵심에 이를 수 있습니다.

영어 문헌을 읽을 때도 먼저 ChatGPT를 사용해 내용을 요약한 뒤, 그것을 한국어로 변환하면 (설령 영어를 모르더라도) 최신 정보를 빠르게 습득할 수 있습니다. 이런 방식으로 ChatGPT를 포함한 생성형 AI를 활용할 수 있습니다.

05

정책과 사내 시스템을
개선하기 위한 분석·개발 용어

키워드 170~215

▶ 퍼스트 파티 데이터 / 세컨드 파티 데이터 / 서드 파티 데이터 / 제로 파티 데이터   키워드 **170**

1st Party Data / 2nd Party Data / 3rd Party Data / Zero Party Data

○○파티 데이터

다양한 종류의 데이터

퍼스트 파티 데이터는 기업이 직접 고객으로부터 수집한 데이터(고객의 개인 데이터, 행동 이력)다. 서드 파티 데이터는 자사 데이터나 특정 파트너 데이터(세컨드 파티 데이터) 이외의, 자사에서 수집할 수 없는 외부 데이터다. 제로 파티 데이터는 고객이 먼저 나서서 적극적으로 기업과 공유하는 데이터다.

 용어와 관련된 이야기

서드 파티 데이터
기업이나 조직이 직접 소유하거나 수집하지 않은 데이터다. 서드 파티 데이터는 데이터 제공자(Data provier)가 수집해서 제공한다. 사용 시 개인정보보호 관점에서 주의해야 한다.

세컨드 파티 데이터
다른 기업이나 조직이 직접 수집한 데이터를 해당 기업이나 조직으로부터 직접 취득한 데이터다. 세컨 파티 데이터는 파트너십이나 특정 계약을 통해 취득한다.

제로 파티 데이터
사용자가 자발적으로 제공하는 데이터. 관심, 기호, 구매 의향 등 자세한 정보를 포함한다. 사용자의 개인정보보호와 데이터 소유권을 존중하는 접근 방식이 특히 중요하다.

용어의 사용 예 CDP를 구축해 퍼스트 파티 데이터를 정리했다.

관련 용어 → 개인정보보호···P40 실제 데이터···P193 CDP···P227 DMP···P228

▶ 실제 데이터 키워드 **171**

Actual Data
실제 데이터

추정값이 아닌 실제 데이터

실제 사건이나 측정 결과에 기반해 수집된 데이터다. 과학 연구, 비즈니스 전략 등 다양한 분야에서 활용된다. 수치나 통계 정보로 표현되며 그래프나 표 등으로 시각화된다. 실제 데이터 수집 방법이나 분석은 매우 중요하므로, 신뢰성과 정확성에 주의하면서 활용해야 한다. 데이터에 기반한 의사결정 등에 도움이 된다.

용어와 관련된 이야기

질문 데이터 Asking data
마케팅 연구에서 설문이나 인터뷰 등을 활용해 소비자에게 질문해 얻은 데이터다. 소비자의 구입 의욕 등을 파악하는 데 효과적이다.

패널 데이터 Panel data
개인, 가정, 기업 등을 대상으로 충분한 시간에 걸친 반복된 관찰을 통해 수집된 데이터다. 가계 조사, 노동력 조사, 기업의 재무 데이터 등이 패널 데이터에 해당한다.

샘플링 데이터 Sampling data
대상이 되는 전체 중에서 부분적으로 추출한 데이터다. 대규모 조사 등이 필요할 때, 보다 간단하게 전체 결과(경향 등)를 예측할 수 있다.

용어의 사용 예 실제 데이터를 활용해 고객 분석을 하자.

관련 용어 → 학습 데이터 ⋯ P194

▶ 트레이닝 데이터

키워드 **172**

Training Data
학습 데이터

문제와 정답을 정보로 추가한 데이터

머신러닝에서 사용되는 데이터로, 각각의 예제에 대응하는 정답이 제공되는 데이터다. 머신러닝 모델 훈련 시 예제에 대한 정답을 출력하게 하는 지도 학습을 수행할 때 학습 데이터가 필요하다. 예제와 정답을 반복해서 학습시킴으로써 모델은 규칙이나 패턴을 이해하게 되고, 새로운 데이터에 대한 정답을 판정할 수 있게 된다.

용어와 관련된 이야기

애노테이션 Annotation
AI에게 학습시킬 데이터에 의미(태그)를 부여하는 작업이다. 일반적으로 '학습 데이터 작성'이라 부르며, AI 개발에서 매우 중요한 과정이다.

전이 학습 Transfer learning
머신러닝 방법 중 하나로, 다른 태스크에서 학습시킨 지식을 다른 영역의 학습에 사용하는 것이다. 강아지 식별 모델을 고양이 식별 모델로 바꿔 사용하는 것 등이 있다.

모델 평가 Model evaluation
학습시킨 머신러닝 모델의 성능이나 정확도를 평가하기 위한 지표나 방법을 의미한다. 모델이 문제를 적절하게 해결할 수 있는지, 개선의 여지가 있는지를 판별한다.

용어의 사용 예 ➡ 학습 데이터를 늘려 정확도를 높여야 한다.

관련 용어 ➡ 실제 데이터 ··· P193

▶ 데이터 파이프라인

키워드 **173**

Data Pipeline

데이터 파이프라인

데이터 수집에서 저장, 가공, 분석, 시각화까지의 흐름

대량의 데이터를 교통 정리하듯 정리하는 것을 말한다. 데이터 파이프라인에 데이터를 요청하면 지속적으로 흐르는 대량의 데이터를 적절하게 추출하고, 적절한 시점에 필요한 데이터를 취득할 수 있다. 이를 활용해 데이터 분석, 데이터 준비 반복 프로세스가 가능해진다. 데이터 파이프라인은 데이터 분석을 꼭 필요한 기반이다.

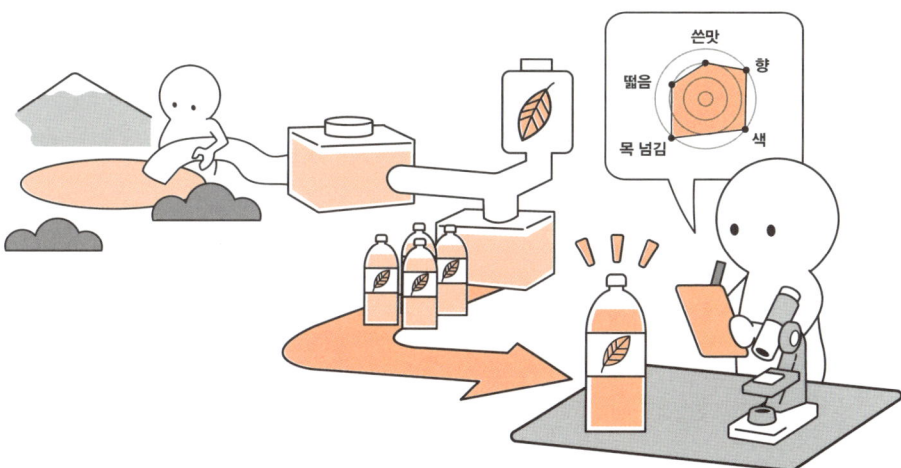

 용어와 관련된 이야기

데이터 저장
수집한 데이터를 적절한 데이터 스토리지 시스템에 저장해, 데이터 정합성과 보안성을 확보하는 작업이다. 데이터 웨어하우스, 데이터 레이크 등을 사용한다.

데이터 가공
수집한 데이터에 대해 클렌징, 변환, 결합 등의 처리를 수행한다. 데이터 품질을 향상시키기 위해 정규화, 결손값 처리, 중복 데이터 삭제 처리 등을 수행한다.

데이터 분석
가공된 데이터에 대해 다양한 방법과 알고리즘을 적용해 통찰을 얻는다. 데이터 시각화, 통계 해석, 머신러닝, 예측 모델 등을 사용해 데이터를 분석한다.

용어의 사용 예 데이터 파이프라인을 정비하는 기업이 늘어나고 있다.

관련 용어 → ETL…P229   데이터 레이크…P230   데이터 웨어하우스…P231   데이터 마트(DM)…P232

▶ 라이프타임 밸류 애널리시스 키워드 **174**

Lifetime Value Analysis

LTV 분석

고객 수명 가치를 분석하는 방법

비즈니스나 마케팅 분야에서 고객 가치를 평가하기 위해 사용하는 분석 방법이다. 고객의 구매 이력이나 행동 데이터를 수집해, 고객이 기업과의 관계를 유지하는 기간 동안 기업에 주는 수익이나 이익을 예측한다.

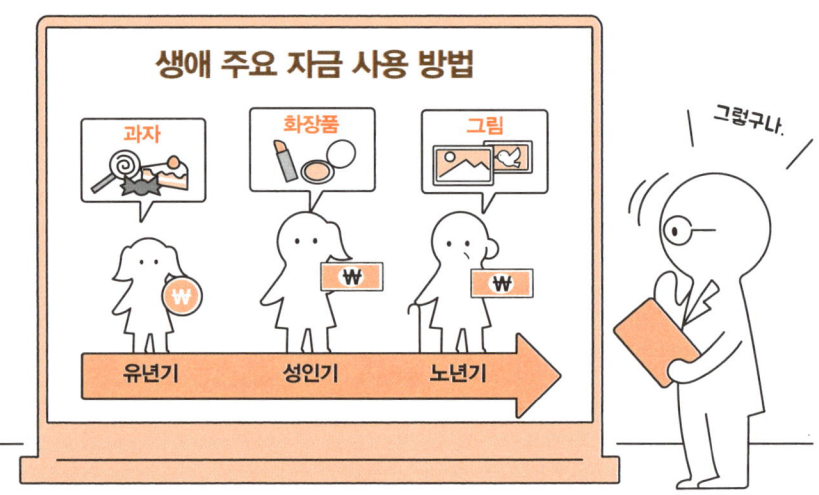

 용어와 관련된 이야기

pLTV Predicted Lifetime Value
GA4(분석 도구)의 예측 기능을 활용한다. 전환에 도달할 가능성이 높다고 종합적으로 판단된 기존 사용자를 추출해, LTV가 높은 사용자를 찾아내는 방법이다.

CLTV Customer Lifetime Value
LTV가 금전적인 가치에 초점을 두는 반면, CLTV는 그에 더해 고객 관계의 퀄리티 및 다른 비금전적 요인도 고려한다. 두 용어는 같은 의미로 사용될 때가 많다.

리커링 비즈니스
지속적으로 제품 구입이나 서비스를 사용하게 함으로써, 계속해서 이익을 얻는 비즈니스 모델이다. 프린터, 게임기, 구독형 비즈니스 등이 이에 해당한다.

용어의 사용 예 LTV 분석을 통해 우수 고객을 발견하자!

관련 용어 → 충성 고객…P166   LTV…P167   RFM 분석…P197

▶ 알에프엠(리센시, 프리퀀시, 머너터리) 애널리시스

키워드 **175**

RFM(Recency, Frequency, Monetary) Analysis

RFM 분석

고객의 구매 경향을 분석하는 방법

고객의 행동 패턴을 기반으로 우수 고객을 찾아내는 분석 방법이다. R(가장 마지막 구매일로부터의 경과 시간), F(구매 횟수), M(구매 금액) 요소를 분석해, 고객을 세그먼트로 분류한다. 이를 통해 다른 유형의 고객에 대해 적절하게 접근할 수 있다. 고객을 보다 잘 이해함으로써 관계 강화, 매출 증가로 이어질 수 있다.

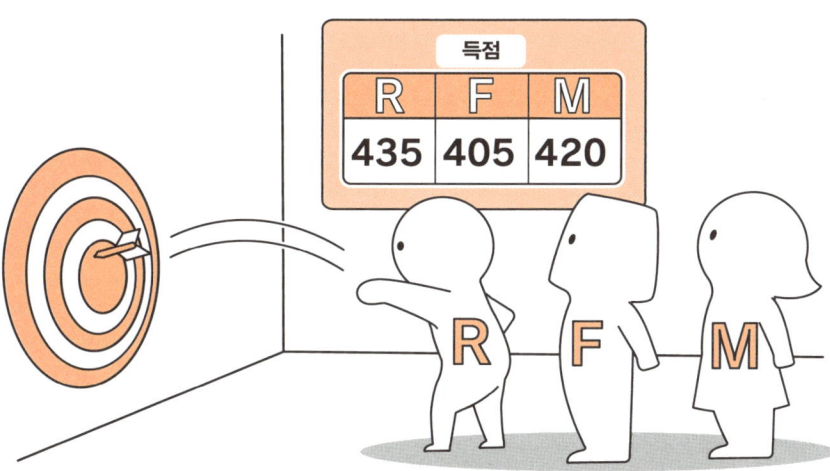

용어와 관련된 이야기

Recency(구매)
고객이 가장 마지막에 구매한 날로부터 경과한 시간을 의미한다. 고객의 활발성 정도와 최근 행동 패턴을 평가하는 데 사용된다. 이 지표가 높을수록 해당 고객의 관심도, 충성도가 높다.

Frequency(구매)
고객의 구매 횟수, 활동 빈도를 의미한다. 고객의 충성도나 고객의 행동 패턴을 이해하는 데 사용된다. 이 지표가 높을수록 해당 고객의 기여도가 높다.

모너터리 Monetary
고객의 구매 금액과 지출 금액을 의미한다. 고객의 구매력이나 고객으로부터 얻는 수익을 평가하는 데 사용된다. 이 지표가 높을수록 해당 고객의 가치가 크다.

용어의 사용 예 💬 상업 지역의 고객을 파악하기 위해 RFM 분석을 실시했다.

관련 용어 ▶ 충성 고객…P166 LTV…P167

▶ 파레토 애널리시스　　　키워드 **176**

Pareto Analysis

파레토 분석

큰 비율을 차지하는 것을 특정하는 분석 방법

요소를 큰 순서대로 표시한 막대 그래프와 그것들의 누적량을 나타내는 꺾은 선 그래프를 조합해 상위 요소가 전체에 기여하는 정도(기여도)를 분석하는 방법이다. 예를 들어, 제품 매출 분석에서 파레토 분석을 하면 상위 제품이 전체 매출의 대부분을 차지하고 있음을 알 수 있다. 그에 따라 수요가 큰 제품에 중점적인 자원 할당 등의 대책을 세울 수 있다.

용어와 관련된 이야기

파레토 법칙

80:20 법칙이라 불리기도 하는 파레토 분석의 기본 법칙이다. 이 법칙에 따르면, 많은 현상에서 소수(20)의 요소가 주요한(80) 영향을 미친다.

누적 상대 도수

파레토 분석에서 각 요소의 상대 도수를 순서대로 더한 값이다. 누적 상대 도수를 사용함으로써 요소의 중요도나 기여도를 비교할 수 있다.

롱 테일 이론

잘 팔리는 제품에 의존하지 않고, 총 판매량은 적지만 틈새 시장을 겨냥한 제품을 다양하게 다룸으로써 대상이 되는 총 고객 수와 판매 이익을 늘리는 방법이다.

용어의 사용 예 　파레토 분석을 통해 잘 팔리는 제품을 파악해보자!

관련 용어 →　클러스터 분석…P199　　코호트 분석…P203

▶ 클러스터 애널리시스 키워드 **177**

Cluster Analysis
클러스터 분석

서로 비슷한 것을 모아 그룹화하는 분석 방법

비슷한 특성을 가진 데이터를 그룹화하기 위한 분석 방법이다. 데이터의 패턴이나 유사성을 파악하기 위해 널리 사용한다. 고객 그룹화나 브랜드 포지셔닝 분석 등 다양한 영역에서 활용된다. 클러스터 분석을 활용해 데이터를 그룹화함으로써 데이터의 특징이나 경향을 쉽게 이해할 수 있게 된다.

용어와 관련된 이야기

계층 클러스터 분석
데이터군에서 가장 가까운 데이터들을 순서대로 모으고, 점진적으로 클러스터의 수를 줄이는 방법이다. 시장 조사 등 다양한 분야에서 사용된다.

비계층 클러스터 분석
최종적인 클러스터 수를 결정한 뒤, 자동 그룹화를 수행하는 방법이다. 빅데이터와 같이 복잡하며 계층 구조로 분류할 수 없는 데이터군의 분석에 적합하다.

k-means 알고리즘
서로 가까운 데이터들은 같은 클러스터에 있다는 사고에 근거해 데이터군을 k개로 분류하는 클러스터링 방법이다. 시장 세그멘테이션, 이미지 인식 등에 활용한다.

용어의 사용 예 ➡ 클러스터 분석을 활용해 주요 3개 그룹을 추출했다.

관련 용어 ➡ 파레토 분석…P198   코호트 분석…P203

▶ 어트리뷰션 애널리시스

키워드 **178**

Attribution Analysis

기여도 분석

성과에 대한 기여도를 분석하는 방법

CV의 직접적인 요인뿐만 아니라 간접적인 요인도 포함해 효과를 평가하는 분석 방법이다. 온라인 기여도 분석은 웹이나 소셜 미디어 등의 온라인 활동에 초점을 두며, 통합 기여도 분석은 온라인과 오프라인 활동을 통합적으로 분석한다. 다섯 가지 기여도 모델이 있으며 각각 고유한 특징이 있다.

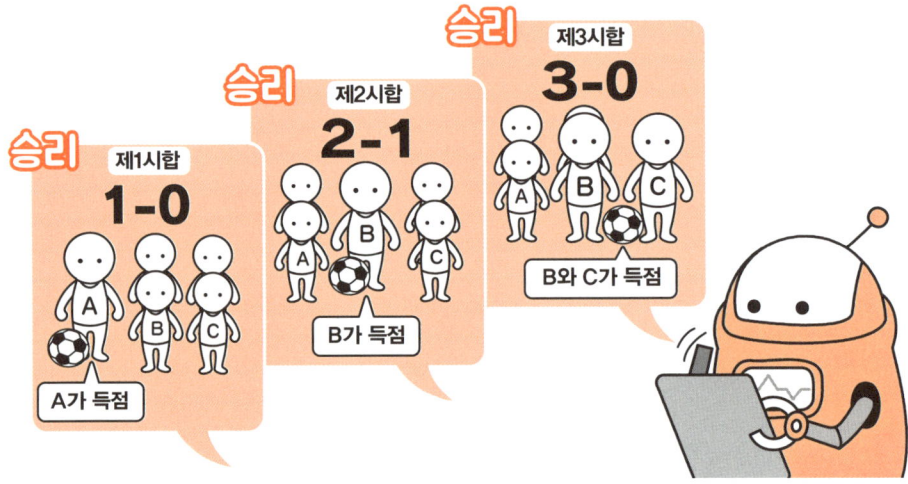

용어와 관련된 이야기

종료점 모델

라스트 클릭 모델Last click model이라 부르기도 한다. 서비스나 제품을 구입한 사용자가 구입 직전에 사용한 접점을 높게 평가하는 모델이다. 간단하고 직관적이지만 단기적인 효과에 중점을 두는 경향이 있다.

시작점 모델

종료점 모델과 반대로 성과에 도달한 가장 처음 접점만 평가한다. 이 모델은 신규 사용자나 제품 인지도가 낮은 사용자에게 접근할 수 있다는 장점이 있다.

균등 배분 모델

성과에 이르기까지 모든 접점의 기여도를 균등하게 평가하는 모델이다. 여러 모델 중 가장 쉽게 사용할 수 있다고 알려져 있으며, 기여도 분석을 처음 실시하는 사람에게 적합하다.

용어의 사용 예 ⊜ 광고 정책의 기여도 분석을 실시해보자!

관련 용어 → CRO···P88 CVR···P92

200

▶ 디시전 트리 애널리시스

키워드 **179**

Decision Tree Analysis

결정 트리 분석

트리 구조를 활용해 분석하는 방법

목적에 대해 관련이 높은 항목부터 순서대로 가지를 만들어 트리(트리 다이어그램) 구조로 분석하는 방법이다. 결과(목적 변수)에 영향을 주는 요인(설명 변수)을 알기 쉽게 시각화해서, 유익한 정보를 발굴(데이터 마이닝)할 수 있다. 디지털 마케팅 등에서 특정한 고객 속성에 공통된 특징이나 경향을 찾아내는 데 도움이 된다.

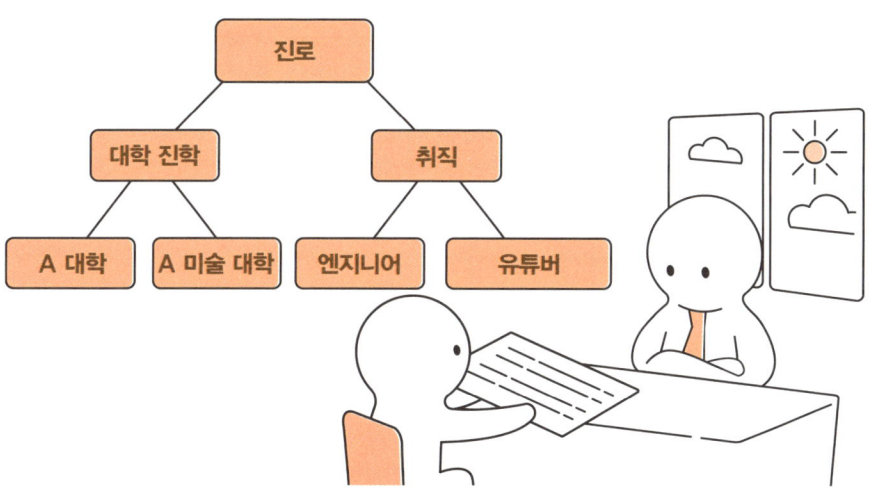

용어와 관련된 이야기

루트 노드 Root node
결정 분석 트리의 시작점이 되는 위치다. 루트 노드를 시작점으로 해서 데이터를 분류한다. 결정 트리 분석 전체에 주는 영향이 큰 항목을 루트 노트로 설정한다. 주로 사각형으로 표시한다.

챈스 노드 Chance node
각 노드에서 도출한 결과를 나타내는 위치다. 주로 원형으로 표시한다. 하나의 노드에서는 적어도 두 개의 결과가 발생한다. 노드끼리 연결하는 선은 브랜치Branch라 부른다.

리프 노드 Leaf node
나무와 같이 가지가 나누어지는 데이터 구조인 트리 구조를 구성하는 노드 중에서 최종적인 분류 결과나 결론을 나타내는 노드다. 주로 삼각형으로 표시한다.

용어의 사용 예 결정 트리 분석을 활용해 대상을 선정한다.

관련 용어 ▶ 다중 회귀 분석…P202   컨조인트 분석…P205

▶ 멀티플 리그레션 애널리시스

키워드 **180**

Multiple Regression Analysis

다중 회귀 분석

여러 설명 변수로부터 목적 변수를 예측하는 분석 방법

여러 요소(설명 변수)가 결과(목적 변수)에 주는 영향을 수식을 사용해 예측하는 통계 방법이다. 예를 들어, 과자 가격을 예측하기 위한 수식을 생각할 때 크기, 재료 종류, 브랜드 인기도 등의 요소를 수치로 나타내고 수식을 사용해 가격을 예측한다. 계수나 절편을 구하고, 새로운 데이터를 대입해 예측할 수 있다.

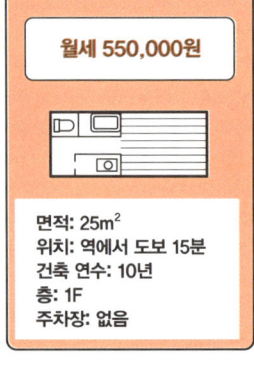

월세 550,000원

면적: 25m²
위치: 역에서 도보 15분
건축 연수: 10년
층: 1F
주차장: 없음

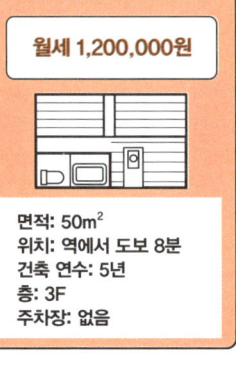

월세 1,200,000원

면적: 50m²
위치: 역에서 도보 8분
건축 연수: 5년
층: 3F
주차장: 없음

월세 3,500,000원

면적: 85m²
위치: 역에서 도보 3분
건축 연수: 신축
층: 12F
주차장: 있음

용어와 관련된 이야기

단일 회귀 분석*
하나의 설명 변수와 하나의 목적 변수의 관계를 분석하는 통계 방법이다. 단일 회귀 분석에서는 설명 변수와 목적 변수 사이의 직접적인 관계를 모델화해서 예측과 해석을 수행한다.

계수
다중 회귀 분석에서 설명 변수와 목적 변수의 관계를 나타내는 수치다. 각 설명 변수의 관계는 해당 변수가 목적 변수에 얼마나 영향을 주는지를 의미한다.

t값/p값
t값은 비교하는 데이터 사이에 의미 있는 차이가 있는지 나타내는 수치다. p값은 얻어진 데이터의 희소성을 나타내는 수치다. t값과 p값 모두 복잡한 계산식을 사용해서 구한다.

용어의 사용 예 ➡ 다중 회귀 분석을 활용해 임대 맨션의 가격을 예측해보자.

관련 용어 → 결정 트리 분석 ··· P201

202 *Singular regression analysis

▶ 코호트 애널리시스

키워드 **181**

Cohort Analysis

코호트 분석

공통된 속성을 가진 고객 집단 분석 방법

같은 그룹에 속한 사람들의 성장과 변화를 추적하는 통계적 방법이다. 특정한 속성이나 특징을 가진 그룹(코호트)을 만들고, 시간 경과와 함께 데이터를 수집해서 비교한다. 이를 통해 요소나 영향의 차이를 분석하고, 성공의 요인이나 개선점을 도출할 수 있다. 마케팅 등의 분야에서 고객의 행동이나 경향을 파악하기 위해 자주 활용된다.

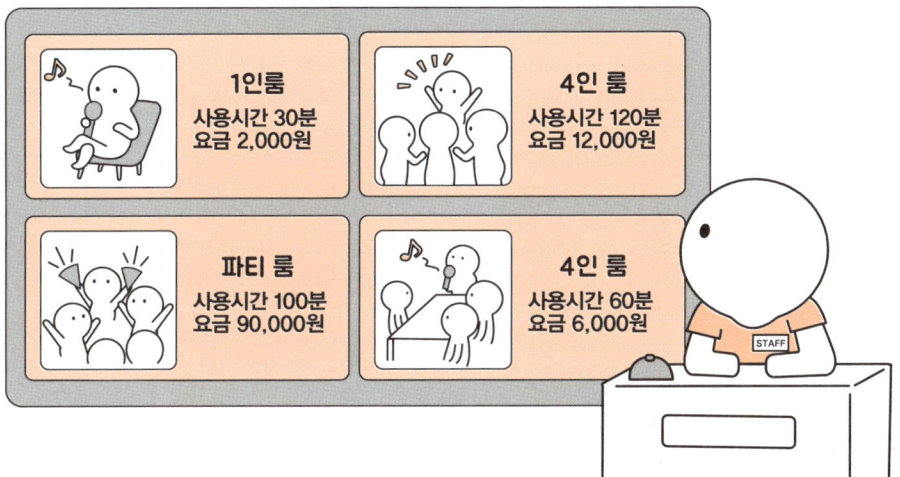

용어와 관련된 이야기

시대 효과
시대가 달라짐에 따라 달라지는 영향이나 패턴을 분석하는 것이다. 다른 시대에 태어난 사람들은 다른 경험이나 환경으로 인해 소비 행동이나 태도에 차이를 보이기도 한다.

노화 효과
나이 듦에 따라 발생하는 영향이나 패턴을 분석하는 것이다. 나이에 따라 사람들의 필요나 선호가 달라지기 때문에, 다른 마케팅 전략을 전개해야 한다.

코호트 효과
출생 시기 차이에 따른 영향이나 패턴을 분석하는 것이다. 같은 시기에 태어난 사람들은 공통된 경험이나 사회적 배경에 기반해 비슷한 가치관이나 행동 경향을 나타내는 경우가 있다.

용어의 사용 예 ● 코호트 분석을 활용해 그룹의 경향값을 파악해보자.

관련 용어 ▶ 파레토 분석 ··· P198 클러스터 분석 ··· P199

▶ 마케팅 믹스 모델링

키워드 **182**

Marketing Mix Modeling

MMM

마케팅 정책 효과 측정 분석 방법

마케팅 정책의 데이터를 통계적으로 분석하고, 그 결과가 미치는 영향을 추정하는 분석 방법이다. 효과를 정량화하기 위한 분석 방법이며, 광고 전략 등 구체적인 요소의 영향을 판단할 수 있다. 기존 통계학 방법들과는 다르게, MMM은 미디어 믹스 최적화를 전제로 모델링이 가능하다.

용어와 관련된 이야기

경로 분석
MMM에서의 경로 분석은 마케팅 요소와 소비자 행동의 관계성을 시각화하고, 마케팅 영향 경로를 이해하기 위한 방법이다.

공분산 구조 분석
잠재적인 요인(예: 학습 의욕)이 다른 변수에 어떤 영향을 주는가를 명확하게 밝히는 분석 방법이다. 여러 데이터(예: 설문 대답이나 학업 성적 등) 사이의 관계성을 조사한다.

베이스라인
광고나 프로모션 등과 상관 없이 자연스럽게 발생하는 매출이다. 다른 요인(계절성, 브랜드 지명도, 습관적 구매 등)에 따라 발생하는 매출을 의미한다.

용어의 사용 예 ● MMM을 활용해 광고 예산의 미디어 최적 분배를 고려해보자.

관련 용어 ▶ 다중 회귀 분석…P202

▶ 컨조인트 애널리시스

키워드 183

Conjoint Analysis

컨조인트 분석

최적의 조합을 찾아내는 방법

다변량 해석의 하나로 제품이나 서비스에 관해 '무엇을', '얼마나' 변경하면 소비자가 만족할 것인지 도출하는 분석 방법이다. 소비자의 설문을 받아 제품의 가격이나 디자인, 성능 등을 평가하고 그 평가 내용을 분석한다. 이를 통해 기존 제품의 개선점을 도출할 수 있다.

용어와 관련된 이야기

다변량 해석
여러 변수를 가진 데이터의 연관성을 분석하는 방법들을 의미한다. 이 방법은 데이터를 기반으로 결과를 예측하거나 데이터를 요약하기 위해 사용한다.

속성, 수준, 효용값
컨조인트 분석에서 사용하는 세 가지 용어다. 속성은 제품의 요소를, 수준은 제품 요소의 구체적인 수치나 내용을 의미한다. 효용값은 구매 의욕을 높이는 정도를 의미한다.

장바구니 분석 Basket analysis
소비자가 제품을 구입할 때 동시에 판매되는 제품을 분석하는 방법이다. 제품 추천 등 연관성이 높은 제품을 제시함으로써 매출 증가를 기대할 수 있다.

용어의 사용 예 컨조인트 분석을 활용해 기능 조합을 파악한다.

관련 용어 → 결정 트리 분석…P201

▶ 알고리즘

키워드 **184**

Algorithm
알고리즘

문제를 해결하기 위한 순서나 계산 방법

문제를 해결하기 위한 순서나 방법을 뜻한다. 목적을 달성하기 위한 절차나 순서도 같은 것이다. 예를 들면 친구와 놀 때 '가게에 갔다가 공원에 간다'와 같은 이동 순서 또는 숫자의 덧셈 순서 등이 알고리즘에 해당한다. 문제를 해결하는 데 도움이 되며, 순서대로 실행함으로써 목표를 달성할 수 있다.

1. 오븐을 예열합니다. 2. 재료를 준비합니다. 3. 재료를 섞습니다. 4. 섞은 생지를 틀에 넣습니다.

8. 식힌 뒤 먹습니다. 7. 다 구워지면 오븐에서 꺼냅니다. 6. 지정된 시간 동안 굽습니다. 5. 틀에 넣은 생지를 오븐에 넣습니다.

 용어와 관련된 이야기

탐색 알고리즘
여러 데이터 중에서 조건에 맞는 데이터를 찾아내는 알고리즘이다. 대표적인 탐색 알고리즘에는 '선형 탐색', '바이너리 탐색', '해시 탐색' 세 가지가 있다.

정렬 알고리즘
'정렬', '순서 바꾸기'를 수행하는 알고리즘이다. 정렬 알고리즘 방법에는 '버블 정렬', '선택 정렬', '삽입 정렬', '퀵 정렬' 등이 있다.

세 가지 기본 구조
현재 보급되어 있는 알고리즘의 기본 구조는 '순차 구조', '선택 구조', '반복 구조' 세 가지다. 플로 차트를 활용하면 구조를 쉽게 도식화할 수 있다.

용어의 사용 예 검색 엔진의 알고리즘을 이해한다.

관련 용어 ▶ 검색 엔진과 SEO … P36

▶ 프리딕티브 모델

키워드 **185**

Predictive Model

예측 모델

과거의 데이터로부터 미래의 이벤트를 예측하는 모델

미래 이벤트나 결과를 예측하기 위한 수학적 도구나 방법을 의미하며 다양한 분야에서 활용된다. 일기 예보나 주가 예측 모델, 제품 수요 예측 모델 등이 있다. 또한 의료 영역에서는 질병의 진행이나 치료 효과 예측에도 응용된다. 예측 모델은 미래의 경향이나 패턴을 파악할 수 있으므로, 전략 수립 등에 도움이 된다.

용어와 관련된 이야기

이동 평균 알고리즘
수요 예측에서 이동 평균 알고리즘은 과거 데이터의 평균을 계산하고, 도출한 수치를 예측값으로 확정한다. 수요 예측을 처음 하는 사람이라도 쉽게 다룰 수 있다.

가중 이동 평균 알고리즘
수요 예측에서 가중 이동 평균 알고리즘은 보다 새로운 데이터의 영향이 커지고, 보다 오래된 데이터의 영향이 작아지도록 조정해서 수요 예측을 노출하는 방법이다.

지수 평활 알고리즘
수요 예측에서 지수 평활 알고리즘은 과거의 예측값과 실제 데이터값을 사용해, 이들의 시계열 데이터로부터 미래의 수요 예측을 도출하는 방법이다.

용어의 사용 예 예측 모델을 사용해 신제품에 대한 수요를 예측한다.

관련 용어 → 머신러닝과 AI···P42   AutoML···P214

▶ 제너러티브 에이아이

키워드 **186**

Generative AI

생성형 AI

입력 데이터로부터 새로운 정보를 생성하는 AI

컴퓨터가 새로운 데이터나 아이디어를 생성하는 기술이다. 이미지, 음악, 문장 작성 등 크리에이티브한 영역에서 활용되기 시작했다. 일반적인 AI는 주어진 데이터나 규칙에 기반해 태스크를 실행하지만, 생성형 AI는 이보다 한층 진화한 것으로, 새로운 데이터나 아이디어를 직접 생성할 수 있다는 점이 큰 특징이다.

용어와 관련된 이야기

대규모 언어 모델*
수백 GB 이상의 텍스트 데이터를 사용해 훈련된 딥러닝 모델이다. 언어 관련 태스크(문장 생성, 질문 응답, 문장 요약 등)를 실행하기 위해 사용된다.

프롬프트 Prompt
사용자가 생성형 AI에게 내리는 지시나 명령을 의미한다. AI는 이 프롬프트를 기반으로 문장을 생성하고, 답변이나 작품 생성 등을 수행한다.

파인 튜닝 Fine-tuning
기존의 대규모 모델을 특정 태스크에 적용하는 절차다. 매개변수 Parameter를 상세하게 조정함으로써 새로운 데이터에 적절한 성능을 발휘할 수 있도록 하는 방법이다.

용어의 사용 예 생성형 AI가 보급되어 일이 수월해졌다.

관련 용어 → 머신러닝과 AI···P42   특이점···P209   딥러닝···P210

*Large Language Model, LLM

▶ 싱귤러리티

키워드 **187**

Singularity

특이점

AI가 인류의 지능을 뛰어넘는 기술적 특이점

AI나 머신러닝이 인간의 지능을 넘는 때를 의미한다. 인간과 기계의 융합이나 초인적인 지성을 가진 AI가 실현되는 미래를 말한다. 현재의 기술 발전이 지수함수적으로 진행되면, 그 결과 사회나 인간 생활이 크게 변화할 것으로 간주한다. 특이점에 도달하면 AI가 인간의 지능이나 창조성을 뛰어넘을 가능성이 있다.

용어와 관련된 이야기

강한 AI
자의식을 가지며, 모든 것을 알고, 모든 것을 할 수 있는 힘을 가진 AI다. 사람처럼 생각하고 행동한다. 실현하기는 어려우나 예상 외의 상황에도 대응할 수 있을 것으로 기대된다.

약한 AI
주어진 일은 자동으로 처리할 수 있지만, 프로그램 되어 있지 않은 예상 외의 상황에는 대응하지 못하는 AI다. 인간과 같은 지적 능력을 필요로 하는 작업을 수행한다.

AGI Artificial General Intelligence
범용 AI라고도 불린다. 기존 AI보다 범용성과 자율성이 풍부한 인공 지능을 말한다. AI가 특화형이라면 AGI는 '범용형 인공 지능'으로 표현된다. 강한 AI에 속한다.

용어의 사용 예 ⇒ 특이점이 오는 것은 언제쯤일까?

관련 용어 → 생성형 AI…P208 딥러닝…P210

▶ 딥러닝

키워드 **188**

Deep Learning

딥러닝

뉴럴 네트워크를 사용한 머신러닝 방법

AI의 한 분야이며 다층 뉴럴 네트워크를 사용해 데이터에서 패턴이나 특징을 학습하는 머신러닝 방법이다. 이미지 인식, 음성 인식, 자연 언어 처리 등의 분야에서 사용되며 데이터의 계층적인 학습과 특징 추출을 자동으로 수행한다. 대량의 데이터와 계산 리소스를 사용하며, AI 발전이나 다양한 응용 분야에서 주목받고 있다.

용어와 관련된 이야기

뉴럴 네트워크 Neural network
인간 뇌의 신경 세포(뉴런) 동작을 모방한 계산모델이다. 계층 구조를 가지며, 각 연결마다 가중치를 갖는다. 이를 사용해 데이터의 특징을 학습하고 인식이나 예측을 수행한다.

프로파게이션 Propagation
정보나 효과를 전파하는 프로세스다. 딥러닝 컨텍스트에서는 '순전파 Forward propagation', '역전파 Backward propagation'의 두 가지 방법이 있다.

학습률
뉴럴 네트워크 학습에서 가중치의 업데이트양을 제어하는 매개변수다. 적절한 학습률 설정은 학습 안정성과 특성에 영향을 준다.

용어의 사용 예 ▶ 딥러닝을 사용해 이미지 인식을 수행한다.

관련 용어 → 머신러닝과 AI…P42   생성형 AI…P208   AutoML…P214

▶ 데이터 클렌징

키워드 **189**

Data Cleansing

데이터 클렌징

데이터 결함을 수정해 활용할 수 있는 상태로 정리

데이터 품질을 향상시키기 위한 프로세스다. 부정확, 불완전, 중복, 부적절한 데이터를 특정해 수정, 삭제, 변환하는 작업이다. 데이터 정확성, 일관성, 완전성을 확보하고 신뢰성이 높은 데이터를 얻기 위해 중요한 작업이다. 정확하게 정리된 데이터는 분석과 의사결정의 기초가 되며, 효과적인 비즈니스 전략과 의사결정을 촉진한다.

용어와 관련된 이야기

이름 붙이기
다른 데이터셋이나 데이터 소스에서 수집된 정보를 통합해 동일한 엔티티(개인, 장소, 제품 등)를 특정하고 연관 짓는 처리를 의미한다.

필터링 Filtering
불필요한 데이터나 이상한 데이터를 검출해 제거하는 프로세스다. 구체적으로는 '결손값 처리', '이상값 검출', '불필요한 데이터 삭제' 등의 처리가 있다.

데이터 검증 Data validation
데이터 정합성이나 타당성을 검증하는 프로세스다. 데이터 검증에서는 주어진 데이터가 특정 요구사항이나 기준을 만족하고 있는지 확인한다.

용어의 사용 예 데이터 클렌징이 데이터 분석의 첫걸음이다.

관련 용어 ▶ 데이터 파이프라인···P195   ETL···P229

▶ 스트럭처드 쿼리 랭기지

키워드 **190**

Structured Query Language

SQL

가장 널리 보급되어 있는 데이터베이스 언어

데이터베이스 관리 시스템(DBMS)Database Management System에서 사용되는 표준화된 언어다. SQL을 사용하면 데이터베이스 안의 데이터를 조작하고 관리할 수 있다. 매우 강력하고 유연한 언어이며 데이터베이스 조작이나 쿼리 실행에 널리 사용되고 있다. SQL을 사용하면 데이터 취득, 추가, 업데이트, 삭제 등 다양한 조작을 할 수 있다.

용어와 관련된 이야기

DDL Data Definition Language
데이터 정의 언어라 불리며 데이터베이스의 데이터 구조를 정의하기 위한 언어다. 데이터베이스의 스키마나 객체 정의에 관련된 조작을 수행한다.

DML Data Manipulation Langague
데이터 조작 언어라 불리며 데이터베이스 안의 데이터를 조작하기 위한 언어다. 데이터 삽입, 업데이트, 삭제, 검색 등의 조작을 수행한다.

DCL Data Control Language
데이터 제어 언어라 불리며 데이터에 대한 접근을 제어하는 언어다. 트랜잭션이나 시스템을 관리하거나, 사용자 접근 권한을 제어한다.

용어의 사용 예 ● SQL을 사용해 데이터를 추출한다.

관련 용어 → MQL과 SQL···P180　　Python···P213　　RDB···P233

212

▶파이썬   키워드 **191**

Python

Python

인터프리터형 범용 프로그래밍 언어

범용 프로그래밍 언어로, 단순하며 쉽게 읽을 수 있는 것이 특징이다. Python은 웹 개발, 데이터 분석, 머신러닝, 게임 개발 등 다양한 용도로 사용되고 있다. 유연성과 풍부한 플러그인이 특징이며 광범위한 프로그래밍 태스크에 대응하고 있다. 많은 사용자와 대규모의 커뮤니티가 존재한다.

용어와 관련된 이야기

인터프리터형 언어
컴퓨터 프로그램을 단계적으로 실행하는 유형의 프로그래밍 언어를 말한다. 프로그램 실행 시 소스 코드를 행 별로 해석하고, 해석한 즉시 실행한다.

컴파일
프로그래밍 언어를 컴퓨터가 이해할 수 있는 기계 언어로 변환해 프로그램을 실행하는 것이다. 기계 언어로의 변환 과정이 필요하기 때문에 처리에 시간이 걸리기도 한다.

라이브러리
재사용할 수 있는 코드의 모음이다. 특정한 목적이나 기능을 구현하기 위해 사용된다. Python의 라이브러리는 광범위한 기능을 제공하며, 커뮤니티 활동도 활발하다.

용어의 사용 예 Python을 사용해 프로그램을 만들어보자!

관련 용어 → JavaScript(JS)…**P111**   SQL…**P212**

▶ 오토메이티드 머신러닝

키워드 **192**

Automated Machine Learning

AutoML

머신러닝 모델의 설계와 구축 자동화

머신러닝 모델 설계, 구축을 자동화하는 방법이다. 기존에는 고도의 기술을 가진 데이터 사이언티스트가 필요했으며, 기업은 비용이나 인재 확보에 어려움이 있었다. AutoML의 목적은 ML(머신러닝)과 관련된 프로세스를 자동화해, 비용 절감을 효율적으로 실현하는 것이다. 마케팅이나 광고 효과 측정 등에 효과적이다.

📖 용어와 관련된 이야기

특징량

머신러닝, 통계 분석에서 데이터셋 안의 개별 측정값을 나타내는 변수나 속성을 의미한다. 분석이나 모델 훈련을 위해 사용되는 데이터의 개별적 '특징'이다.

하이퍼파라미터 Hyperparameter

머신러닝 모델 설정이나 조정에 사용되는 매개변수다. 일반적으로 하이퍼파라미터는 모델 작성이나 성능을 제어하기 위해 수동으로 설정된다.

앙상블 학습 Ensemble learning

여러 머신러닝 모델을 조합해, 보다 강력한 예측 모델을 구축하는 방법이다. 여러 모델을 조합함으로써 예측 정확도나 안정성을 향상시킬 수 있다.

용어의 사용 예 ➡ AutoML을 활용해 수요 예측을 시도해보자.

관련 용어 → 머신러닝과 AI…P42   데이터 사이언티스트…P56   예측 모델…P207   딥러닝…P210

▶ 소프트웨어 애즈 어 서비스
키워드 **193**

Software as a Service

SaaS

소프트웨어를 서비스로 제공

인터넷을 통해 제공되는 소프트웨어 형태를 말한다. 사용자는 웹브라우저나 애플리케이션을 경유해서 사용한다. 멀티 테넌트Multi tenant 환경으로 제공되며, 성능과 가용성에 집중한다. 사용자는 SaaS를 통해 사용하기 쉬운 인터페이스로 소프트웨어에 접근하고, 구독 모델로 요금을 지불한다.

📖 용어와 관련된 이야기

멀티 테넌트 방식
여러 사용자가 같은 서버나 애플리케이션, 데이터베이스 같은 시스템이나 서비스를 공유해서 사용하는 방식이다. 리소스를 효율적으로 활용할 수 있다.

싱글 테넌트 방식
멀티 테넌트와 반대로 네트워크를 경유한 서비스에서 서버나 데이터베이스 등을 한 기업이 점유하는 모델이다. 커스터마이즈 자유도가 높다.

구독 요금
정기 대여 계약을 체결하고 클라우드 기반의 애플리케이션을 인터넷을 경유해 사용할 수 있는 소프트웨어 라이선스 모델을 의미한다.

용어의 사용 예 세일즈 계열의 SaaS 벤더가 늘어나고 있다.

관련 용어 → ○○애즈 어 서비스(XaaS)···P50   공유 경제···P260

▶ 클라우드 컴퓨팅 　　　　　　　　　　　　　　　　키워드 **194**

Cloud Computing
클라우드 컴퓨팅

인터넷을 경유해 컴퓨터 자원을 활용

인터넷을 경유해 컴퓨터 리소스나 서비스를 제공하는 기술이다. 클라우드에 위치한 서버나 리소스는 여러 사용자가 공유하며, 가상화 기술을 통해 유연하게 사용할 수 있다. 리소스가 공유되며, 유연성과 확장성이 있기 때문에 기업이나 개인은 필요한 만큼만 사용할 수 있다.

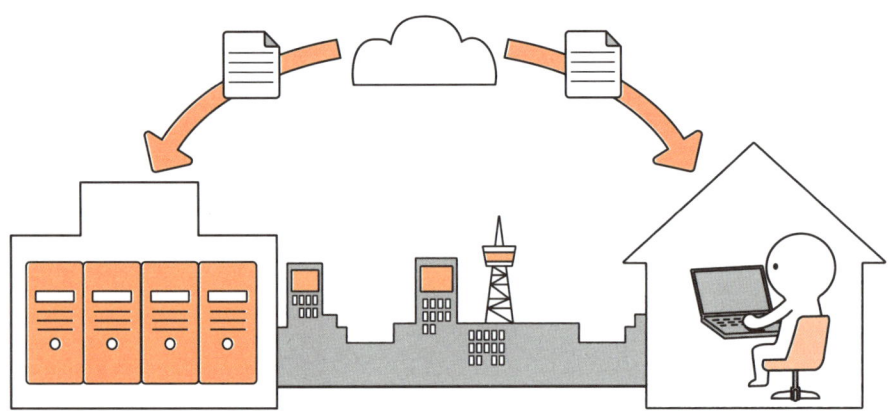

📖 용어와 관련된 이야기

퍼블릭 클라우드
클라우드 컴퓨팅 형태 중 하나다. 여러 사용자나 기업이 같은 인프라스트럭처나 리소스를 공유해서 사용하는 클라우드 서비스를 의미한다.

가상화 기술
소프트웨어를 사용해 하드웨어 리소스를 통합 또는 분할하는 기술이다. 이 기술로 인해 물리적인 하드웨어 리소스를 가상적인 환경으로 변환할 수 있다.

확장성
시스템이나 네트워크 등이 규모나 사용 부하 등의 증가에 대응할 수 있는 정도를 의미한다. 확장성은 클라우드 컴퓨팅의 특징 중 하나다.

용어의 사용 예　💬　AWS는 클라우드 컴퓨팅으로 유명하다.

관련 용어 ➡　시스템 인티그레이터와 클라우드 인티그레이터···P49　　온프레미스···P217

▶ 온-프레미스

키워드 **195**

On-premises

온프레미스

자사에서 시스템을 직접 구축하여 보유 및 관리하는 것

기업이나 조직이 자사 안에서 데이터 센터나 서버 룸을 구축하고 시스템이나 애플리케이션을 직접 관리 및 운용하는 형태를 말한다. 네트워크, 하드웨어, 소프트웨어 등의 관리 및 유지 보수를 자사에서 수행하므로 보안이나 제약 측면에서 어느 정도의 장점이 있다. 하지만 인프라 구축 및 운용에 비용과 부담이 발생한다.

05
정책과 사내 시스템을 개선하기 위한 분석 · 개발 용어

용어와 관련된 이야기

가용성 Availability
정보 보안의 요소 중 하나로, 시스템이 계속 동작할 수 있는 능력을 의미한다. 일반적으로 '가동률'이라는 수치로 표현한다.

다중화
시스템이나 설비에 동일한 백업을 준비함으로써 예기치 못한 장애가 발생하더라도 운용이나 업무를 중단시키지 않고 복구나 대응을 할 수 있도록 하는 방법을 의미한다.

SLA Service Level Agreement
서비스 수준 계약이라고도 부른다. 서비스 제공 사업자와 그 사용자 사이에서 체결되는 서비스 수준(정의, 범위, 내용, 달성 목적 등)에 관한 합의 내용을 의미한다.

용어의 사용 예 과거에는 온프레미스에서 시스템을 개발하는 것이 일반적이었다.

관련 용어 ▶
시스템 인티그레이터와 클라우드 인티그레이터 … P49   클라우드 컴퓨팅 … P216
프론트엔드와 백엔드 … P219

217

▶ 데이터 사일로즈

키워드 **196**

Data Silos

데이터 사일로화

부서 단위로 정보가 분단되고 공유, 연동할 수 없는 상태

조직 안에서 데이터가 분산되고, 서로 다른 부서나 시스템 사이에서 정보가 독립된 상태에 있음을 의미한다. 데이터가 특정 위치나 시스템에 고립되어 있어, 다른 부서와의 공유 또는 다른 부문의 접근이 제한되어 정보 공유나 효과적인 데이터 활용이 어려워지는 것을 말한다. 해결책으로 데이터 통합이나 데이터 웨어하우스 도입 등이 있다.

용어와 관련된 이야기

데이터 마이그레이션
Data migration
어떤 시스템에서 다른 시스템으로 데이터를 옮기는 것을 의미한다. 시스템을 교체하거나 데이터를 활용할 때 실행한다.

데이터 거버넌스 Data governance
데이터 관리, 보호, 재사용에 관한 프레임이나 프로세스를 의미한다. 조직 전체에서 데이터를 신뢰성이 있는 정보 소스로 활용하는 것을 목표로 한다. 매우 중요한 데이터 전략이다.

데이터 가상화
다양한 데이터 소스 사이에서 데이터를 통합하고, 중요한 데이터를 하나의 가상적인 데이터 레이어로 사용할 수 있도록 하는 방법이다. 일원화된 고도의 데이터 통합이 가능하게 된다.

용어의 사용 예 ― 데이터 사일로화는 분석에 큰 장애가 되고 있다.

관련 용어 → 빅데이터와 데이터 주도···P39   머신러닝와 AI···P42   데이터 사이언티스트···P56
데이터 파이프라인···P195   데이터 웨어하우스···P231

▶ 프론트엔드 / 백엔드   키워드 **197**

Frontend / Backend

프론트엔드와 백엔드

사용자 측면에서 보이는 기능과 보이지 않는 기능

프론트엔드는 사용자가 직접 조작하는 것으로, 웹페이지 또는 애플리케이션의 형태나 움직임 등을 제어한다. 백엔드는 프론트엔드의 요청을 받아 데이터를 처리하거나 비즈니스 로직을 실행한다. 프론트엔드는 UI를 만들고 디자인이나 UX에 관여한다. 백엔드는 데이터베이스 조작이나 비즈니스 로직 처리 등을 담당한다.

프론트엔드

백엔드

용어와 관련된 이야기

프론트엔드 개발
사용자가 직접 조작하는 부분을 담당하고, UI 작성이나 UX 향상을 목표로 한다. 다양한 기술을 활용해 웹 애플리케이션 페이지, 애플리케이션의 디자인과 기능을 구현한다.

서버 사이드 개발
웹 애플리케이션과 백엔드 시스템 개발을 담당한다. 주요 목적으로 데이터 처리, 데이터베이스에 대한 접근, 비즈니스 로직 구현, 보안 관리 등이 있다.

풀스택 개발자
프론트엔드와 백엔드 개발 양쪽에 대응할 수 있는 개발자를 말한다. 웹 애플리케이션 전체를 커버하고, 프론트엔드와 백엔드 양쪽 기술을 모두 잘 다뤄야 한다.

용어의 사용 예 ▶ 프론트엔드와 백엔드 사이의 연동이 중요하다.

관련 용어 → UI와 UX⋯P122   클라우드 컴퓨팅⋯P216   온프레미스⋯P217

▶ 엔터프라이즈 리소스 플래닝

키워드 **198**

Enterprise Resource Planning

ERP

기업 핵심 업무 관련 통합 시스템

기업의 업무 프로세스를 통합하고 판매, 조달, 생산, 계획 등의 업무를 일원화해서 관리하는 기간 시스템을 의미한다. 기업 안의 정보가 일원화돼 관리되고, 업무 효율화와 정보 시각화가 수행됨으로써 업무 생산성 향상과 신속한 수행이 가능해진다. 또한 커스터마이즈할 수 있으며 대시보드를 활용한 실시간 데이터 분석도 가능하다.

 용어와 관련된 이야기

모듈

ERP 시스템은 기능별로 모듈화되어 있으며, 각 모듈들은 특정한 업무 영역을 커버한다. 판매, 재고, 관리, 합계, 생산 관리 등이 있다.

워크플로 기능

ERP 시스템은 업무 프로세스 자동화와 효율화를 지원한다. 워크플로 기능은 태스크나 승인 프로세스 자동화, 작업 진척 관리, 통지 등을 제공한다.

공급망 관리
Supply Chain Management, SCM

ERP 시스템은 공급망 프로세스를 관리하는 기능을 제공한다. 재고 관리, 조달, 생산 계획 등을 일원화해서 관리해 공급망 운영을 지원한다.

용어의 사용 예 외국계 벤더의 ERP 패키지를 도입했다.

관련 용어 → SFA…P48　　SaaS…P215　　온프레미스…P217

▶ 로보틱 프로세스 오토메이션 키워드 **199**

Robotic Process Automation

RPA

반복적인 작업을 로봇으로 자동화

소프트웨어 로봇을 사용해 반복적인 업무 프로세스를 자동화한다. RPA의 목적은 반복적인 작업을 자동화함으로써 인간의 부담을 줄이고, 생산성을 향상시키는 것이다. 데이터 입력이나 처리, 파일 조작, 메일 송수신 등의 다양한 업무 프로세스를 효율적으로 수행한다. 이를 활용해 사람은 보다 중요한 업무에 집중할 수 있다.

용어와 관련된 이야기

EPA Enhanced Process Automation
RPA보다 한층 강화된 자동화 단계를 말한다. AI와 연계해 구조화되지 않은 데이터를 취급하거나, 지식 기반 활용 등 정형적이지 않은 업무를 자동화할 수 있다.

CA Cognitive Automation
RPA와 인공 지능(AI) 기술, 특히 머신러닝이나 자연 언어 처리 등의 인지 기술을 조합한 보다 발전된 형태의 자동화 기술을 의미한다. 의사결정까지 자동화할 수 있다.

RDA Robotic Desktop Automation
개인 PC에서 반복되는 업무를 자동화하는 도구다. 엑셀의 복사&붙여넣기 작업 등을 자동으로 실행할 수 있다. 특정 업무의 효율화에 집중한다.

용어의 사용 예   RPA를 도입해 정형적인 업무의 생산성이 매우 향상되었다.

관련 용어 ▶ 머신러닝과 AI···P42   SaaS···P215   클라우드 컴퓨팅···P216   프론트엔드와 백엔드···P219

▶ 인터넷 오브 씽스

키워드 **200**

Internet of Things

IoT

다양한 사물이 인터넷에 연결

인터넷에 연결된 물리적인 기기나 센서가 서로 통신해서 정보를 수집하고 공유하는 기술이다. IoT의 목적은 기기나 센서를 통해 현실 세계의 데이터를 수집하고, 그 데이터를 활용해 생활이나 비즈니스 효율화 및 쾌적화를 도모하는 것이다. 집의 온도나 조명을 자동으로 조절하거나, 교통이나 에너지를 효율적으로 관리할 수 있다.

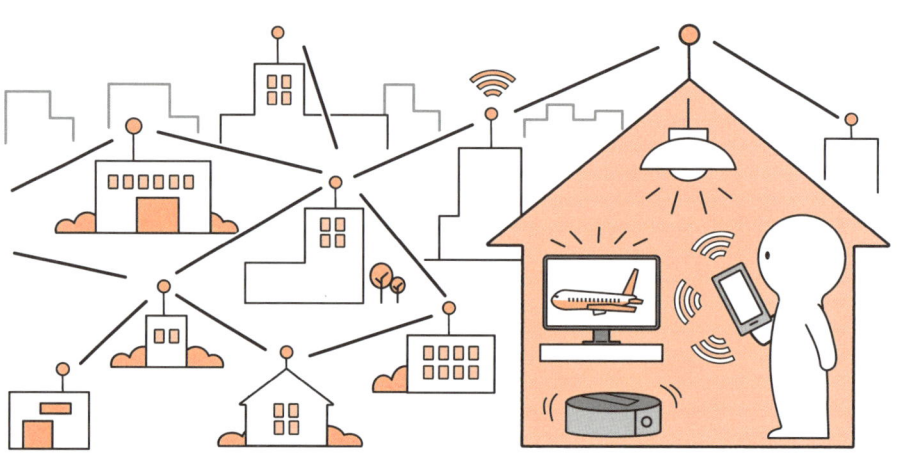

📖 용어와 관련된 이야기

센서 데이터
센서라 불리는 기기 및 장치로부터 수집된 정보나 측정 데이터를 말한다. 센서는 환경 변화나 물리적인 양, 현상을 감지한다.

웨어러블 디바이스
직역하면 '몸에 입는 기기'다. 스마트폰처럼 간단하게 들고 이동할 수 있는 기기와 달리 주로 배, 팔 등 몸에 입은 채 사용하는 기기를 가리킨다.

스마트 팩토리
공장 안에 있는 하드웨어나 기기 단말을 IoT 기술을 사용해 연결함으로써, 기계 가동 상황을 파악하고 효율적인 가동을 구현하는 공장이다.

용어의 사용 예 IoT의 가격이 낮아지면서 널리 보급되었다.

관련 용어 ➔ 리테일 미디어⋯P35

222

▶ 시스템 엔지니어링 서비스

키워드 **201**

System Engineering Service

SES

시스템 개발, 유지보수, 운용을 위탁하는 서비스

소프트웨어나 시스템 개발, 유지보수, 운용을 위탁하는 서비스 형태 중 하나다. SES 계약에서는 기술자의 노동을 제공하고, 해당 기술자는 고객의 사무실에서 기술적인 서비스를 제공한다. 참고로 SES 계약은 성과물의 완성이 목적이 아니고, 기술자의 노동 제공을 계약하는 것이다. 따라서 계약 형태는 청부 계약이 아니라, 민법상 준위임 계약을 체결한다.

📖 용어와 관련된 이야기

준위임 계약
업무 위탁 계약의 하나로 수행할 특정 업무를 정하는 계약이다. 성과물의 완성에 관해서는 책임을 요구하지 않는다는 점에서 청부 계약과 다르다.

청부 계약
업무 수주자가 위탁 받은 업무(크리에이티브 제작물 등)를 완성하는 것을 계약하며, 업무 발주자는 완성된 업무 결과에 대해 보수를 지불하는 계약이다.

하자 담보 책임
품질 보증 책임이라 부르기도 한다. 발주자가 바라는 기능을 갖추지 않았거나 처리 속도에 문제가 있는 등의 경우, 납품한 결과물에 대한 완성 책임을 수주자가 부담한다.

용어의 사용 예 요구사항 정의 단계는 SES로 대응한다.

관련 용어 → 시스템 인티그레이터와 클라우드 인티그레이터…P49　온프레미스…p217
애자일 개발과 폭포수 개발…P234

▶ 서드-파티 툴

키워드 202

Third-party Tool

서드 파티 도구

API 등을 활용해 외부 사업자가 개발한 도구

외부 개발자나 조직이 대형 플랫폼이 제공하는 API를 사용해 개발한 도구나 애플리케이션이다. 대형 플랫폼은 자사의 서비스나 제품 외에도, 외부 개발자가 API를 사용해 독자적인 애플리케이션이나 서비스를 만들 수 있는 환경을 제공한다. 서드 파티 도구는 이러한 독자적인 가치를 제공할 수 있다.

용어와 관련된 이야기

SDK Software Devlopment Kit
소프트웨어 개발에 필요한 도구, 라이브러리, 문서, 샘플 코드 등을 모은 패키지다. SDK가 있으면 소프트웨어 개발이 용이하다.

플러그인
애플리케이션의 추가 기능이나 커스터마이징을 제공하는 목적으로 서드 파티에서 제작한 확장 모듈이다. 사용자는 플러그인을 추가해 애플리케이션 기능이나 동작을 변경할 수 있다.

애플리케이션 익스체인지
AppExchange
세일즈포스Salesforce용으로 개발된 전용 마켓플레이스다. 다양한 종류나 기업용 애플리케이션을 제공하며, 다양한 기능의 확장과 커스터마이즈가 가능하다.

용어의 사용 예 ➡ Amazon용 서드 파티 도구를 개발한다.

관련 용어 ➡ API…P225

224

▶애플리케이션 프로그래밍 인터페이스

키워드 **203**

Application Programming Interface

API

애플리케이션 사이를 연결하는 인터페이스

소프트웨어 애플리케이션 사이에서 정보나 기능을 주고받기 위한 인터페이스다. 다른 애플리케이션이나 서비스가 서로 커뮤니케이션하기 위한 구조로, 개발자는 API를 사용해 다른 애플리케이션이나 서비스의 기능을 활용하거나 데이터를 취득해 조작할 수 있다.

용어와 관련된 이야기

오픈 API
외부 API 또는 공개 API라 불린다. 외부에서 사용하기 쉬운 형태로 API를 공개하기 위해 요구사항을 사양화한 것이다.

파트너 API
제공 사업자가 특정 제휴 기업(파트너)과의 연계를 목적으로 제공하는 API다. 오픈 API와 달리 일부 기업에서만 접근할 수 있다.

컴포지트 API
여러 다른 API를 조합해 하나의 통합된 API로 제공하는 방법이나 기술이다. 컴포지트 API를 사용하면 여러 API 호출을 요청 한 번으로 모을 수 있다.

용어의 사용 예 A 사의 API를 활용한 새로운 도구 개발에 착수한다.

관련 용어 ▶ 서드 파티 도구…P224

▶ 비즈니스 인텔리전스   키워드 **204**

Business Intelligence
BI 도구

다양한 데이터를 분석하고 시각화하는 도구

데이터를 수집, 분석하고 시각화된 보고서나 대시보드로 제공하는 소프트웨어다. 비즈니스 사용자나 관리자는 데이터의 경향이나 성능을 파악하고 의사결정에 도움이 되는 정보를 얻을 수 있다. 데이터 대시보드, 보고서 작성, 데이터 분석, 데이터 통합 등의 기능을 제공한다.

📖 용어와 관련된 이야기

OLAP 분석*
문제가 있는 지표에 대해 원인을 파헤쳐 특정하는 기능이다. 드릴다운 Drill-down, 슬라이싱 Slicing, 다이싱 Dicing의 세 가지 데이터 분석 조작을 활용해 데이터를 다차원적으로 분석한다.

보고 기능
BI 도구가 집계하고 분석한 결과는 단순한 숫자 나열이기 때문에, 시각적으로 파악할 수 있도록 그래프 등으로 치환해 시각화하고 내용을 종합한다.

계획 기능
매출이나 수익 예측 시 축적된 과거 데이터를 분석하고 그 분석을 토대로 시뮬레이션을 수행해 계획의 근거를 확인하는 기능이다.

용어의 사용 예 ● BI 도구를 도입해 매출 추이를 시각화했다.

관련 용어 → MA···P47   SFA···P48   CDP···P227   DMP···P228

*Online Analytical Processing analysis

▶ 커스터머 데이터 플랫폼

키워드 **205**

Customer Data Platform

CDP

고객 데이터를 관리하기 위한 플랫폼

고객 데이터를 통합 및 세그먼화해서 관리하고 활용하는 플랫폼이다. 고객 행동 패턴이나 선호를 파악하고 차별화된 마케팅이나 고객 서비스를 제공하기 위해 사용된다. 데이터 수집, 통합, 정리, 세그먼트화를 수행하고 실시간 또는 매치 처리로 데이터를 처리한다.

용어와 관련된 이야기

ID 통합
구입한 제품, 열람한 웹페이지, 클릭한 광고 등 다양한 고객 데이터를 하나의 고유한 식별자에 통합하는 것을 의미한다.

세그먼테이션 Segmentation
규칙 기반 모델을 사용해 고객 데이터를 분석하거나 AI, 머신러닝을 활용해 공통 속성으로부터 특정한 세그먼트를 발견하는 것이다.

데이터 인리치먼트
Data enrichment
기존 데이터셋에 외부 정보나 추가 컨텍스트를 추가해 데이터 가치나 의미를 높이는 프로세스다. 데이터 완전성이나 정확도를 높인다.

용어의 사용 예 CDP 도입을 위한 RFP 작성을 지원했다.

관련 용어 → CRM…P37 　 BI 도구…P226 　 DMP…P228

▶ 데이터 매니지먼트 플랫폼

키워드 **206**

Data Management Platform

DMP

다양한 데이터를 관리하기 위한 플랫폼

광고나 마케팅을 위해 데이터를 수집하고 통합 또는 세분화해서 대상 고객을 만드는 플랫폼이다. 데이터 수집, 통합, 세분화, 대상 고객 작성, 데이터 활용 및 분석 기능을 제공하고 데이터 주도형 광고나 마케팅 전략 실현에 도움이 된다.

 용어와 관련된 이야기

프라이빗 DMP
기업이 자사의 고객 데이터나 거래처 데이터 등의 독자 데이터(주로 퍼스트 파티 데이터)를 중심으로 직접 관리(운용)하는 DMP다. 데이터 일관성이 유지된다.

퍼블릭 DMP
여러 기업이나 광고주가 공동으로 사용하는 데이터 플랫폼이다. 온라인 행동 데이터, 데모그래픽Demographic 데이터 등 다양한 종류의 데이터를 집약적으로 관리한다.

익명화
DMP에서는 사용자 개인정보를 특정할 수 없도록 익명화하는 것이 중요하다. 익명화를 통해 개인정보 유출이나 부정 접근 등의 리스크를 줄일 수 있다.

용어의 사용 예 DMP의 타깃 고객 데이터를 사용해 광고를 송출하자.

관련 용어 → BI 도구…P226 CDP…P227

▶ 익스트랙트 / 트랜스폼 / 로드　　　키워드 **207**

Extract / Transform / Load

ETL

데이터를 연계, 변환, 정형화하기 위한 도구

데이터 웨어하우스나 데이터베이스 등에서의 데이터 처리 프로세스다. 데이터를 추출하고 변환해서 필요한 형식으로 정리하고, 최종적으로 데이터 스토어에 넣는다. ETL의 목적은 다른 데이터 소스로부터의 데이터를 통합해 품질이 높고 일관성 있는 데이터를 얻어 분석해 보고서 작성에 활용하는 것이다.

용어와 관련된 이야기

Extract(추출하기)
데이터 웨어하우스나 BI 프로세스의 초기 단계로, 데이터를 다양한 소스(데이터베이스, CSV 파일 등)로부터 취득하는 단계다.

Transform(변환하기)
데이터 웨어하우스나 BI 프로세스의 중간 단계로, 추출한 데이터를 목적에 맞춰 변화, 정형화하는 중요한 단계다.

Load(읽기)
데이터 웨어하우스나 BI 프로세스의 마지막 단계로, 앞에서 변환된 데이터를 데이터 웨어하우스나 데이터 마트에 저장하는 단계다.

용어의 사용 예 　우리 회사도 ETL 도구의 도입을 검토해야 할 것이다.

관련 용어 → 데이터 클렌징…P211　데이터 레이크…P230　데이터 웨어하우스…P231
데이터 마트(DM)…P232

▶ 데이터 레이크

키워드 **208**

Data Lake
데이터 레이크

대량의 데이터를 보관하는 장소

다양한 종류의 데이터를 대용량이면서도 유연하게 보관할 수 있는 데이터 저장 시스템이다. 데이터는 원래 형식대로 저장되며, 필요에 따라 변환 또는 가공할 수 있다. 데이터 레이크는 확장성, 유연성이 뛰어나며 데이터 저장뿐만 아니라 분석도 할 수 있다. 일반적으로 사용하는 데이터 레이크는 클라우드 기반이다.

 용어와 관련된 이야기

구조화 데이터
사전에 정의된 계획에 따라 정리된 데이터다. 일반적으로 행과 열의 테이블 형식을 가지며, 관계형 데이터베이스로 관리된다. SQL을 사용한 조작에 용이하다.

비구조화 데이터
고정된 데이터 구조 설계도나 형식을 따르지 않는 데이터다. 텍스트 문서, 이미지, 동영상, SNS 게시물 등이 여기에 해당한다. 일반적인 데이터베이스를 사용해 관리하기 어렵다.

저장소 Repository
데이터, 코드, 문서 등을 일원화해 저장, 관리하기 위한 장소나 시스템이다. 정보 정합성, 접근, 공유, 백업 등의 목적으로 매우 중요하다.

용어의 사용 예 💬 데이터 레이크와 데이터 웨어하우스의 차이를 알아보자.

관련 용어 → 데이터 클렌징…P211   데이터 웨어하우스…P231   데이터 마트(DM)…P232

▶ 데이터 웨어하우스

키워드 **209**

Data Warehouse

데이터 웨어하우스

통합 분석용 데이터베이스

비즈니스 의사결정이나 분석에 활용하기 위해 데이터를 집약(통합)해 저장하는 전용 데이터베이스다. 데이터를 일원화해 고속의 데이터 검색과 복잡한 쿼리 실행을 가능하게 한 것으로, 효과적인 데이터 분석과 보고서 작성을 지원한다. 데이터 통합성과 품질 향상에 초점을 두며 BI 활용에 도움을 준다.

용어와 관련된 이야기

스키마 Schema
데이터 구조나 성질, 데이터베이스를 조작할 때의 규칙이나 표현법 등을 정의한 것이다. 데이터베이스 설계도와 같은 역할을 한다.

DSA Data Staging Area
DSA는 업무 시스템의 데이터를 중앙 웨어하우스에 저장하기 전에 필요한 ETL 처리를 수행하기 위한 임시 저장 공간이다.

스키마 온 라이트 Schema on write
데이터베이스나 데이터 웨어하우스에 데이터를 쓸 때, 해당 데이터에 대해 스키마를 적용하는 접근 방식이다.

용어의 사용 예 ▶ 데이터 웨어하우스 환경을 정비해야 한다.

관련 용어 → 데이터 클렌징…P211   ETL…P229   데이터 레이크…P230   데이터 마트(DM)…P232

▶ 데이터 마트

키워드 **210**

Data Mart
데이터 마트(DM)

특정 분야용 데이터 웨어하우스

특정 비즈니스 부문이나 업무 목적에 초점을 둔 소규모 데이터 스토어이며, 데이터 웨어하우스로부터의 데이터 추출이나 변환을 거쳐 만들어진다. 데이터 마트는 신속한 구현과 쿼리 처리가 가능하며, 특정 비즈니스 필요에 맞춰 디자인된다. 부서의 자율성과 효과적인 분석을 지원하는 역할을 한다.

용어와 관련된 이야기

데이터 마트의 종류
다양한 종류가 있으며, 대표적으로 종속형(데이터 웨어하우스 내부를 사용), 독립형, 하이브리드형(데이터 웨어하우스와 다른 소스를 통합)이 있다.

배치 처리
일련의 태스크나 작업을 모아서 자동으로 실행하는 처리 방법이다. 여러 입력 데이터를 모아서 처리하며, 일괄적으로 결과를 만들 수 있다는 것이 특징이다.

SSOT Single Source of Truth
정보의 일관성과 정확성을 확보하기 위한 개념이다. SSOT는 조직 안의 모든 멤버가 같은 데이터에 기반해 시스템의 보고 특성을 결정하기 위해 사용된다.

용어의 사용 예 부서별 데이터 마트를 다음 달까지 만들어야 한다.

관련 용어 ▶ 데이터 클렌징···P211 ETL···P229 데이터 레이크···P230 데이터 웨어하우스···P231

▶ 릴레이셔널 데이터베이스
키워드 **211**

Relational Database
RDB

테이블 형식으로 데이터를 관리하는 데이터베이스

행과 열로 구성된 데이터 집합을 가진 데이터베이스다. 행은 레코드, 열은 필드, 테이블 사이의 관계는 릴레이션이라 부른다. 연관된 데이터를 결합해 새로운 테이블을 만들거나, 값을 업데이트하면 연관된 테이블이 자동으로 업데이트된다. 데이터베이스로 널리 사용되고 있다.

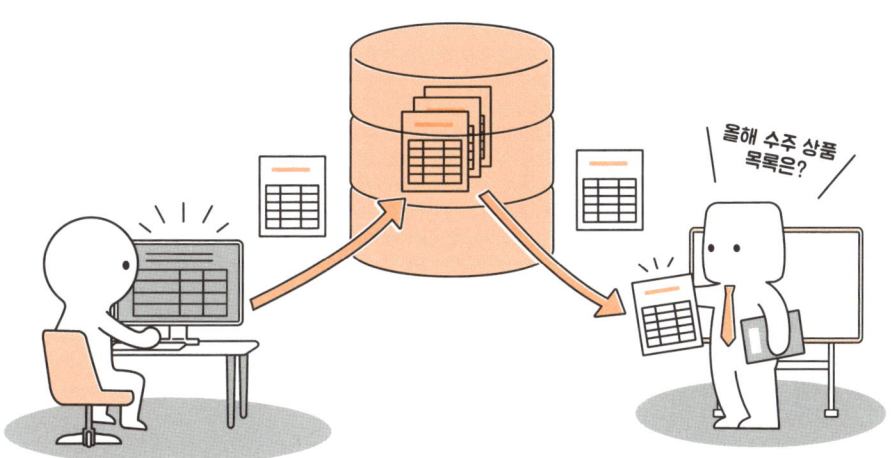

용어와 관련된 이야기

RDBMS
'관계형 데이터베이스 관리 시스템(Relation Database Management System)'의 약자로, 관계형 데이터베이스를 관리하기 위한 소프트웨어를 말한다.

네트워크형 DB
계층형 DB에서는 하나의 노드로부터 아래로 여러 노트가 파생되는 트리 구조로 전개하지만, 네트워크형 DB에서는 하나의 자녀 노드가 여러 부모 노드를 가진다.

NoSQL
RDB 이외의 데이터베이스 분류를 나타내는 말이다. 기존 RDB에 비해 고속으로 처리할 수 있고, 높은 확장성과 유연성을 구현할 수 있다는 장점이 있다.

용어의 사용 예 ● RDB로 데이터베이스의 기본을 이해하자!

관련 용어→ SQL…P212 데이터 레이크…P230 데이터 웨어하우스…P231 데이터 마트(DM)…P232

▶ 애자일 디벨롭먼트 / 워터폴 디벨롭먼트

키워드 212

Agile Development / Waterfall Development

애자일 개발과 폭포수 개발

소프트웨어 및 시스템 개발 방법

애자일 개발은 유연한 개발 방법을 의미한다. 짧은 기간에 기능의 일부를 만들고, 고객의 의견을 수용하면서 변경한다. 한편, 폭포수 개발은 순서를 정하고 그 순서대로 개발을 진행하는 개발 방법이다. 요구사항 정의에서 시작해 설계, 구현, 테스트, 배포 순서로 진행한다. 폭포수 개발은 사양 변경이 어렵지만 애자일 개발은 변경에 쉽게 대응할 수 있다.

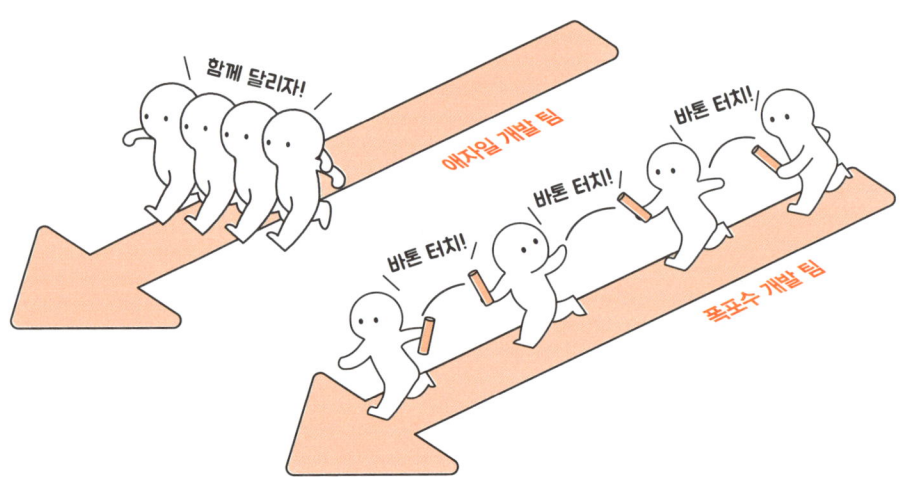

용어와 관련된 이야기

스크럼 개발
애자일 개발 방법의 하나로 소수 인원으로 구성된 팀으로 나눠 짧은 개발 사이클을 반복해 수행하는 개발 프레임워크. 불확실성이 높은 프로젝트에 특히 효과적이다.

스프린트
스크럼 개발에서 공정 반복 단위를 의미한다. 일반적으로 1~4주의 간격으로 설정하며 시스템에 필요한 기능의 설계, 개발, 테스트까지 신속하게 수행한다.

린 개발
제조업을 중심으로 전개되어 있는 린 생산Lean manufacturing 개념을 소프트웨어 제품에 적용한 것이다. 애자일 개발 방법의 하나로 여겨진다.

용어의 사용 예 — 최근에는 애자일 개발 기업이 많다.

관련 용어 → 시스템 인티그레이터와 클라우드 인티그레이터…P49   온프레미스…P217
오프쇼어와 니어쇼어…P235

▶ 오프쇼어 / 니어쇼어

키워드 213

Offshore / Nearshore

오프쇼어와 니어쇼어

해외 및 근·원격지에 업무 위탁

소프트웨어 개발 등의 업무를 외부 기업에 위탁할 때의 선택지를 의미한다. 오프쇼어는 해외 국가에 위탁해 비용을 절감할 수 있지만, 커뮤니케이션이나 시차 등의 문제가 발생한다. 니어쇼어는 가까운 지역에 위탁해 커뮤니케이션은 용이하지만, 인건비가 높아지기도 한다. 잘 구분해서 활용하는 것이 중요하다.

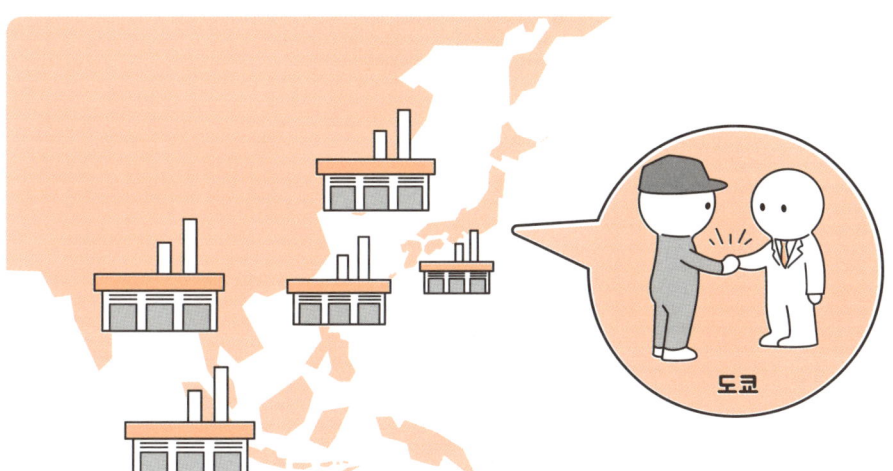

도쿄

용어와 관련된 이야기

브릿지 SE
오프쇼어 개발 등 타국가과 협업하는 안건의 가교 역할을 하는 엔지니어다. 일반적으로 기술에 정통한 동시에 한국어와 현지어 모두를 유창하게 구사한다.

BPO Business Process Outsourcing
기업 활동에서 업무 프로세스(부가 가치가 낮은 정형화된 업무 등)의 일부를 일괄로 전문 외부 사업자에게 위탁하는 것이다. 기업은 부가 가치가 높은 업무에 집중할 수 있다.

위탁 대상 국가
인건비가 높아짐에 따라 인도, 중국보다 인건비가 낮은 동남아시아에 오프쇼어 개발을 위탁하는 경우가 늘어나고 있다. 최근 위탁 대상 국가로 인기 있는 곳은 베트남이다.

용어의 사용 예 ▶ 베트남에 오프쇼어 개발 회사를 설립했다.

관련 용어 ▶ 시스템 인티그레이터와 클라우드 인티그레이터…P49 온프레미스…P217
애자일 개발과 폭포수 개발…P234

235

▶ 데이터 센터

키워드 **214**

Data Center
데이터 센터

서버나 네트워크 기기를 보관하는 전용 시설

컴퓨터(서버나 스토리지 기기 등)나 네트워크 기기를 설치하고, 데이터 관리나 보관을 수행하는 시설이다. 고속의 네트워크 연결이나 냉각 설비, 전원 백업 등의 인프라 환경을 준비함으로써, 기업이나 조직이 대량의 데이터를 관리하고 중요한 시스템이나 서비스를 제공하는 기반이 된다.

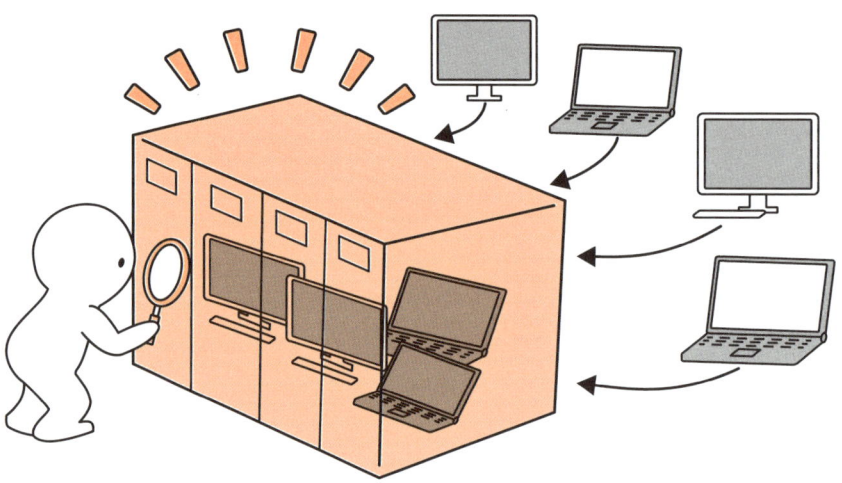

용어와 관련된 이야기

UPS Uninterruptible Power Supply
무정전 전원 장치로 전력 회사로부터의 전력 공급이 중단되면 데이터 센터의 수전 장치가 이를 감지하고 UPS가 전력 공급을 시작한다.

랙 Rack
서버를 설치하는 위치를 말한다. 서버를 설치하는 랙의 용량, 최대 탑재 중량, 전력 공급량을 늘림으로써 비용을 절감할 수 있다.

네트워크 다중화
네트워크 안의 요소나 경로에 여분의 백업을 갖게 하는 것이다. 장애나 고장이 발생해도 다른 요소나 경로가 기존 요소나 경로를 이어받아 네트워크 기능을 유지한다.

용어의 사용 예 ● 경기도에 새로운 데이터 센터를 설립할 예정이다.

관련 용어 ➡ 클라우드 컴퓨팅…P216   온프레미스…P217   애자일 개발과 폭포수 개발…P234

▶ 트랜스미션 컨트롤 프로토콜 / 인터넷 프로토콜

키워드 215

Transmission Control Protocol / Internet Protocol

TCP/IP

인터넷 통신을 위한 프로토콜(통신 순서)

인터넷이나 컴퓨터 네트워크에서 사용되는 프로토콜(통신 순서)이다. 데이터를 안전하게 보내거나, 순서를 지켜 도착하게 하기 위한 규칙 같은 것이다. TCP와 IP라는 두 가지 프로토콜이 협력해 데이터를 송수신한다. 인터넷 통신에 반드시 필요하다.

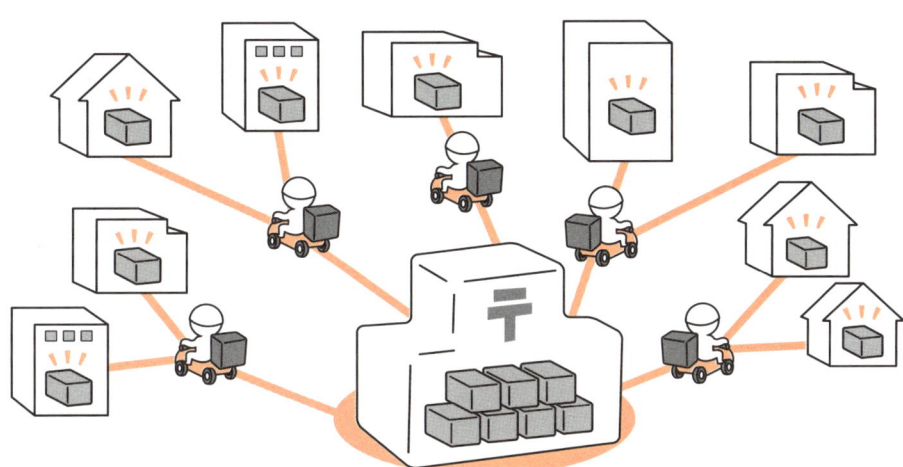

용어와 관련된 이야기

TCP
인터넷에서 신뢰성이 높은 데이터 통신을 제공하는 통신 프로토콜이다. TCP는 데이터 패킷화, 전송, 재구축, 도착 확인 등의 기능을 제공한다.

IP
네트워크에 있는 다른 기기 사이에서 데이터를 패킷이라 불리는 작은 단위로 나누고, 그것을 송수신하기 위한 라우팅Routing이나 어드레싱 Addressing을 제공한다.

프로토콜
컴퓨터나 네트워크 기기 사이의 통신을 수행할 때의 정해진 순서다. 프로토콜이 있기 때문에 다른 기기나 소프트웨어 사이에서도 데이터를 올바르게 송수신할 수 있다.

용어의 사용 예 먼저, TCP/IP의 사양부터 이해하자!

관련 용어 → 빈턴 서프 … P279

Column

웹의 진화와 디지털 마케터의 대응 범위

1990년대 후반, 인터넷의 등장에 따라 이제까지 없었던 정보에 접근할 수 있는 방법을 손에 넣게 되었습니다. 당시 네트워크 회선은 아직 발전되고 있던 중이었으며, 모뎀을 활용한 전화선을 사용해 연결하는 것이 일반적이었습니다. 그럼에도 뉴스 사이트나 웹사이트를 통한 정보 검색, 메일을 통한 정보 교환 같은 새로운 라이프 스타일(웹 1.0 시대)이 나타났고, 당시 대학생이었던 필자 역시 열정적으로 새로운 기술이나 서비스를 연구하는 데 여념이 없었던 것으로 기억합니다.

디지털 마케터들의 전쟁

2000년대에 들어와 인터넷은 한층 진화를 거듭했고, 24/7 인터넷 연결이 일반화되었습니다. 또한, 모바일 사용이 주류가 되었고 Google과 같은 검색 엔진, Facebook을 필두로 하는 소셜 미디어들이 등장하면서 정보를 수동적으로 제공받는 것은 물론 능동적으로 정보를 공유하고, 교환하는 웹 2.0의 시대가 열렸습니다. **현재 디지털 마케팅은 이 웹 1.0과 웹 2.0을 축으로 전개되고 있습니다.**

2010년대에는 비트코인이나 이더리움 같은 퍼블릭 블록체인이 등장하면서 중앙 집권형의 서비스에 대한 반작용으로 새로운 분산형 서비스들이 탄생했습니다. NFT나 가상화폐, DeFI(분산형 금융), Dapps(분산형 애플리케이션) 등이 전개되고 새로운 움직임이 더욱 빨라지고 있습니다.

지금은 웹 3.0이 보급되고 있으며, 인터넷이 처음 등장했을 때와 같은 열광과 사회적 영향력이 크게 느껴지고 있습니다. **웹 3.0의 침투에 의해 메타버스나 NFT 등을 활용한 혁신적인 마케팅 방법이 이후 늘어날 것이라 생각합니다.** 따라서, 가상 공간에서의 커뮤니티 형성이나 그에 대응하는 새로운 광고 방법 및 과금 모델 등 다양한 서비스에 대응할 수 있어야 할 것입니다.

06

활동 중인 디지털 마케터가
알아야 하는 경영 · 경제 용어

키워드 216~238

▶파이브 포스 애널리시스

키워드 **216**

Five Force Analysis

5 포스 분석

업계 내부 경쟁 환경을 분석하는 방법

비즈니스 경쟁 환경을 다섯 가지 관점에서 평가하는 프레임워크다. 시장 또는 업계를 분석할 때 자주 사용된다. 경쟁 기업의 영향력, 신규 참여의 위협, 대체품의 위협, 구매자의 협상력, 공급자의 협상력을 평가 및 분석한다. 이 분석에 따라 기업은 자사가 시장에서 가진 위치와 경쟁력을 파악하고 적절한 전략을 세울 수 있다.

📖 용어와 관련된 이야기

대체품의 위협
자사의 제품이나 서비스와 다르더라도 동등한 제공 가치를 갖는 제품 또는 서비스를 의미한다. 컴팩트 카메라 입장에서는 스마트폰이 대체품의 위협이다.

신규 참여의 위협
시장에 새로운 경쟁 기업이 참여할 가능성과 그 위협의 정도를 평가한다. 규제 완화가 트리거가 되어 신규 참여가 증가하는 경우도 신규 참여 기업의 위협에 해당한다.

구매자의 협상력
구매자가 가격이나 조건에 관해 어느 정도의 협상력을 갖고 있는지 평가한다. 구매자에게 선택지가 많으면 공급자의 협상력은 약해지고 가격 협상력이 낮아진다.

용어의 사용 예 신규 참여에 대해 5 포스 분석부터 시작해보자!

관련 용어 → PEST 분석…P241   마이클 포터…P275

▶ 피이에스티 애널리시스

키워드 **217**

PEST Analysis

PEST 분석

네 개의 관점에서 비즈니스 시장 환경을 분석

비즈니스나 시장 환경을 평가하기 위한 사고방식이다. PEST는 정치(Politics), 경제(Economy), 사회(Society), 기술(Technology)의 요소를 의미한다. PEST 분석을 수행함으로써 기업은 외부 환경 요소를 파악하고, 비즈니스 전략 수립과 의사결정에 도움을 받을 수 있다.

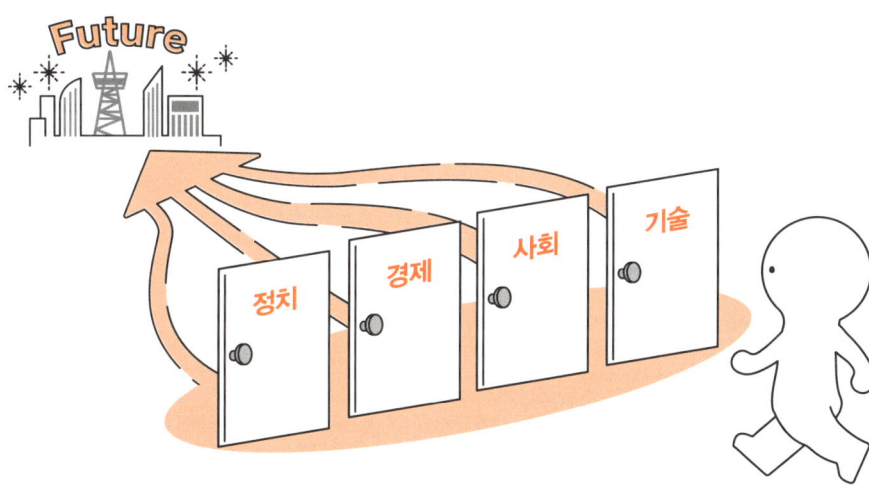

용어와 관련된 이야기

STEEPLE 분석
사회문화, 기술, 경제, 환경, 정치, 법, 윤리의 일곱 가지 요소를 분석해 외부 환경의 다양한 요인을 자세히 평가하기 위한 프레임워크다.

3C 분석
기업(Company), 고객(Customer), 경쟁 기업(Competitor)을 분석해 사업 전략이나 마케팅을 책정할 때 사용하는 프레임워크다. 전략적인 의사결정을 수행할 때 도움이 된다.

VUCA*
비즈니스 환경이나 시장의 불확실성, 변동성, 복잡성, 모호성을 나타내는 말이다. 미래 예측이 어려운 상황을 가리키며, 4개 관점에서 시장을 파악하는 프레임워크다.

용어의 사용 예 ▷ PEST 분석은 시장 분석의 기본이다.

관련 용어 → 5 포스 분석…P240

*Volatility, Uncertainty, Complexity, Ambiguity

▶ 디퓨전 오브 이노베이션 키워드 **218**

Diffusion of Innovations

혁신 확산 이론

새로운 제품 등의 시장에서의 보급률을 나타내는 사고방식

신제품 확산 과정에서 소비자의 역할을 설명하는 이론이다. 혁신가라 불리는 선구자가 신제품을 도입하고, 그에 이어 초기 채택자와 초기 대다수가 점점 해당 제품을 사용한다는 이론이다. 이 이론은 시장에서 신제품의 보급을 예측함으로써 마케팅 전략, 제품 개발과 그 사업 전개에 활용된다.

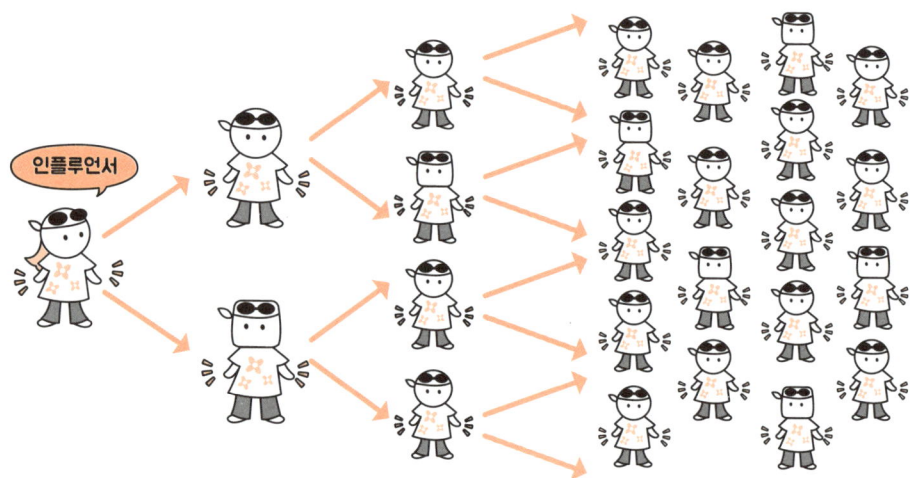

📖 용어와 관련된 이야기

혁신가 Innovator
시장에서 가장 먼저 새로운 제품이나 기술을 수용하는 그룹이다. 혁신가는 시장의 약 2.5%를 차지한다. 유행에 민감하고 새로운 것을 즉시 시도하는 사람들이다.

초기 채택자 Early adaptor
혁신 확산 이론에서 두 번째로 등장하는 그룹이다. 초기 채택자는 시장 전체의 약 13.5%를 차지한다. 유행에 민감하고 스스로 정보를 수집하고 판단하는 사람들이다.

초기 대다수 Early majority
새로운 제품이나 기술이 확립된 뒤 사용하는 큰 규모의 소비자 그룹이다. 안정성과 편리성을 중시한다. 초기 대다수는 시장 전체의 약 34%를 차지한다.

용어의 사용 예 ▶ 혁신 확산 이론으로 케이스 스터디를 분석해보자.

관련 용어 ▶ 네트워크 외부성…P244   수확 체증의 법칙…P245   제프리 무어…P267   에버렛 M. 로저스…P274

▶ 비즈니스 이코노믹스　　키워드 219

Business Economics

사업 경제성

사업을 비용 관점에서 분석하는 사고방식

사업을 비용 관점에서 분석하는 사고방식이다. 비용 구조와 수익 구조의 차이에 따라 일반적으로 규모의 경제, 분산형 경제, 범위의 경제, 밀도의 경제 등으로 사업 모델을 분류할 수 있다. 이 경제 원리들을 활용함으로써 기업은 수익 능력을 높이기 위한 전략의 방향성이나 그에 기반한 최적의 정책을 검토할 수 있다.

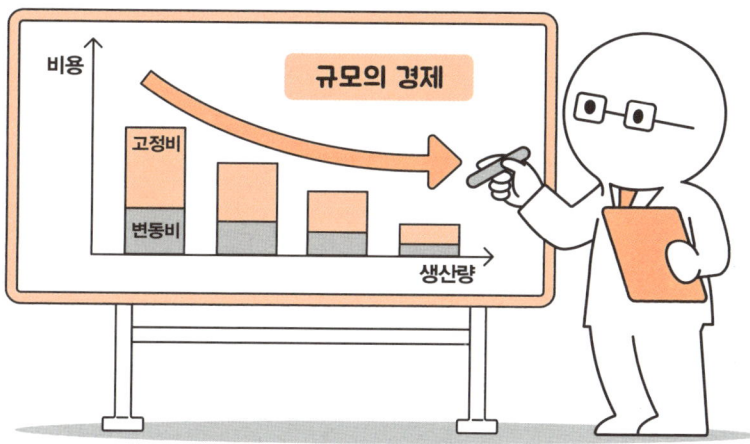

용어와 관련된 이야기

범위의 경제
'조합의 경제'라 부르기도 한다. 동일 기업이 다른 여러 사업(서비스)을 운영하는 것이, 기업 각각이 독립해서 운영하는 것보다 비용 관점에서 유리해지는 현상을 의미한다.

밀도의 경제
특정 지역에 매장이나 물류 센터를 집중적으로 배치해 물류나 광고 등의 비용을 줄이는 것이다. 도미넌트 전략Dominant strategy이라 부르기도 한다. 편의점 사업 등이 해당된다.

분산형 경제
매출 규모가 확대되어도 수익성이 높아지지 않는 모델이다. 시스템 개발이나 소규모 판매 등이 해당된다. 개별 프로젝트 단위로 수익 관리를 철저히 해야 한다.

용어의 사용 예 　사업 경제성을 이해할 수 있으면, 기업 분석을 쉽게 할 수 있다.

관련 용어 → 　네트워크 외부성…P244　　수확 체증의 법칙…P245

▶ 네트워크 익스터낼리티　　　　　　　　　　　키워드 **220**

Network Externality
네트워크 외부성

사용자가 증가하면 서비스 편의성과 효용이 증가

제품이나 서비스 사용자 수, 사용률이 증가할수록 해당 제품이나 서비스의 편의성이 사용자 전체에게 환원되는 특성이다. 전화 등의 통신 서비스뿐만 아니라 컴퓨터(운영 체제), 게임기, 소셜 미디어 등 다양한 시장에서 이런 현상을 볼 수 있다.

용어와 관련된 이야기

크리티컬 매스 Critical mass
제품이나 서비스의 보급률이 폭발적으로 높아지는 분기점 또는 그 폭발적인 보급에 필요한 시장 보급률인 16%(혁신 확산 이론의 초기 채택자까지)를 말한다.

락인 효과
특정 플랫폼이나 네트워크에 한 번 참가한 사용자가 다른 플랫폼으로 이동하는 것이 어려워져, 변경에 제약을 받는 현상을 의미한다.

메트칼프 법칙
네트워크 가치는 해당 네트워크에 연결된 단말이나 사용자 수의 제곱에 비례한다는 법칙이다. 이더넷을 개발한 메트칼프가 제창했다.

용어의 사용 예　네트워크 외부성이 사업 성공의 열쇠를 쥐고 있다.

관련 용어 →　사업 경제성…P243　수확 체증의 법칙…P245

▶ 로 오브 인크리징 리턴즈

키워드 **221**

Law of Increasing Returns

수확 체증의 법칙

생산 요소를 추가함에 따라 이익이 계속해서 증가하는 현상

소프트웨어나 애플리케이션 게임처럼 개발비와 같은 고정비(공통 비용)가 일정해 사용자 수가 늘어나더라도 운영에 소요되는 인건비 등의 비용이 증가하지 않아, 생산성과 이익률이 증가하는 현상을 말한다. 반면, 매출이 늘어도 고용 창출에는 기여하지 않기 때문에 실물 경제에서의 소비 확대로는 이어지지 않는 경향이 있다.

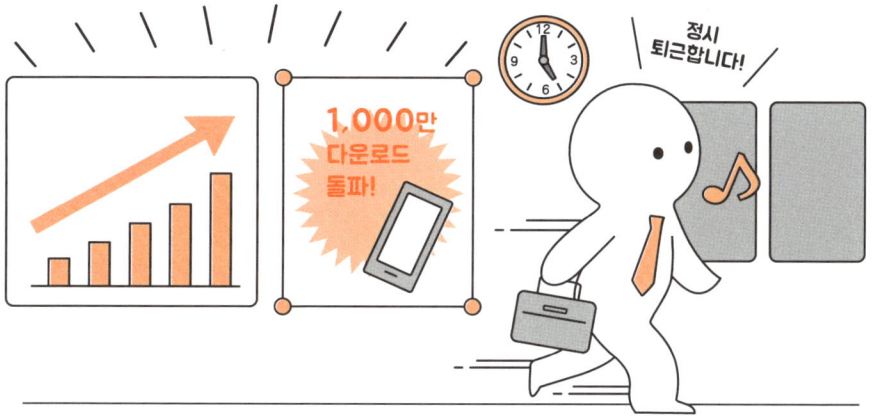

용어와 관련된 이야기

규모의 경제
사업 규모가 커질수록(고정비 등의 공통 비용이 일정하므로) 단위당 비용이 감소해, 수익성(영업 이익)이 높아지는 모델을 말한다.

수확 체감의 법칙
어떤 요소의 증가로 인해 증가 효과가 둔화되거나 감소로 이어지는 현상이다. 처음은 증가 효과가 나타나지만, 어느 정도까지 증가한 뒤에는 그 효과가 둔화되고 최종적으로 역효과가 나타나기도 한다.

수익 가속의 법칙
Law of Accelerating Returns
기술 발전이나 혁신은 지수함수적으로 가속한다는 개념이다. 새로운 기술이나 혁신이 진행됨으로써 다양한 발전과 변혁이 발생한다.

용어의 사용 예 ▶ 수확 체증의 법칙에 기반하는 사업은 대부분 수익성이 높다.

관련 용어 ▶ 사업 경제성…P243   네트워크 외부성…P244

▶ 밸류 프로포지션

키워드 222

Value Proposition

밸류 프로포지션

제품과 서비스 제공 가치 명확화

제품이나 서비스가 고객에게 제공하는 특징, 이점, 부가 가치를 말한다. 고객의 필요를 만족시켜 그 제품이나 서비스를 선택해야만 하는 이유를 명확하게 전달하기 위한 요소다. 경쟁력을 높이기 위해 중요하며, 고객에게 있어 유익하고 매력적인 장점이나 특징을 나타내야 한다. 밸류 프로포지션은 제품이나 서비스 개발에 있어 기본이 되는 사고방식이다.

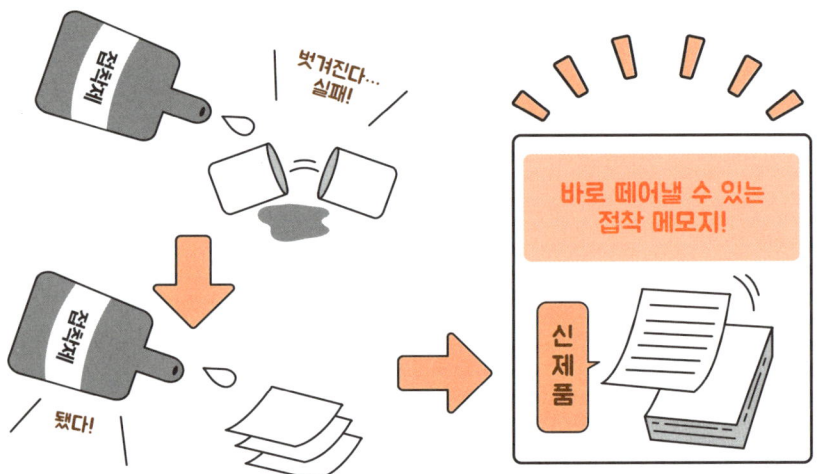

용어와 관련된 이야기

VPC Value Proposition Canvas
기업이 제공하는 가치(밸류 프로포지션)와 타깃 고객의 필요나 과제, 욕구를 세부적으로 매칭시키는 것을 목적으로 하는 프레임워크다.

BMC Business Model Canvas
밸류 프로포지션 캔버스(VPC) 요소 이외에 이익의 흐름이나 채널, 고객과의 관계 등 아홉 가지 요소를 구조적으로 정리해 사업의 골격을 명확화하는 방법이다.

린 캔버스 Lean Canvas
'비즈니스 모델 캔버스'와 비슷하지만, 기재하는 요소가 크게 다르다. 린 캔버스는 스타트업에 더욱 적합한 내용으로 구성되어있다는 것이 특징이다.

용어의 사용 예 ▶ 밸류 프로포지션을 재검토해야 한다.

관련 용어 → STP ··· P15   프레임워크 ··· P247

▶ 프레임워크

키워드 **223**

Framework
프레임워크

전략이나 계획을 만들기 위한 기본적인 프레임 또는 모델

전략이나 계획을 만들기 위한 기본적인 프레임 또는 모델이다. SWOT 분석, 5 포스 분석, PDCA 사이클 등이 있다. 이 프레임워크들은 정보 처리, 과제 해결, 의사결정에 도움이 된다. 조직이나 개인이 전략을 책정할 때 활용되며, 경영 전략이나 마케팅 전략, 프로젝트 관리 등의 분야에 널리 사용된다.

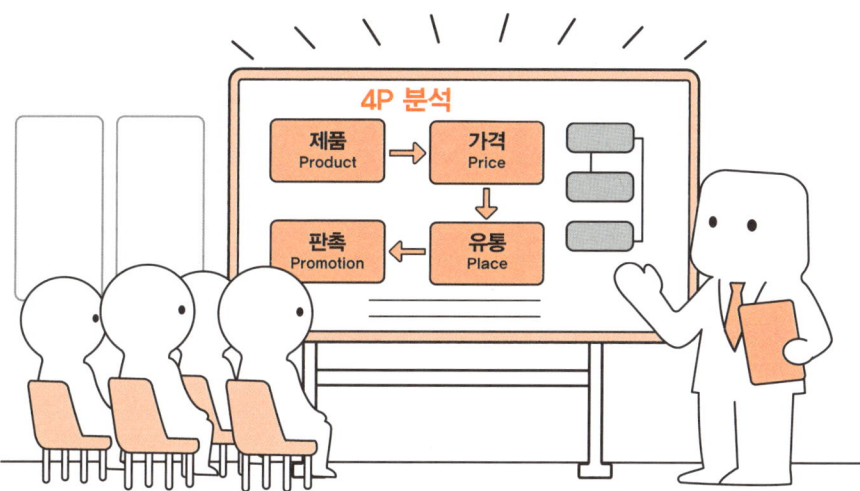

용어와 관련된 이야기

MECE[*]
문제 해결이나 분석 시 사용된다. MECE 원칙에 따라 분석이나 정보를 처리함으로써 중복과 누락 없이 정보를 처리할 수 있으며, 명확하고 효율적인 문제 해결이 가능하다.

로직 트리
하나의 주제를 작은 주제들로 나누어가면서 과제별로 해결책을 찾는 방법이다. 어려운 문제에 대해 현실적이고 작은 문제부터 해결해 나가는 방식이다.

마인드맵
주제가 되는 하나의 키워드에 연관된 것을 기술하면서 생각을 종이 위에 표현해 아이디어를 쉽게 도출해 나가기 위한 방법이다. 정보들의 연관성을 쉽게 명확화할 수 있다.

용어의 사용 예: 오리지널 프레임워크를 만들어보자!

관련 용어 ▶ 4P와 4C ··· P23 밸류 프로포지션 ··· P246

[*]Mutually Exclusive, Collectively Exhaustive

키워드 **224**

▶애즈 이즈 / 투 비

As is / To be
As is와 To be

현상과 이상의 명확화

'As is'는 현상을 나타내며, 어떤 프로세스나 업무의 현재 상태 또는 현재 수행하는 방법을 의미한다. 한편, 'To be'는 개선 후의 이상적인 상태나 목표 상태를 의미한다. 'As is'에서는 현재의 문제점이나 과제를 파악하고, 'To be'에서는 원하는 상태나 목표를 설계한다. 이 대비를 통해 프로세스 개선이나 업무 개혁 계획 또는 전략을 수립할 수 있다.

 용어와 관련된 이야기

Can Be 모델

'As is'와 'To be'에서 현상과 이상의 차이를 명확화한 뒤, 현실적인 부족함을 찾아내는 것을 'Can Be' 모델이라 부른다.

Fit&Gap

시스템을 도입할 때 패키지 기능과 업무 프로세스를 비교 분석해 어느 정도로 맞는지(Fit)와 어느 정도로 다른지(Gap)를 명확하게 하는 분석 방법이다.

프로세스 매핑

특정 업무나 업무 순서를 시각적으로 나타내는 방법이다. 프로세스 매핑을 통해 프로세스 흐름이나 각 단계, 연관된 역할이나 책임, 정보 이동 등을 명확하게 이해할 수 있다.

용어의 사용 예 As is와 To be로 업무 분석을 해보자.

관련 용어 ▶ PMF…P249

▶ 프로덕트 마켓 핏

키워드 **225**

Product Market Fit

PMF

제품 또는 서비스가 고객의 필요와 일치하는 상태

제품이나 서비스가 시장에 얼마나 적합한지를 나타내는 말이다. 제품이나 서비스가 고객 필요에 맞고, 가치가 있는지를 의미한다. PMF를 달성하기 위해서는 시장 조사를 하거나, 고객 의견을 듣는 등의 과정을 통해 제품을 개선해야 한다. PMF를 달성함으로써 제품이나 서비스가 시장에서 성공하고 성장할 수 있다.

용어와 관련된 이야기

사용자 통찰 User insight
소비자나 사용자의 감정, 동기, 행동, 사고방식, 필요, 과제 등에 관한 깊은 이해나 통찰을 의미한다. 제품이나 서비스 개발, 마케팅 책정 등에 활용된다.

MVP Minimum Viable Product
새로운 제품이나 서비스를 시장에 투입할 때 최소한의 기능을 가진 버전의 제품 또는 서비스를 말한다. MVP의 목적은 실제 사용자로부터의 피드백을 조기에 수집하는 것이다.

파일럿 테스트
새로운 제품, 서비스, 프로젝트 등이 실제 운용 환경에서 어떻게 기능하는지 확인하기 위해, 제한된 범위나 대상으로 제한해 수행하는 실험적인 테스트를 말한다.

용어의 사용 예 신규 서비스 출시에서는 PMF가 매우 중요하다.

관련 용어 → STP…P15 밸류 프로포지션…P246 As is와 To be…P248

▶ 크립토 이코노미

키워드 **226**

Crypto Economy

암호 경제

가상화폐와 블록체인에 기반한 경제 시스템

가상화폐와 블록체인 기술을 기반으로 하는 경제 시스템이다. 새로운 비즈니스 모델을 만들어내고 금융이나 거래에 영향을 줄 가능성이 있지만, 리스크나 불확실성도 존재한다. 급속하게 발전하고 있으며 미래 우리들의 생활이나 경제에 변화를 가져올 것으로 기대되고 있다.

용어와 관련된 이야기

지방 분권화 Decentralized
'De + centralized'라는 영어의 신조어로 비중앙집권형, 분권적, 분산적이라는 의미를 갖는 용어다. 웹 3.0을 이해하기 위해 중요한 개념이다.

ICO Initial Coin Offering
새로운 암호화폐나 토큰 발행 시, 그것을 투자자들에게 판매함으로써 자금을 조달하는 방법을 말한다. 기존 주식의 자금 조달(IPO)과 그 구조가 비슷하다.

가상화폐 거래소
가상화폐를 매매할 수 있는 온라인 거래소다. 일반적인 주식 거래소와 기능이 같으며, 사용자는 전통적인 화폐와 가상화폐, 또는 다른 가상화폐끼리 교환할 수 있다.

용어의 사용 예 암호 경제의 미래가 기대된다.

관련 용어 → 블록체인…P52   NFT…P53   가상화폐…P251   토큰…P254

▶ 버추얼 커런시   키워드 **227**

Virtual Currency
가상화폐

블록체인 기술을 사용한 새로운 전자화폐

디지털 화폐로, 인터넷에서 사용되는 전자적인 돈이다. 거래 이력은 블록체인이라 불리는 기술로 관리되며, 중앙 은행이나 정부의 관리가 없고, 개인이나 기업이 자유롭게 거래 및 보유할 수 있다. 비트코인(BTC) 등이 대표적인 가상화폐다. 투자나 새로운 경제 시스템에 흥미를 가진 사람들에게 매력적인 선택지가 되고 있다.

물물 교환

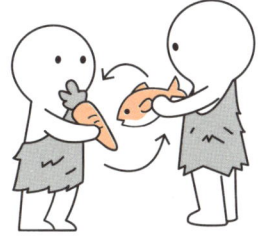

대환 거래

가상화폐 거래

📖 용어와 관련된 이야기

비트코인
익명의 사토시 나카모토가 만든 세계 최초의 디지털 암호화폐다. 최대 발생 수는 2,100만 개이며 마이닝 Mining이라 불리는 프로세스를 거쳐 새로운 비트코인이 생성된다.

스테이블 코인 Stable coin
가격 안정성을 실현할 수 있도록 설계된 가상화폐다. 결제 수단으로써 활용이 진행되지 않는 암호화폐의 보급을 촉진하고, 실용성을 높이기 위해 설계되었다.

CBDC Central Bank Digital Currency
중앙 은행이 발행하는 디지털 형식의 화폐다. 법정 통화와 동등한 지위를 갖는다. CBDC는 중앙 은행이 발행하고, 디지털 기술을 사용해 거래하거나 결재한다.

용어의 사용 예 가상화폐는 비트코인(BTC)이 유명하다.

관련 용어 → 블록체인… P52   암호 경제…P250   스마트 컨트랙트… P252   DeFi(분산형 금융)…P253
토큰… P254   사토시 나카모토… P283

▶ 스마트 컨트랙트   키워드 **228**

Smart Contract
스마트 컨트랙트
변조 없이 확실하게 실행되는 프로그램

계약 내용을 자동으로 실행하는 구조를 말한다. 이더리움이 블록체인 기술을 사용해서 개발했으며, 사전에 계약 내용과 실행 조건을 프로그래밍할 수 있다. 계약 내용의 변조가 없으며 중앙 관리자를 경유하지 않고 자동으로 실행된다는 장점이 있다. 스마트 컨트랙트를 이해하기 위한 예시로 자동판매기가 자주 인용된다.

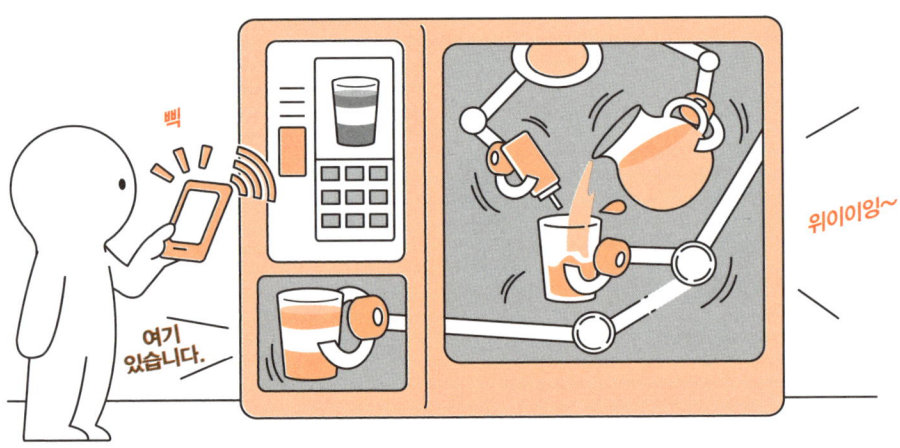

용어와 관련된 이야기

gwei(기가웨이)
이더리움 단위 중 하나다. 주로 트랜잭션 수수료나 처리 비용을 표현할 때 사용한다. 1ETH = 1,000,000,000 gwei다.

확장성 문제
이더리움은 보안과 분산성을 담보하기 때문에 확장성(트랜잭션 처리 능력)을 희생했으며, 결과적으로 처리 비용 상승 등의 문제가 발생했다.

사이드 체인
블록체인의 확장성 문제나 기능 확장을 위해 고안된 개념 중 하나다. 주요한 블록체인과 별도로 동작하는 블록체인이다.

용어의 사용 예 시험 삼아 스마트 컨트랙트를 사용해볼까?

관련 용어→   블록체인…P52   NFT…P53   암호 경제…P250   가상화폐…P251   토큰…P254

▶ 디센트럴라이즈드 파이낸스 키워드 **229**

Decentralized Finance

DeFi(분산형 금융)

분산형으로 금융 거래 수행

중앙 집권적인 금융 기관을 경유하지 않고 블록체인이나 스마트 컨트랙트를 사용해 금융 서비스를 제공하는 구조를 말한다. 분산화된 공개 프로토콜을 통해 투명하고 안전한 거래를 수행한다. 스마트 컨트랙트로 계약 실행을 자동화하고, 개인이 자산을 관리하고 거래를 효율적으로 수행할 수 있다.

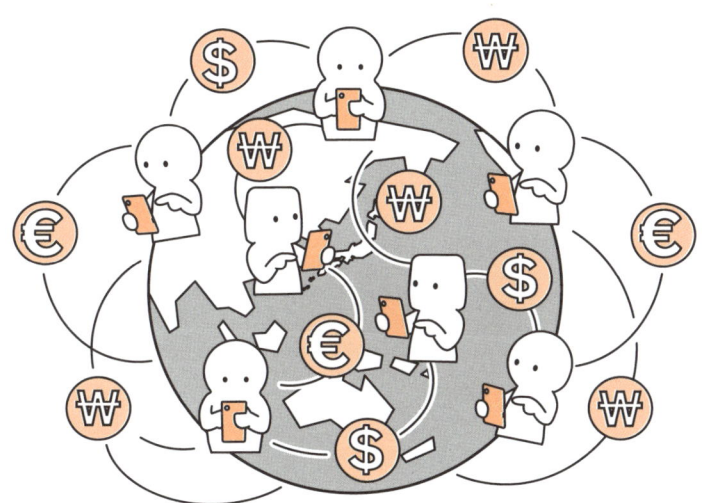

용어와 관련된 이야기

CeFi Centralized Finance
DeFi의 반대 개념으로 전통적인 금융 시스템처럼 중앙 기관이나 기업이 자금 보관, 거래, 융자, 투자 등의 금융 서비스를 제공하는 구조를 말한다.

렌딩 Lending
DeFi의 렌딩은 DeFi의 프로토콜을 사용해 가상화폐를 대출하거나 차입하는 구조를 의미한다.

DEX Decentralized Exchange
분산형 거래소를 의미하며 중앙 집권적인 거래소와 달리 DeFi의 원칙에 기반해 운영되는 가상화폐 거래 플랫폼이다.

용어의 사용 예 벤처가 새로운 DeFi 서비스를 출시했다.

관련 용어 ▶ 블록체인···P52 가상화폐···P251 스마트 컨트랙트···P252 토큰···P254
Dapps(분산형 애플리케이션)···P255

▶ 토큰

키워드 **230**

Token
토큰

블록체인 기술을 사용한 디지털 데이터

블록체인에서의 토큰은 기존 블록체인을 활용해 작성, 발행, 관리된 암호 자산이나 증명서, 권리 등을 의미한다(BTC, ETH 등의 가상화폐는 토큰과 구별해 코인이라 부르는 경우가 많다). FT, NFT(비대칭성 토큰), DeFi 토큰, 거버넌스 토큰 등 다양한 종류가 존재한다.

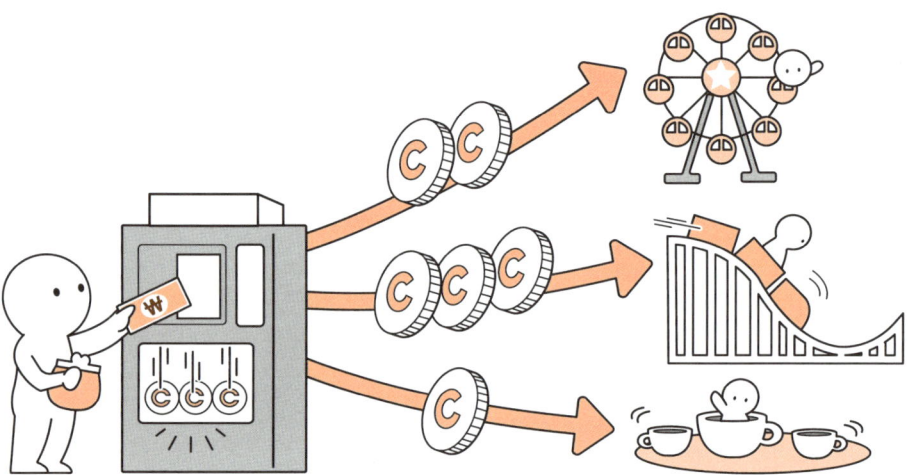

용어와 관련된 이야기

FT Fungible Token
각 토큰은 같은 가치를 가지며, 같은 종류의 다른 코인과 구별되지 않고 교환이나 거래할 수 있는 디지털 자산이다. 대표적인 예로 BTC, ETH 등이 있다.

거버넌스 토큰 Governance Token
DAO(분산형 자율 조직), Dapps(분산형 애플리케이션) 등의 운영이나 개발에서 프로젝트의 방침이나 개발에 관한 결정에 참가하거나 투표할 수 있는 토큰이다.

시큐리티 토큰 Security Token
디지털 증권이라고도 불리며, 증권화된 디지털 자산이다. 즉, 시큐리티 토큰은 기존의 금융 상품이나 증권에 해당하는 디지털 형식의 토큰을 의미한다.

용어의 사용 예 💬 토큰에도 다양한 종류가 있다.

관련 용어 → 블록체인···P52 NFT···P53 가상화폐···P251 스마트 컨트랙트···P252 DeFi(분산형 금융)···P253

▶ 디센트럴라이즈드 애플리케이션

키워드 **231**

Decentralized Applications

Dapps(분산형 애플리케이션)

블록체인을 활용한 차세대형 애플리케이션

블록체인 위에서 동작하는 애플리케이션으로, 지금까지와 같은 중앙 집권화를 피해 분산화 된 네트워크에서 실행된다. 주요 특징으로 분산화, 오픈소스 특성, 스마트 컨트랙트 사용 등이 있다. Dapps는 DeFi(분산형 금융)와 분산형 소셜 미디어 등 다양한 분야에서 사용되고 있다.

용어와 관련된 이야기

GameFi
'Game'과 'Finance'를 조합한 신조어. 일반적으로는 게임에 DeFi 요소를 가미한 블록체인 게임 전반을 의미한다.

Play to Earn
게임 플레이를 통해 보수를 받는 것이다. Play to Earn에서는 플레이어가 게임 안에서의 활동이나 성과에 따라 실제 보수를 얻을 수 있다.

STEPN
'Play to Earn' 게임으로, NFT상에서 운동화를 구입하고 그 운동화를 사용해 걷거나 달리면 보수로 가상화폐를 얻을 수 있다.

용어의 사용 예 💬 게임 관련 Daaps를 구입해보면 어떨까?

관련 용어 → 블록체인…P52 NFT…P53 가상화폐…P251 DeFi(분산형 금융)…P253 토큰…P254

▶ 레이어드 스트럭처

키워드 **232**

Layered Structure

레이어 구조

웹 3.0 생태계를 성립시키는 기술적 계층

웹 3.0은 네 개의 레이어 구조로 만들어져 있다. 프로토콜층은 블록체인이나 분산 네트워크 프로토콜을 의미한다. 인프라층은 프로토콜 실현을 지원하는 노드, 월렛Wallet 등의 인프라를 제공한다. 유스케이스층에서는 서비스나 애플리케이션이 전개되고, 엑세스층에서는 NFT 등의 디지털 콘텐츠가 중요한 역할을 한다.

용어와 관련된 이야기

프로토콜층

레이어(스택)의 가장 아래층이다. 프로토콜층은 다른 것이 구축되는 기반이 되는 블록체인 아키텍처로 구성되어 있다. 비트코인이나 이더리움 등이 여기에 해당한다.

인프라층

블록체인과 데이터를 주고받기 위한 '노드', 트랜잭션을 발생하고 가치를 이동시키기 위한 '월렛' 등이 여기에 해당한다.

유스케이스층

프로토콜층이나 인프라층을 사용해 구현된 서비스들을 총칭한다. DeFi, Dapps 등 새로운 비즈니스 모델이나 혁신을 만들어내고 있다.

용어의 사용 예 레이어 구조는 상당히 이해하기 어렵다.

관련 용어 → 웹 3.0…P51 블록체인…P52 NFT…P53

▶ 메타버스

키워드 233

Metaverse
메타버스

인터넷상에 구축된 3차원의 가상 공간

인터넷상에 구축된 가상 공간이다. 현실 세계와 같이 다양한 건물이 늘어서 있고, 사용자는 자신의 분신인 아바타를 사용해 좋아하는 옷이나 신발, 모자 등의 아이템을 착용하고 자유롭게 공간 안을 돌아다니거나 다른 사용자와 대화하며 공간을 즐길 수 있다.

용어와 관련된 이야기

버추얼 월드 Virtual world
많은 사용자가 실시간으로 참가하고 소통할 수 있는 가상 공간이다. 주로 3D 그래픽이나 VR(가상현실), AR(증강현실) 기술을 사용해 구축된다.

인스턴스 Instance
메타버스 내에서 한 번 더 구분된 공간이나 방을 의미한다. 특정 인물과 같은 공간에서 플레이하기 위해서는 같은 인스턴스에 입장해야 한다.

아바타 Avatar
게임이나 인터넷에서 등장하는 자신의 '분신'을 나타내는 캐릭터를 말한다. 사용자는 자신이 설정한 캐릭터를 사용해 플레이할 수 있다.

용어의 사용 예 최근 메타버스에 푹 빠져있다.

관련 용어 → AR(증강현실)…P153   VR(가상현실)…P154

▶ 디센트럴라이즈드 오토너머스 오거니제이션   키워드 **234**

Decentralized Autonomous Organization

DAO

중앙 관리자가 없는 분산형 자립 조직

블록체인을 기반으로 해서 중앙 집권적인 관리를 필요로 하지 않고, 참가자가 협력해 조직을 관리하고 운영하는 형태를 말한다. DAO에서는 조직적 계층이 존재하지 않고, 동등한 입장에 있는 참가자가 의사결정을 수행한다. 참가자는 거버넌스 토큰을 보유함으로써 투표권을 얻을 수 있다. 그리고 커뮤니티 기여에 따라 토큰으로 인센티브가 제공되기도 한다.

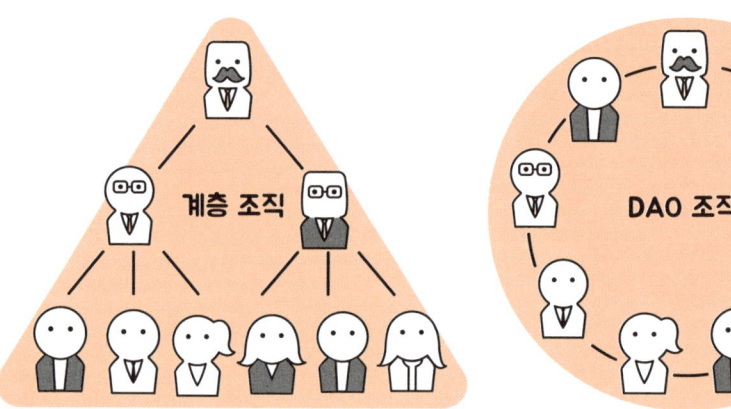

 용어와 관련된 이야기

DAO법
미국에서는 DAO를 운영하기 위한 DAO법이 제정되어 있어, DAO에 법적 지위를 부여하고 있다. 따라서 DAO가 LLC(유한 책임 회사)와 같은 위치에 있다.

지원금 기반 DAO
스스로의 발전에 기여하는 프로젝트에 대해, 지원금(조성기금)을 갹출하는 DAO를 말한다. 조성 방법은 다양하다. 자금 투자 외에 NFT 작성 또는 판매 자금도 제공한다.

OSS Open Source Software
소스 코드가 공개되어 자유롭게 사용, 변경 및 배포할 수 있는 소프트웨어. OSS의 사상이나 원칙에 기반해 구축, 운영되고 있는 DAO 등도 있다.

용어의 사용 예 다양한 커뮤니티가 DAO화 되고 있는 것일까?

관련 용어 → 블록체인…P52 NFT…P53 암호 경제…P250 스마트 컨트랙트…P252 토큰…P254

▶뱅킹 애즈 어 서비스   키워드 235

Banking as a Service

BaaS

은행 기능과 서비스를 클라우드로 제공

API를 통해 은행 업무를 클라우드 서비스로 제공하는 것이다. 은행 이외의 사업자도 금융 기능을 자사 서비스에 내장해서 제공할 수 있게 된다. 사업자는 은행 업무를 은행에 위탁하고, 자사 애플리케이션이나 플랫폼에 매끄럽게 내장할 수 있다. BaaS는 새로운 비즈니스 모델 창출과 고객 경험 향상에 기여한다.

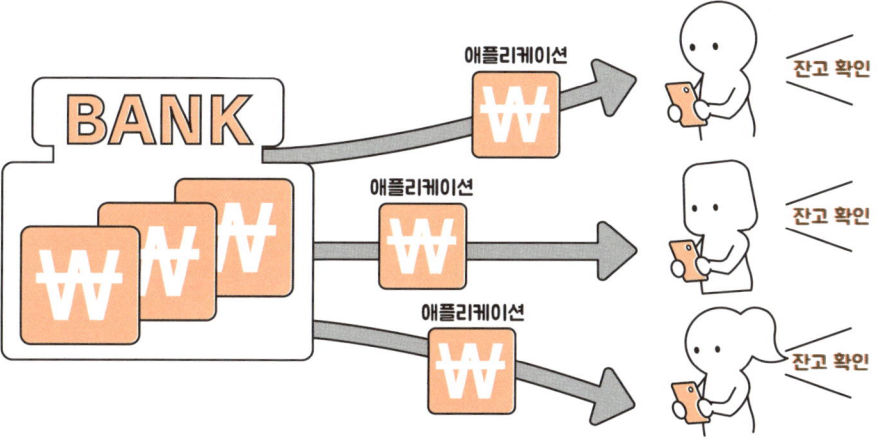

용어와 관련된 이야기

오픈 뱅킹
은행이나 금융 기관이 제공하는 고객의 은행 데이터나 거래 정보를 고객 동의 하에 제3자 서비스 제공자와 공유하는 것을 가능하게 하는 새로운 금융 서비스다.

챌린저 뱅크
직접 신규 은행 면허를 취득하고, 스마트폰 등으로 금융 서비스를 제공하는 사업자다. 디지털 기술이나 혁신을 활용해 은행으로부터 완전하게 독립된 사업을 전개한다.

네오 뱅크
직접 은행 면허를 취득하지 않고 제휴한 기존 은행 플랫폼(시스템) 위에서 독자적인 인터페이스를 구축해, 주로 스마트폰용 금융 서비스를 제공하는 기업이다.

용어의 사용 예 BaaS를 사용한 새로운 금융 서비스가 시작된다.

관련 용어→ DeFi(분산형 금융)…P253   Dapps(분산형 애플리케이션)…P255   핀테크…P261

▶ 셰어링 이코노미

키워드 **236**

Sharing Economy

공유 경제

개인간 사물이나 위치 등을 거래하는 서비스

소유한 자산이나 리소스를 다른 사람과 공유하는 경제 모델이다. 개인의 자산을 낭비하지 않고 활용하며, 수요와 공급이 효율적으로 매칭된다. 숙박 시설 공유, 승차 공유 서비스 등이 대표적이다. 공유 경제는 효율성과 경제성이라는 장점이 있지만, 신뢰성과 노동 조건 등의 문제도 갖고 있다.

용어와 관련된 이야기

승차 공유
자동차에 합승하는 것을 의미한다. 자동차의 빈 좌석을 활용해 다른 사람과 유류비 등을 함께 부담함으로써 교통비를 절약할 수 있다. 미국과 유럽에서 인기 있는 서비스다.

자전거 공유
다른 사람과 자전거를 공유하고, 필요한 장소나 시점에 자전거를 사용하는 구조나 방법을 의미한다. 자전거 공유는 도시를 중심으로 확대되고 있다.

크라우드 펀딩 Crowd funding
인터넷상에서 불특정 다수의 사람으로부터 자금을 모으는 자금 조달 방법 중의 하나다. 기여형, 보수형, 자본참가형, 채권형 등이 있다.

용어의 사용 예 : 이제는 공유 경제의 시대가 올 것이다.

관련 용어 → 블록체인…P52   SaaS…P215

▶파이낸셜 테크놀로지 키워드 **237**

Financial Technology
핀테크
금융과 기술의 융합

금융과 기술을 조합한 신조어다. 금융 서비스와 정보 기술을 연결한 다양한 혁신적인 노력을 의미한다. 스마트폰 결제나 가상화폐 등이 그 예로, 사용자 관점에서 더 빠르고, 안전하고, 편리한 방향으로 변화하는 움직임이다. 핀테크(FinTech)는 자금 관리, 지불, 자산 운용 등 금융 분야의 폭넓은 서비스를 제공한다.

용어와 관련된 이야기

로보 어드바이저 Robo advisor
인공 지능(AI)이나 알고리즘을 활용해 투자, 자산 관리에 관한 조언을 제공하는 디지털 금융 서비스다.

PFM Personal Financial Management
'개인 자산 관리'를 말한다. PFM은 개인의 수익이나 자산, 부채 등의 재무 정보를 일원적으로 관리하고, 예산 작성이나 지출 분석, 저축 목표 설정 등을 지원한다.

인슈어 테크
'보험'과 '기술'을 조합한 신조어다. 최신 기술이나 데이터를 활용해 보험 상품 개발이나 업무 프로세스의 효율화를 진행하는 등, 업계에 혁신을 일으키고 있다.

용어의 사용 예 핀테크 종목의 주식을 구입했다.

관련 용어 가상화폐…P251 DeFi(분산형 금융)…P253 BaaS…P259 ○○Pay…P262

▶ ○○페이

키워드 **238**

○○Pay

○○Pay

다양한 전자 결제 서비스

스마트폰이나 태블릿을 사용해 지불할 수 있는 전자 결제 서비스다. 스마트폰에 애플리케이션이나 카드 정보를 등록하고, 매장에서 스마트폰을 접촉하는 것만으로 지불을 완료할 수 있다. ○○Pay의 장점은 편리함과 안정성으로, 현금이나 카드를 가지고 다닐 필요가 없고 개인정보 유출의 리스크가 낮아진다는 것이다. 다양한 매장이나 서비스에서 사용할 수 있다.

 용어와 관련된 이야기

모바일 페이먼트
모바일 단말을 사용해 사용되는 전자 결제다. 모바일 페이먼트는 현금이나 신용카드 등의 전통적인 지불 방법을 대신하는 형식으로 보급되고 있다.

QR 코드 결제
QR 코드를 사용해 거래나 결제를 수행하는 디지털 결제 방법의 하나이다. 최근 스마트폰 보급과 함께 많은 국가 및 지역에서 이 결제 방법이 급속하게 확산되고 있다.

NFC 결제
교통 계열 IC 카드나 스마트폰의 지갑 기능 등 지불 기기에 접촉하는 것만으로 지불할 수 있는 구조를 'NFC 결제'라 부른다.

용어의 사용 예 최근, 소액은 ○○Pay로 송금하고 있다.

관련 용어 ▶ 토큰…P254   BaaS…P259   핀테크…P261

Column

정부에 의한 디지털 인재 육성 조직

디지털과 DX 분야 시장이 빠르게 성장하고 있는 한편, 최근 인재 시장에서는 디지털 분야의 전문가가 매우 부족하다는 문제에 직면하고 있습니다.

따라서 2022년년도부터 2026년도까지 5년에 걸쳐, 일본 정부는 디지털 인재 230만명을 육성하는 도전적인 목표를 세웠습니다. 이를 위해 ①비즈니스 아키텍트, ②데이터 사이언티스트, ③소프트웨어 엔지니어, ④사이버 보안, ⑤디자이너라는 IPA(정보처리추진기구)가 정의한 다섯 가지 직종*에 초점을 맞추고 있습니다. 또한, 일본 정부는 5년 동안 1조엔(약 10조원)을 리스킬링(재학습) 지원에 투입하겠다고 선언하고, 기존의 노동력을 디지털 영역으로 전환시키는 노력도 함께 하고 있습니다.

디지털 영역으로 커리어 이동

이렇게 일본 정부의 디지털 인재 육성에 대한 적극적인 노력은 다른 분야로부터의 인재를 디지털 영역으로 이동시킴으로써 디지털과 DX 시장의 활성화를 돕는 중요한 정책이 될 것입니다.

민간 기업은 이미 앞서 언급한 다섯 가지 직종에 대응하는 다양한 학습 프로그램을 개발해 제공하고 있습니다. 일본 정부는 보조금을 통해 기업이나 개인이 참가하는 이 프로그램들을 간접적으로 지원할 방침입니다. 일본 정부의 이 노력을 활용해 개개인의 스킬 향상과 커리어 발전에 투자하는 것이 매우 중요한 과제입니다.

두 가지 이상의 전문 분야에 전문성을 가진 인재를 'π(파이)형 인재'라 부릅니다. 여러분이 이미 가지고 있는 전문 지식에 이 책에서 다루는 디지털 관련 지식을 더함으로써 보다 부가 가치가 높은 π형 인재가 될 수 있습니다. 업무와 전혀 관계 없는 분야에서 디지털 관련 전문 지식을 익히는 것은 어렵습니다. 먼저 일상 업무 안에서 디지털과 관련된 업무를 찾아내고, 그곳에서 지식과 노하우를 넓혀 나가는 것이 중요합니다.

* 디지털 인재 육성 IPA(정보처리추진기구) https://www.ipa.go.jp/jinzai/skill-standard/dss/about_dss-p.html

Memo

07

디지털 마케팅 업계의 중요 인물

키워드 239~256

▶ 필립 코틀러 키워드 **239**

Philip Kotler

필립 코틀러

근대 마케팅의 기초를 닦은 권위자

현대 마케팅학의 권위적인 존재다. 국제적으로 유명한 마케팅 교수이자 저술가, 컨설턴트다. 코틀러는 마케팅의 정의를 확장하고, 상품, 서비스의 단순한 판매뿐만 아니라 고객의 필요나 욕구를 만족시키기 위한 전체적인 가치 창조와 제공이 중요하다는 점을 강조했다.

용어와 관련된 이야기

코틀러의 저서
『마케팅 매니지먼트』는 학생과 마케팅 전문가용으로 쓴 책이다. 마케팅 이론과 실천 모두에 관해 설명한다.

마케팅 4.0
자기 실현을 중시한다는 사고방식이다. 소비자가 제품을 구입함으로써 스스로의 정신적 욕구를 만족시키는 것을 중시하려고 한다는 사고방식이다.

경쟁 지위별 전략
시장 점유나 경쟁 자원 과정에서 기업을 리더, 챌린저, 팔로워, 틈새시장의 네 가지로 유형화하고 각 경쟁 지위에 따라 다른 경쟁 전략을 제시했다.

용어의 사용 예 = 많은 마케팅 담당자에게 영향을 미쳤다!

관련 용어 → STP…P15 4P와 4C…P23

▶ 제프리 무어

키워드 **240**

Geoffrey Moore

제프리 무어

캐즘 이론의 창시자, 미국의 유명 컨설턴트

기술 업계의 전략가로, 시장 확대의 열쇠가 되는 이론으로 많은 기업을 성공으로 이끈 경영 컨설턴트다. '크로스 더 캐즘' 이론의 창시자이며 기술 시장에서 혁신의 보급을 이끌었다. 기술 기업의 성공 전략을 구체적인 가이드라인으로 제시하고, 업계에 큰 영향을 미쳤다.

용어와 관련된 이야기

캐즘 이론
하이테크 제품이나 혁신적인 기술이 세상에 나왔을 때, 그 상품이 시장에 보급되기 위해 넘어야 하는 골짜기(캐즘)에 관해 설명한 마케팅 이론이다.

볼링 레인 이론
시장을 세분화해 우선 1번 핀에 해당하는 시장을 공략하는 것으로 압도적인 점유를 획득하고, 그 기세로 근처의 세그먼트에 파급시킨다는 사고방식이다.

토네이도
패러다임 시프트의 결과, 어떤 상품(카테고리)에 관한 수요가 폭발적으로 증가하는 현상을 의미한다. 캐즘 현상과 반대인 상황이다.

용어의 사용 예 ➡ 하이테크 기업들에게 큰 영향을 미쳤다!

관련 용어 ➡ 혁신 확산 이론···P242   에버렛 M. 로저스···P274

▶ 해리 이고르 안소프

키워드 **241**

Harry Igor Ansoff

이고르 안소프

안소프 매트릭스 창시자, 전략적 경영의 아버지

'전략적 경영의 아버지'라 불리는 러시아계 미국인 경영학자다. 그의 업적 중에서 가장 유명한 것은 '안소프 성장 매트릭스'라 불리는 프레임워크다. 안소프는 성장 전략을 '제품'과 '시장'의 두 개 축으로 보고, 다시 '기존'과 '신규'로 나눠 정리해 네 개의 시장을 공략하는 방법을 제창했다.

📖 용어와 관련된 이야기

성장 벡터

'기존 제품X기존 시장에서의 시장 침투 전략', '신규 제품X기존 시장에서의 제품 개발 전략', '기존 제품X신규 시장에서의 시장 개척 전략', '신규 제품X신규 시장에서의 다각화 전략'의 네 가지다.

전략은 조직을 따른다

챈들러가 제창한 '조직은 전략을 따른다'는 사고방식에 대해, 안소프는 외부 환경에 대해 조직이 변화하고 그 다음으로 전략이 변화한다는 사고방식을 제창했다.

다각화 전략

안소프의 성장 매트릭스는 시장과 제품(상품, 서비스)의 두 요소에 착안해 성장 전략을 생각하는 것인 반면, 다각화 전략은 사업 영역 관점에서 성장 전략을 파악하는 사고방식이다.

용어의 사용 예 💬 기업이 성장 전략을 계획할 때 중요한 개념을 제창했다!

관련 용어 → MA…P47 SFA…P48

▶ 돈 슐츠

키워드 **242**

Don Schultz

돈 슐츠

통합 마케팅 커뮤니케이션 이론의 창시자

IMC의 아버지라 불리며 '통합 마케팅'이라는 개념을 만들어냈다. IMC는 통합 마케팅 커뮤니케이션(Integrated Marketing Communication)이라는 의미로, 기업이나 브랜드가 고객에게 일관성 있는 메시지를 전달하기 위한 전략적인 접근 방식을 뜻한다.

용어와 관련된 이야기

IMC
다른 커뮤니케이션 수단이나 미디어를 통합적으로 활용해, 일관성 있는 메시지를 고객이나 타깃층에 전달할 수 있는 마케팅 전략 접근 방식이다.

아웃사이드 인
고객이나 시장 관점에서 전략을 먼저 생각하고, 다음으로 고객의 필요나 의식을 이해해서 상품이나 서비스를 개발하고 마케팅 커뮤니케이션을 전개한다는 사고방식이다.

오케스트레이션
다른 마케팅 커뮤니케이션 요소(광고, PR, 세일즈 프로모션 등)를 통합해서 일관된 메시지나 경험을 제공하는 것을 말한다.

용어의 사용 예 마케팅 커뮤니케이션 이론을 다음 단계로 끌어올린 일등공신!

관련 용어 ▶ 마케팅 퍼널···P16   커스터머 저니···P21

07
디지털 마케팅 업계의 중요 인물

269

▶ 데이비드 아커

키워드 243

David Aaker

데이비드 아커

브랜드(모던 브랜딩) 이론의 창시자

브랜드 이론의 권위자로 알려져 있으며, 오늘날의 기업 브랜드 구축에 관한 여러 이론을 확립했다. 아커는 브랜드의 개념을 확장하고, 고객의 심리나 감정, 브랜드 퍼스널리티, 브랜드 자산 같은 요소를 융합한 독자적인 프레임을 제안했다. 그의 저서는 브랜드 관리의 교과서로 널리 읽히고 있다.

용어와 관련된 이야기

브랜드 자산 Brand equity
브랜드가 가진 부가 가치나 신뢰성, 충성도 등의 경제적 가치를 의미한다. 브랜드 자산은 브랜드의 인지도나 평판, 고객 로열티 등에 따라 양성된다.

시그니처 스토리 Signature story
브랜드가 여러 사람들의 머리 속에 각인시키고자 하는 이미지(전략적 메시지)를 드라마적 요소를 활용해 가능한 한 강하게 인식시키기 위한 브랜딩 방법이다.

브랜드 우위 전략
아카는 『브랜드 우위 전략』이라는 책에서, 진짜 경쟁 우위를 주도하기 위한 브랜드 아이덴티티(Brand Identity, BI)의 개발, 실행, 관리 방법을 구체적으로 제시했다.

용어의 사용 예 = 브랜드 관리 실천에 큰 영향을 미쳤다!

관련 용어 → 브랜딩…P18

▶ 레스터 원더먼

키워드 **244**

Lester Wunderman

레스터 원더먼

다이렉트 마케팅 창시자

다이렉트 마케팅의 아버지라 불리며 세계적인 다이렉트 마케팅 에이전시인 '원더먼'을 창립했다. 원더먼은 고객을 상대로 하는 직접적 커뮤니케이션과 다이렉트 마케팅의 중요성에 착안해 고객('개인'으로서의 고객)에게 개별적으로 접근하는 방식을 추진했다.

용어와 관련된 이야기

원더먼
레스터 원더먼이 설립한 광고 에이전시로, 다이렉트 마케팅을 중심으로 하는 마케팅 방법을 전개했다. 현재 원더먼 톰슨으로 사명을 바꾸었다.

다이렉트 마케팅
기업이 고객에 대해, 직접적으로 커뮤니케이션을 도모하는 것이다. 고객의 반응이나 응답을 바탕으로, 상대의 필요에 맞춰 마케팅을 수행하는 것을 의미한다.

1-to-1 마케팅 전략
각 고객이나 잠재 고객에 대해 개인화된 마케팅 활동을 전개하는 접근 방식이다. 고객 충성도 향상이나 LTV 향상을 위한 효과적인 방법이다.

용어의 사용 예 오늘날까지 사용되는 다양한 다이렉트 마케팅 방법을 개발했다!

관련 용어 → MA…P47   인바운드 마케팅…P171

07
디지털 마케팅 업계의 중요 인물

▶ 시어도어 레빗

키워드 **245**

Theodore Levitt

시어도어 레빗

근시안적 마케팅 제창, 하버드 대학 교수

경제학자, 교수, 하버드 비즈니스 스쿨 명예 교수로 알려진 인물이다. 시어도어는 마케팅 분야에서 중요한 기여를 했으며 「마케팅 근시안」이라는 논문으로 알려져있다. 이 논문에서 레빗은 마케팅의 시점을 제품 중심에서 고객 중심으로 이동하는 것의 중요성에 관해 주장했다.

용어와 관련된 이야기

근시안적 마케팅
기업이 자신의 사업을 좁은 시야에서 파악해 장기적인 성장 기회를 놓치는 것을 말한다. 항상 고객의 니즈와 시장의 동향에 민감해야 한다는 사고방식에 초점을 두고 있다.

드릴과 구멍 이론
레빗의 저서 『마케팅 상상력』에서 설명한 개념이다. 사물이 아닌 가치를 파는 것을. '드릴을 팔지 말고 구멍을 팔아라'는 말로 설명했다.

사업 정의
기업 또는 그 사업부가 '자신의 사업이란 무엇인가'라는 것을 결정하는 것으로, 전략적 마케팅에서 가장 기본이 되는 의사결정 영역이다.

용어의 사용 예 👉 레빗은 하버드 비즈니스 리뷰의 편집자로도 유명하다!

관련 용어 → CX(고객 경험)···P25

▶ 클레이턴 엠 크리스텐슨

키워드 **246**

Clayton M. Christensen

클레이턴 크리스텐슨

혁신의 딜레마와 작업 이론의 창시자

경제학자, 비즈니스 교수로 알려져있다. 저서 『혁신의 딜레마』에서 파괴적 혁신 이론을 확립한 것으로도 유명하다. 파괴적 혁신이란 시장 경쟁의 규칙을 뿌리부터 파괴하고, 기존 기업의 시장 점유를 빼앗고, 업계 구조를 극적으로 바꿀 정도의 혁신을 의미한다.

용어와 관련된 이야기

파괴적 혁신 Disruptive innovation
혁신적 아이디어나 새로운 가치 기준에 따라 근본부터 기존의 시장 구조를 파괴하고, 변화시키는 혁신을 의미한다. 『혁신의 딜레마』에서 이론으로 정립되었다.

지속적 혁신 Continuous innovation
기존 시장이나 고객 필요에 대해 상품이나 서비스의 성능을 점진적으로 개선하는 형태의 혁신이다. 주로 시장의 기존 사업자나 확립된 경쟁을 통해 추진된다.

작업 이론 Job theory
상품이나 서비스가 고객이 원하는 '작업'을 달성하는 것에 초점을 둔 경제 이론이다. 작업이란 고객이 안고 있는 특정한 문제나 필요, 목표를 의미한다.

> 용어의 사용 예 크리스텐슨은 기술 업계에 큰 영향을 미쳤다!

관련 용어 ▶ 5 포스 분석 …P240   혁신 확산 이론 …P242

▶ 에버렛 엠 로저스

키워드 **247**

Everett M. Rogers

에버렛 M. 로저스

혁신 확산 이론의 창시자

혁신 확산 이론 창시자다. 소비자의 상품 구매 태도를 새로운 상품 구매 시점에 따라, 빠른 순서로 혁신가Innovator, 초기 채택자Early adaptor, 초기 다수자Early majority, 후기 다수자Late majority, 늦깎이Laggards의 다섯 가지 유형으로 분류했다. 초기 채택자까지의 보급이 상품 보급의 포인트임을 발견했다.

용어와 관련된 이야기

보급률 16%의 벽

혁신가(2.5%)와 초기 채택자(13.5%)를 더하면 16%가 된다. 이 숫자에 도달하지 못하는 상품 또는 서비스는 시장에 침투하지 못한다는 개념이다.

후기 다수자

혁신 확산 이론에서 정의한 네 번째 그룹이다. 신제품이나 신기술 채용에 회의적이며, 주변의 많은 사람들이 사용한 뒤에 해당 제품이나 기술을 수용하는 층이다. 시장 전체의 34.0%를 구성한다.

늦깎이

혁신 확산 이론에서 정의한 마지막 그룹이다. 가장 보수적인 사람들이다. 유행이나 세상의 동향에 큰 관심을 두지 않으며, 혁신이 전통이 될 때까지 채용하지 않는다.

용어의 사용 예 에버렛의 이론은 혁신의 보급에 관한 이론으로 돌풍을 일으켰다!

관련 용어→ 혁신 확산 이론···P242   제프리 무어···P267

▶ 마이클 포터

키워드 **248**

Michael Porter

마이클 포터

밸류 체인과 5 포스를 창시한 경영학자

미국의 경영학자이자 하버드 비즈니스 스쿨 교수다. 5 포스 분석, 가치 체인 등 여러 중요한 개념들을 제창했다. 전략 분야에서도 큰 영향을 미쳤으며, 비즈니스 리더나 경영자에게 전략적 사고를 확산시켰다. 그가 쓴 책인 『경쟁 전략』은 경영학 교과서로 널리 읽히고 있다.

📖 용어와 관련된 이야기

밸류 체인 Value chain
'가치 사슬'이라는 의미로, 기업에서의 각 사업 활동을 주 활동과 지원 활동으로 분류하고, 이들을 가치 창출을 위한 일련의 흐름으로 파악하는 개념이다.

경쟁 전략 이론
경쟁 전략 유형을 '비용 리더십 전략', '차별화 전략', '집중 전략'의 세 가지로 분류했다. 기업은 이 유형 중 어느 한 가지에서 경쟁 우위를 달성해야 한다.

클러스터 이론
특정 지역에서 관련 산업이나 기업의 집합체인 클러스터가 경쟁력을 높이고 혁신이나 지속적 성장을 촉진한다는 이론이다. 대표적으로 실리콘 밸리가 있다.

용어의 사용 예 마이클 포터는 경쟁 전략 이론의 선구자다!

관련 용어 ▶ 5 포스 분석 … P240

07 디지털 마케팅 업계의 중요 인물

▶ 고든 무어   키워드 249

Gordon Moore

고든 무어

무어의 법칙을 제창한, 인텔 공통 창립자 중 한 명

미국의 기술자, 사업가, 인텔 공동 창립자이며 반도체 산업에서 중요한 역할을 했다. '무어의 법칙'을 제창했다. 무어의 법칙은 반도체 칩에 넣을 수 있는 트랜지스터의 숫자가 약 2년 주기로 2배씩 증가한다는 것으로, 컴퓨터 성능과 처리 능력이 지수함수적으로 향상되는 것을 예측했다.

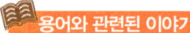 용어와 관련된 이야기

인텔
1968년에 로버트 노이즈와 함께 공동으로 인텔을 창립했다. 인텔은 세계적인 반도체 기업이며 PC 보급과 발전에 중요한 역할을 했다.

마이크로 프로세서
무어는 인텔에서의 활동을 통해 초기 마이크로 프로세서인 Intel 4004와 8008 개발에 기여했으며, PC 발전에 큰 역할을 했다.

8인의 반역자
반도체 산업 여명기, 미국에서 쇼클리 반도체 연구소를 퇴사해 페어 차일드 세미컨덕터 설립에 참가한 인물들을 의미한다. 무어도 8인의 반역자 중 한 명이다.

용어의 사용 예 오랜 기간에 걸친 반도체 산업의 발전을 예측했다!

관련 용어 ▶ 클라우드 컴퓨팅…P216   앨런 케이…P277

▶ 앨런 씨 케이

키워드 **250**

Alan C. Kay

앨런 케이

PC의 원형을 만든 개인용 컴퓨터의 아버지

개인용 컴퓨터의 아버지라 불리는 미국의 컴퓨터과학자다. 당시, 대형 메인프레임만 존재하던 시대에 개인 활동을 지원하는 컴퓨터Personal computer, PC라는 개념을 제안하고, 소형 컴퓨터인 Alto를 개발했다. '미래를 예측하는 가장 좋은 방법은 그 미래를 발명하는 것이다'는 매우 유명한 말을 남겼다.

용어와 관련된 이야기

다이나북 구상 Dynabook concept
1970년대 앨런 케이가 제창한 이론적인 개인용 컴퓨터 개념으로, 현재의 랩톱 컴퓨터의 이미지와 비슷하며 저렴한 가격으로 아이들도 다룰 수 있는 PC다.

Smalltalk
객체 지향형 프로그래밍 언어다. 대상에게 메시지를 전달하는 형식으로 처리를 수행하는 언어이며, 프로그램과 개발(실행) 환경이 밀접하게 결합되어 있다.

WYSIWYG*
PC 화면에 보이는 내용이 그대로 표시(인쇄)되는 것을 의미한다. 사용자는 코드를 직접 작성하지 않고도 디자인이나 편집을 할 수 있다.

용어의 사용 예 앨런은 메인프레임 전성기에 PC의 원형을 만들었다!

관련 용어 → 접근성…P156   클라우드 컴퓨팅…P216   고든 무어…P276

*What You See Is What You Get

277

▶ 시어도어 홈름 넬슨

키워드 **251**

Theodor Holm Nelson

테드 넬슨

하이퍼텍스트 고안자

하이퍼텍스트에 관한 기초 연구를 수행하고 자나두Xanadu 프로젝트를 조직했다. 넬슨은 하이퍼텍스트라는 개념을 제창하고 오늘날의 WWW의 모태가 되는 정보 환경 구축에 기여했다. 특히 정보를 노드와 링크로 연결한 비선형 시스템인 하이퍼텍스트 아이디어를 발전시켰다.

용어와 관련된 이야기

하이퍼카드Hypercard
하이퍼텍스트를 구현한 최초의 상용 소프트웨어다. 1987년 Apple Computer(당시)의 엔지니어였던 빌 앳킨슨이 개발했다.

자나두 프로젝트
버니바 부시Vannevar Bush가 1945년에 발표한 Memex라는 구상에 영향을 받아, 1960년에 시작된 세계 최초의 하이퍼텍스트 개발 프로젝트다.

하이퍼링크
1965년 테드 넬슨이 발표한 자나두 프로젝트의 기능 중 하나가 하이퍼링크다. 이것이 이후 WWW로 발전한다.

용어의 사용 예 — 넬슨은 오늘날의 WWW로 이어지는 개념을 만들었다!

관련 용어 → HTML…P109 팀 버너스리…P280

▶ 빈턴 그레이 서프

키워드 **252**

Vinton Gray Cerf

빈턴 서프

TCP/IP 프로토콜을 고안한 컴퓨터과학자

미국의 컴퓨터과학자로 인터넷 개발에서 중요한 역할을 했다. 인터넷의 아버지라고도 불린다. ARPANET이라는 초기 패킷 교환 네트워크 개발에 기여했고, 이것이 이후 인터넷의 기초가 되었다. TCP/IP 설계와 개발에서도 중요한 역할을 했다.

07

디지털 마케팅 업계의 중요 인물

용어와 관련된 이야기

ARPANET*

세계 최초로 운용된 패킷 통신 컴퓨터 네트워크. 군사 기밀 정보를 전송하고, 미국 전역의 주요 연구 그룹을 연결하는 매개체 역할을 했다.

로버트 칸 Robert E. Kahn

빈턴 서프와 함께 인터넷의 데이터 전송 기술의 기초가 된 TCP/IP 프로토콜을 개발했다. 미국의 컴퓨터과학자다.

MCI Mail

빈톤 서프가 관여했던 MCI Mail은 미국 최초의 상용 전자 메일 서비스 중 하나이며, 세계 최대의 통신 서비스의 하나이기도 했다.

용어의 사용 예 서프는 오늘날 모두가 당연하게 사용하는 프로토콜의 기본을 만들었다!

관련 용어 →   TCP/IP…P237

*Advanced Research Project Agency Network

279

▶ 티머시 팀 존 버너스-리

키워드 **253**

Timothy Tim John Berners-Lee

팀 버너스리

월드 와이드 웹을 고안한 컴퓨터과학자

미국의 컴퓨터과학자로 '월드 와이드 웹(World Wide Web, WWW)'의 구조를 고안한 인물로 유명하다. 버너스리는 1989년 WWW의 기반이 되는 HTTP와 HTML을 개발했다. 이를 통해 문서나 리소스를 간단하게 연결하고, 인터넷에서 쉽게 열람, 공유할 수 있는 환경을 실현했다.

용어와 관련된 이야기

시맨틱 웹 Semantic web
웹문서의 정보를 XML 형식의 메타데이터로 웹페이지에 삽입해, 정보를 컴퓨터가 자동으로 처리할 수 있도록 한 구조(개념)다.

HTTP
인터넷상에서 데이터를 주고받기 위한 프로토콜이다. 웹서버와 웹브라우저 사이에서 웹 정보를 주고받기 위한 프로토콜(통신 규약)이다.

W3C
월드 와이드 웹에서 사용되는 다양한 기술의 표준화를 추진하기 위해 설립된 단체다. W3C는 HTML, XML 등 다양한 웹 표준을 책정하고 있다.

용어의 사용 예 💬 버너스리는 WWW 표준화에 큰 노력과 기여를 했다!

관련 용어 ▶ HTML…P109   테드 넬슨…P278   마크 앤드리슨…P281

▶ 마크 로웰 앤드리슨

키워드 **254**

Marc Lowell Andreessen

마크 앤드리슨

Mosaic 브라우저를 개발한 엔지니어

미국의 사업가, 엔지니어, 투자자이며 웹브라우저 개발과 인터넷 보급에 중요한 역할을 했다. 1993년 Mosaic(모자이크)라 불리는 혁신적인 웹브라우저를 공동 개발한 것으로 알려져 있다. 이후 새롭게 Netscape Navigator라는 브라우저를 개발했다.

용어와 관련된 이야기

Mosaic
버너스리가 개발한 웹브라우저가 텍스트 중심이었던 것에 비해, NCSA(미국 국립 슈퍼컴퓨터 응용 연구소)에서 개발한 Mosaic는 이미지와 텍스트를 함께 표시하는 웹브라우저였다.

Netscape
짐 클라크와 함께 설립한 회사로 최초의 상용 브라우저인 Netscape Navigator를 출시해 웹브라우징의 보급에 기여했다.

a16z
앤드리슨과 홀위츠가 설립한 투자 회사의 애칭이다. 다양한 스타트업에 투자하고, 인터넷 업계의 성장과 혁신을 지원하고 있다.

용어의 사용 예 앤드리슨은 브라우징이라는 새로운 정보 검색 습관을 만들었다!

관련 용어 → 트리플 미디어…P20   HTML…P109   팀 버너스리…P280

▶잭 패트릭 도시

키워드 **255**

Jack Patrick Dorsey
잭 도시

X(구 Twitter)와 Square를 창업한 연쇄 창업가

X(구 Twitter)의 공동 창업자로, 140 문자의 트윗을 통한 커뮤니케이션 플랫폼인 Twitter를 만들었다. Square라는 모바일 결제 서비스의 공동창업자이기도 하며, 소규모 사업자를 위한 지불 수단을 혁신했다. 그의 비전과 사업가 정신은 기술 업계에 큰 영향을 주고 있다.

📖 용어와 관련된 이야기

X(구 Tiwtter) 창업
2006년, X(구 Twitter)를 공동 창업했다. X에서는 짧은 트윗을 게시해 정보를 공유하거나 커뮤니케이션할 수 있다.

Square 창업
스마트폰이나 태블릿을 사용한 모바일 결제 솔루션이며, 소규모 사업자나 개인이 간단하고 안전하게 신용카드 결제를 할 수 있는 구조를 제공한다.

TBD
블록(구 Square)에 만들어진 가상화폐 비트코인(BTC) 특화 사업 부문이다. 분산형 ID(DID)용 서비스를 기획 및 개발하고 있다.

용어의 사용 예 도시는 생활에 다가가는 새로운 글로벌 서비스를 만들었다!

관련 용어 → 　트리플 미디어…P20　　블록체인…P52　　NFT…P53　　UGC…P135　　바이럴 미디어…P141

▶ 사토시 나카모토　　　　　　　　　　　　　　　키워드 **256**

Satoshi Nakamoto

사토시 나카모토

비트코인을 고안했다고 알려진 인물

가상화폐 비트코인을 고안했다고 알려진 인물이지만, 그 정체는 알려져 있지 않다. 사토시 나카모토는 2008년 발표된 비트코인 논문(화이트 페이퍼)을 통해 최초도 그 이름이 알려졌지만, 이후 자취를 감추었다. 나카모토는 비트코인 프로토콜과 구조를 설계했으며, 최초의 블록체인을 만들었다.

용어와 관련된 이야기

제네시스 블록 Genesis Block
블록체인상에서 처음 만들어진 블록(block0)을 의미한다. 2009년 1월 3일, 최초의 비트코인 블록인 'Genesis Block'이 생성되었다. 가상화폐의 출발점이다.

PoW Proof of Work
비트코인을 필두로 한 암호자산(가상화폐)의 거래나 송금 데이터를 올바르게 블록체인에 연결하기 위한 구조(컨센서스 알고리즘)를 말한다.

마이닝
비트코인을 필두로 한 여러 암호 자산이 새로운 코인의 생산이나 트랜잭션 검증에 사용되는 프로세스를 의미한다. 마이닝을 하는 사람을 마이너라고 부른다.

용어의 사용 예　　나카모토는 웹 3.0이라는 새로운 시장의 기점을 만들었다!

관련 용어 → 　웹 3.0…P51　　블록체인…P52　　가상화폐…P251　　토큰…P254

마치며

　이 책에서 소개한 용어들을 얼마나 이해하셨나요? 곧바로 이해할 수 없는 용어들도 상당히 있을 것입니다. 이해가 되지 않는 용어들은 이 책을 사전처럼 자주 찾아보면서 반복해 이해하면 좋습니다.

　이 책은 학습하기 쉽도록 256개의 용어를 챕터별로 '광고와 SEO', '자사 소유 미디어와 SNS' 같은 분야로 그룹화했기 때문에, 이미 이해하고 있는 용어가 많이 포함되어 있는 챕터와 그렇지 않은 챕터가 있을 것입니다. 모르는 용어가 많은 챕터는 용어 앞에 있는 마케팅 정책이나 방법에 관해서도 잘 모르는 경우가 많을 것이므로 용어에 OX(알고 있는 용어는 O, 그렇지 않은 용어는 X) 체크를 한 뒤 X를 체크한 용어가 많은 챕터를 중점적으로 학습하는 것도 좋습니다. 예를 들어, 챕터 2에 X를 체크한 용어가 많다면 웹 광고 운용이나 SEO를 고려한 글쓰기를 추가로 학습하고, 챕터 3에 X를 체크한 용어가 많다면 웹사이트나 SNS 운용 전문서를 읽는 것이 좋습니다.

　'들어가며'에도 썼지만, 디지털 마케팅을 가능한 한 전체적으로 이해할 수 있도록 하고자 주제 영역의 범위를 넓게 설정했습니다.

　용어를 선정할 당시에는 그리 어렵지 않은 작업일거라 생각했지만 실제로 집필을 시작하니 상당히 어려운 작업이었습니다. 필자 또한 작업하며 리스킬링(재학습)을 진행하고 정보를 업데이트했습니다. 이 책의 집필을 통해 다시금 새로운 지식을 습득하는 즐거움과 재미를 실감할 수 있었습니다. 부디 여러분도 이 책을 통해 새로운 지식을 습득하는 즐거움과 재미를 느끼길 기원합니다.

다케우치 테츠야(竹内 哲也)

찾아보기

1:5의 법칙 183
1on1 98
1-to-1 마케팅 전략 271
3C 분석 241
3PAS 70
4C 23
4P 23
5 포스 분석 240, 275
7P 23
70:20:10의 법칙 188
8인의 반역자 276
80:20 법칙 198
π형 인재 263

ㄱ

가상 객체 153
가상현실 154
가상화 기술 216
가상화폐 251
가상화폐 거래소 250
가설과 검증 17
가스 요금 52
가용성 217
가입 해지율 101
가중 이동 평균 알고리즘 207
감정 분석 142
강조 스니펫 91
강한 AI 209
강화 학습 42
개인정보보호 40
개인정보 샌드박스 67
거버넌스 토큰 254
검색 광고 60
검색 엔진 36
검색 쿼리 84
게이트 키퍼 176
결정 트리 분석 201
경로 116
경로 분석 204
경쟁 전략 이론 275
경쟁 지위별 전략 266
계약 해지 방지 101
계층 클러스터 분석 199
고객 충성도 166

고든 무어 276
고착도 131
공급망 관리 220
공분산 구조 분석 204
공유 경제 260
공정 수 49
광고 검증 76
광고 사기 75
교차 사용률 160
교차 현실 154
구매자의 협상력 240
구매 행동 모델 24
구조화 데이터 230
규모의 경제 245
균등 배분 모델 200
그러데이션 119
그로스 79
근시안적 마케팅 272
글로벌 내비게이션 107
기여도 분석 200

ㄴ

네오 뱅크 259
네트워크 다중화 236
네트워크 외부성 244
네트워크형 DB 233
넷 79
노드(점) 143
니어쇼어 235

ㄷ

다각화 전략 268
다변량 테스트 104
다변량 해석 205
다운로드 게이트 178
다운 셀 185
다이나북 277
다이렉트 마케팅 271
다중 회귀 분석 202
다크 스토어 164
단일 회귀 분석 202
대규모 언어 모델 208
대체품의 위협 240
데이비드 아커 270

데이터 가공 195
데이터 가상화 218
데이터 거버넌스 218
데이터 검증 211
데이터 드리븐 39
데이터 드리븐 마케팅 17
데이터 레이크 230
데이터 마이그레이션 218
데이터 마트 232
데이터 보호 30
데이터 분석 195
데이터 사이언티스트 56
데이터 사일로화 218
데이터 센터 236
데이터 시각화 27
데이터 엔지니어 56
데이터 웨어하우스 231
데이터 유효 활용 19
데이터 이식성 81
데이터 인리치먼트 227
데이터 저장 195
데이터 주도 39
데이터 주도 마케팅 17
데이터 클렌징 211
데이터 클린 룸 80
데이터 파이프라인 195
도메인 125
돈 숄츠 269
동영상 광고 64
드롭다운 107
디렉터리 계층 116
디렉터리 맵 116
디맨드 센터 173
디맨드 제너레이션 173
디바이스 해킹 75
디스플레이 광고 61
디시전 메이커 175
디자인 컴프 151
디자인 패턴 122
디지털 광고 31
디지털 매스 33
디지털 사이니지 35
디지털 증권 254
딥러닝 210

285

ㄹ

라스트 클릭 모델 200
라이브러리 213
라이브 커머스 44
락인 효과 244
랙 236
랜딩 페이지 104
레드크럼 트레일 106
레스터 원더먼 271
레이어 구조 256
로보 어드바이저 261
로열 커스터머 166
로직 트리 247
롱 테일 이론 198
루트 노드 201
리니어 TV 82
리다이렉트 115
리드 너처링 46
리드 마그넷 171
리드 매니지먼트 177
리드 제너레이션 45
리드 퀄리피케이션 46
리브랜딩 18
리사이클 리드 177
리스크와 리턴 29
리스킬링(재학습) 14
리스트 세그먼트 168
리치 97
리치 리절트 91
리치율 97
리치 콘솔 86
리커링 비즈니스 196
리타깃팅 67
리타깃팅 태그 67
리테일 미디어 35
리텐션 183
리퍼러 133
리퍼러 정책 127
리프 노드 201
리피터 115
린 개발 234
릴스 144

ㅁ

마이닝 283
마이클 포터 275
마인드맵 247
마케팅 4.0 266
마케팅 DX 14
마케팅 매니지먼트 266
마케팅 테크놀로지 34
마케팅 퍼널 16
마켓 셰어 15
매개변수 208
매스 광고 33
매스 커스터마이즈 161
매절 72
맨먼스 49
머신러닝 42
멀티 테넌트 방식 215
메시 업 83
메타 데이터 최적화 87
메타버스 257
메타 태그 85
메트릭스 매니지먼트 27
메트칼프 법칙 244
멘션 139
모너터리 197
모델 평가 194
모바일 UX 158
모바일 주문 43
모바일 퍼스트 158
모바일 페이먼트 262
목업 152
목표 관리 제도 28
물형 온라인 쇼핑몰 165
미니 애플리케이션 95
미들 퍼널 16
미디어랩 32
미디어 바잉 32
미디어 쿼리 158
미디어 트레이닝 145
밀도의 경제 243

ㅂ

바닥 가격 71
바이럴 마케팅 141
바이럴 미디어 141
바이어스 저니 45
반응형 디자인 155
발견 가능성 36
방문자 수 127
배리어 프리 디자인 156
백 링크 85
백엔드 219
밸류 체인 275
밸류 프로포지션 246
버추얼 월드 257
버티컬 미디어 141
범위의 경제 243
복합 현실 153
뷰어빌리티 74
뷰포트 155
브랜드 리스크 145
브랜드 리프트 18
브랜드 세이프티 75
브랜드 우위 전략 270
브랜드 인게이지먼트 38
브랜드 자산 270
브랜딩 18
브레드크럼 리스트 106
브레이크포인트 155
브릿지 SE 235
블록체인 52
비계층 클러스터 분석 199
비구조화 데이터 230
비즈니스 아키텍트 55
비지도 학습 42
비트코인 251, 283
빅데이터 39
빈턴 서프 279
빵 부스러기 리스트 106

ㅅ

사업 경제성 243
사용성 123
사용자 에이전트 132
사이트맵 105
사토시 나카모토 283
상담률 184
상한 클릭 단가 94
색조 119
샘플링 데이터 193
생성형 AI 190, 208
서드 파티 데이터 192
서드 파티 도구 224
설치 납치 75
세그멘테이션 15, 227

세션 129
세션 타임아웃 129
세일즈 이네이블먼트 189
세컨드 파티 데이터 192
세컨드 프라이스 비딩 77
셀렉터 110
소셜 그래프 143
소셜 리스닝 142
소셜 셀링 44
소셜 프루프 179
속성(Property) 109
쇼루밍 162
수요 예측 159
수익 가속의 법칙 245
수확 체감의 법칙 245
수확 체증의 법칙 245
슈퍼 애플리케이션 95
스마트 컨트랙트 252
스마트 팩토리 222
스와이프 137
스코어링 182
스크래치형 온라인 쇼핑몰 165
스크럼 개발 234
스키마 231
스키퍼블 광고 64
스텝 메일 168
스토리 144
스토어 피킹 164
스팟 광고 96
스프린트 234
시나리오 맵 181
시나리오 설계 181
시맨틱 웹 280
시스템 인티그레이터 49
시어도어 레빗 272
시작점 모델 200
시큐리티 토큰 254
신규 리드 45
신규 참여의 위협 240
신규 프로스펙트 176
실시간 동영상 서비스 44
실제 데이터 193
싱글 사인 온 114
싱글 테넌트 방식 215
썸네일 149

ㅇ
아바타 257
아웃 리치 176
아웃바운드 174
아웃사이드 인 269
아이캐치 149
아티클 102
알고리즘 206
암호 경제 250
앙상블 학습 214
애노테이션 194
애드 네트워크 77
애드보킷 135
애드 블록 72
애드 서버 34
애드 익스체인지 77
애드 테크놀로지 34
애자일 개발 234
애플리케이션 익스체인지 224
앨런 케이 277
약한 AI 209
어댑션 188
어댑티브 디자인 155
어카운트 페네트레이션 170
어퍼 퍼널 16
언드 미디어 20
얼라인먼트 98
업 셀 185
에버그린 26
에버렛 M. 로저스 274
에지(선) 143
에코시스템 81
엑세스층 256
엔터프라이즈 아키텍트 55
엔티티 117
역물류 161
예측 모델 207
오가닉 검색 85
오가닉 리치 97
오디언스 148
오디언스 데이터 77
오버레이 광고 64
오존 프로젝트 81
오토메이션 전송 46
오프쇼어 235
오픈 API 225

오픈 뱅킹 259
온라인 구매 비율 160
온라인 쇼핑몰 지원 도구 165
온보딩 188
온페이지 최적화 104
온프레미스 217
옴니 채널 22
옵트아웃 120
옵트인 120
옵트인 동의 방법 120
와이어프레임 105
요소(Element) 109
운용 자동화 78
워크스루 테스트 124
워크플로 기능 220
원더먼 톰슨 271
월드 가든 81
월드 와이드 웹 280
웜 리드 177
웨비나 45
웨어러블 디바이스 222
웰컴 메일 168
웹 1.0 51
웹 2.0 51
웹 3.0 31, 51, 238, 256
웹루밍 162
웹 스크레이핑 87
유니파이드 커머스 163
유스케이스층 256
유저 인게이지먼트 38
음성 분석 174
응답률 115
의사결정 플로우 172
이고르 안소프 268
이동 평균 알고리즘 207
이벤트 111
이탈률 130
인게이지먼트 38
인덱스 87
인덱스용 정책 86
인 리드 광고 66
인바운드 174
인바운드 마케팅 171
인벤토리 72
인사이드 세일즈 186
인센티브 72

인슈어 테크 261
인 스크롤 광고 66
인스턴스 257
인스토어 마케팅 35
인스트림 광고 64
인클루전 156
인텔 276
인 피드 광고 66
인프라층 256
인플루언서 97
임곗값 182
임프레션 73
임프레션 과금 77

ㅈ

자나두 프로젝트 278
자동 응답기 168
자바스크립트 111
자사 소유 미디어 20
자체 운용 79
작업량 49
작업 이론 273
장바구니 분석 205
장바구니 이탈 160
장바구니 최적화 88
잭 도시 282
저니 맵 21
저장소 230
전면 광고 64
전문가 리뷰 124
전이율 130
전이 학습 194
전환 페이지 115
접근 로그 132
접근성 156
접점 21
정렬 알고리즘 206
제네시스 블록 283
제로 파티 데이터 192
제안 키워드 84
제프리 무어 267
제휴 링크 62
제휴 마케팅 62
제휴자 62
조사 편향 142
조합의 경제 243

종료점 모델 200
증강현실 153
준위임 계약 223
즉시 이탈률 130
증강현실 153
지도 학습 42
지속률 101
지속적 혁신 273
지수 평활 알고리즘 207
지오 태그 139
지원금 기반 DAO 258
지표 관리 27
질문 데이터 193

ㅊ

참여율 130
채널 22
챗봇 117
초기 대다수 242
초기 채택자 242
최종 마일 164
충성 고객 166

ㅋ

카르토그램 119
캐러셀 137
캐시 113
캐즘 이론 267
커넥티드 TV 82
커머스 44
커스터머 서포트 183
커스터머 석세스 187
커스터머 세그멘테이션 45
커스터머 저니 21
컨조인트 분석 205
컨텍스트 광고 63
컬러 스킴 151
컴포지트 API 225
코어 웹 바이탈 126
코호트 분석 203
코호트 효과 203
콘텐츠 SEO 86
콘텐츠 레이아웃 105
콘텐츠 마케팅 26
콘텐츠 마켓 63
콘텐츠 연동형 광고 63

콘텐츠 캘린더 26
콜드 리드 177
콜드 콜 175
쿠키 113
쿠키 규제 40
큐레이션 미디어 83
크라우드 펀딩 260
크로스 셀 185
크롤링 121
크리에이티브 브리프 148
클라우드 인티그레이터 49
클라우드 컴퓨팅 216
클라우드형 온라인 쇼핑몰 165
클러스터 분석 199
클러스터 이론 275
클레이턴 크리스텐슨 273
클로즈드 플랫폼 81
클릭&모텔 43
클릭&컬렉트 22
키 비주얼 150
키워드 플래너 84

ㅌ

타깃 19
타깃 어카운드 170
타깃 인사이트 148
타이포그래피 151
타임 광고 96
타임라인 138
탐색 알고리즘 206
태그(Tag) 109
태그 관리 134
태그 지정 139
태그 클라우드 139
태그 트리거 134
테드 넬슨 278
테크니컬 SEO 86
텍스트 마이닝 142
토큰 254
통제 그룹 118
트래킹 133
트랜잭션 159
트레이딩 데스크 78
트리플 미디어 20
특이점 209
특징량 214

팀 버너스리 280

ㅍ

파괴적 혁신 273
파레토 법칙 198
파레토 분석 198
파이프라인 관리 184
파인 튜닝 208
파일럿 테스트 249
파트너 API 225
팝업 스토어 162
패널 데이터 193
패럴랙스 효과 157
퍼블릭 DMP 228
퍼블릭 클라우드 216
퍼스트 vs. 제로 41
퍼스트 뷰 157
퍼스트 파티 데이터 192
페르소나 19
페이드 미디어 20
페이지 랭크 85
페이지 속도 104
페이지 속도 최적화 88
평균 세션 시간 128
평판 리스크 145
포스트 138
포어캐스트 99
폭포수 개발 234
풀스택 55
풀스택 개발자 219
풀 퍼널 16
풀필먼트 159
프라이버시 정책 41
프라이빗 DMP 228
프레임워크 247
프로그래머틱 광고 32
프로세스 매핑 248
프로스펙팅 176
프로토콜 237
프로토콜층 256
프로토타입 152
프로토타입 도구 152
프로핏 센터 189
프론트엔드 219
프롬프트 208
프리뷰 149

프리퀀시 68
프리퀀시 컨트롤 68
플랫폼 30
플레이스먼트 179
피드 138
핀테크 261
필 레이트 69
필립 코틀러 266

ㅎ

하우스 리스트 186
하이퍼링크 278
하이퍼텍스트 278
하이퍼파라미터 214
하자 담보 책임 223
학습 데이터 194
학습률 210
함수 111
해시 마크 140
해시태그 140
해시태그 캠페인 140
해시태그 팔로우 140
햄버거 메뉴 107
허브(중심점) 143
혁신가 242
혁신 확산 이론 242
화이트 스페이스 150
화이트 페이퍼 178
휴리스틱 평가 124
휴면 사용자 131
히트맵 119

A

a16z 281
ABM 170
A/B 테스트 118
Ads Data Hub 80
AdSense 63
AGI 209
AI 42
AIDMA 24
AISAS 24
API 225
AR 153
ARPA 100

ARPANET 279
ARPPU 100
ARPU 100
AR 헤드셋 153
As is 248
ASO 95
ASP 62
AutoML 214

B

BaaS 259
BABOK 55
BANT 172
BANTCH 172
BDR 186
BI 도구 27, 226
blockO 283
BMC 246
BPO 235
BtoB의 CRM 37
BX(Business Transformation) 14

C

CA 221
CAC 90, 167
CAGR 99
Can Be 모델 248
CBDC 251
CCPA 41
CDO 54
CDP 227
CeFi 253
CES 25
CFC 164
CGM 135
ChatGPT 26, 190
CIO 54
CLM 171
CLS 126
CLTV 196
CMO 54
CMP 40
CMS 108
CoE 189
COO 54
CPA 90

CPC 94
CPC 단가 범위 94
CPI 95
CPM 93
CPO 90
CPR 90
CPV 93
CRM 37
CRM 도구의 기능 37
CRO 88
CryptoPunks 53
CS 25
CSS 110
CTA 179
CTC 92
CTI 174
CTR 91
CVR 92
CX(고객 경험) 25
CX(Corporate Transformation) 14
CxO 54

D
D2C 161
DAO 258
DAO법 258
Dapps 255
DAU 131
DCL 212
DDL 212
Deal ID 71
DeFi 253
DEX 253
DM 138
DML 212
DMP 228
DNS 125
DSA 231
DSP 69
DSR 40
DX 14

E
eCPM 93
EFO 89
EPA 221

ERP 220
ETL 229
EX 25
Extract 229

F
FID 126
Fit&Gap 248
FloC 114
FT 254

G
GAFAM 30
GameFi 255
GDN 61
GDPR 41
GPL 112
GRP 96
GTM 89
GUI 149
gwei(기가웨이) 252

H
HaaS 50
HMD 154
HTML 109
HTTP 280
Hubspot 47

I
IaaS 50
IAB 74
ICO 250
ICP 170
IDFA 80
ID 통합 227
IMC 269
Instagram 라이브 144
IoT 222
IP 237
IP 전화 174
IP 주소 132
ITP 80
IxD 122

J
JavaScript 111
JS 111

K
KGI 28
k‑means 알고리즘 199
KPI 28
KPI와 달성 수단 28

L
LCP 126
Load 229
LP 104
LPO 104
LTV 167
LTV 분석 196
LTV 중시 27
LWP 분석 185

M
MA 47
Marketo 47
MAU 131
MCI Mail 279
MCV 92
MECE 247
MMM 204
Mosaic 281
MQL 180
MR 153
MRR 100
MVP(Minimum Viable Product) 249

N
Netscape 281
NFC 결제 262
NFT 53
NFT 마켓플레이스 53
NLP 117
NoSQL 233
NPS 169

O
OKR 98
OLAP 분석 226

OMO 43
Opex 189
OSS 258
OTT 82

P

PaaS 50
Path 116
Pay 262
PDCA 수행 방법 27
PEST 분석 241
PFM 261
PHP 112
Phygital 35
PII 114
Play to Earn 255
PLC 23
pLTV 196
PMF 249
PMO 49
PMP 71
Post-bid 76
PoW 283
PPC 60
Pre-bid 76
PTD 78
PV 수 127
Python 213
p값 202

Q

QR 코드 결제 262

R

RDA 221
RDB 233
RDBMS 233
RFM 분석 197
RFP 148
ROAS 29
ROAS 개선 29
robots.txt 121
ROE 29
ROI 29
RPA 221
RTB 71

S

SaaS 215
SAL 180
Salesforce 48
SDK 224
SDR 186
SEM 60
SEO 36
SES 223
SFA 48
SGL 180
SIPS 24
SLA 217
Smalltalk 277
SNS 계정 운용 136
SNS 광고 65
SNS 운영 체제 136
SNS 정책 136
SNS 활용 CRM 37
SQL 180, 212
SSO 114
SSOT 232
SSP 69
STEEPLE 분석 241
STEPN 255
STP 15
SXO 36

T

TBD 282
TCP 237
Thank You Page 115
To be 248
TQL 180
Transform 229
TRP 96
TTV 187
TV 이탈 현상 33
t값 202

U

UGC 135
UI 122
Unified ID 2.0 114
UPS 236
URL 정규화 87

USP 15
UU 수 128
UX 122

V

Variety(다양성) 39
vCPM 93
Velocity(속도) 39
Volume(데이터 양) 39
VPC 246
VTC 92
VUCA 241

W

W3C 280
WAU 131
WCAG 156
White-list 76
WordPress 108
WTP 167
WWW 280
WYSIWYG 277

X

XaaS 50
XML 사이트맵 121
XR 154
X(구 Twtter) 282

Y

YDA(구 YDN) 61
YoY 99

デジタルマーケティング用語図鑑
(Digital Marketing Yogozukan: 8270-4)
© 2023 Tetsuya Takeuchi
Original Japanese edition published by SHOEISHA Co.,Ltd.
Korean translation rights arranged with SHOEISHA Co.,Ltd.
in care of Tuttle-Mori Agency, Inc. through Imprima Korea Agency
Korean translation copyright © 2025 by INFORMATION PUBLISHING GROUP

이 책의 한국어판 출판권은
Tuttle-Mori Agency, Inc., Tokyo와 Imprima Korea Agency를 통해
SHOEISHA Co., Ltd.와의 독점계약으로 정보문화사에 있습니다.
저작권법에 의해 한국 내에서 보호를 받는 저작물이므로 무단전재와 무단복제를 금합니다.

装丁・本文デザイン/DTP ISSHIKI(岡部 夏実、滝澤 博)
装丁・本文イラスト 本間 昭文
イラスト協力 マスハタ

디지털 마케팅
일러스트로 이해하는 필수 키워드
용어 도감 256

초 판 1쇄 인쇄 | 2025년 9월 20일
초 판 1쇄 발행 | 2025년 9월 25일

지 은 이 | 다케우치 테츠야
옮 긴 이 | 김모세

발 행 인 | 이상만
발 행 처 | 정보문화사

책 임 편 집 | 노미라
편 집 진 행 | 명은별

주　　　소 | 서울시 종로구 동숭길 113 정보빌딩
전　　　화 | (02)3673-0114
팩　　　스 | (02)3673-0260
등　　　록 | 1990년 2월 14일 제1-1013호
홈 페 이 지 | www.infopub.co.kr

I S B N | 979-11-994261-0-8

이 책은 저작권법에 따라 보호받는 저작물이므로 무단전재와
무단복제를 금하며, 이 책 내용의 전부 또는 일부를 사용하려면
반드시 저작권자와 정보문화사 발행인의 서면동의를 받아야 합니다.

※ 책값은 뒤표지에 있습니다.
※ 잘못된 책은 구입한 서점에서 바꿔 드립니다.